元宇宙原理与应用

陈晓红　任剑　刘耀 ◎ 主编

清华大学出版社
北京

内容简介

本书以元宇宙技术为核心内容，系统全面地阐述了元宇宙的基本概念、基本原理和应用技术。本书在探讨元宇宙的基本内涵及特征的基础上，对元宇宙核心技术架构进行了系统梳理与详细阐释，重点介绍了元宇宙技术在数字经济领域的应用状况，深入解读元宇宙数字化经济体系，并进一步探讨了元宇宙世界的伦理道德问题与法律法规的建设需求，最后对元宇宙理论技术的发展及未来应用趋势进行了展望。通过阅读本书，读者可以了解元宇宙的基本特征及应用场景，还可以深入了解元宇宙技术下的数字经济新形态。

本书可作为高等院校管理类、信息类、工程类专业的本科生、研究生的教材使用，也可供企事业单位的管理、科研、工程技术人员等阅读参考。

本书封面贴有清华大学出版社防伪标签，无标签者不得销售。
版权所有，侵权必究。举报：010-62782989，beiqinquan@tup.tsinghua.edu.cn。

图书在版编目(CIP)数据

元宇宙原理与应用 / 陈晓红，任剑，刘耀主编 . —北京：清华大学出版社，2024.1（2024.9重印）
ISBN 978-7-302-65011-9

Ⅰ. ①元… Ⅱ. ①陈… ②任… ③刘… Ⅲ. ①信息经济—研究 Ⅳ. ①F49

中国国家版本馆CIP数据核字(2023)第230805号

责任编辑：吴梦佳
封面设计：傅瑞学
责任校对：刘　静
责任印制：杨　艳

出版发行：清华大学出版社
网　　址：https://www.tup.com.cn，https://www.wqxuetang.com
地　　址：北京清华大学学研大厦A座　　邮　　编：100084
社 总 机：010-83470000　　邮　　购：010-62786544
投稿与读者服务：010-62776969，c-service@tup.tsinghua.edu.cn
质量反馈：010-62772015，zhiliang@tup.tsinghua.edu.cn
印 装 者：三河市铭诚印务有限公司
经　　销：全国新华书店
开　　本：185mm×260mm　　印　张：15.5　　字　数：356千字
版　　次：2024年1月第1版　　印　次：2024年9月第2次印刷
定　　价：49.00元

产品编号：099742-01

前　言

习近平总书记在党的二十大报告中指出:"建设现代化产业体系。坚持把发展经济的着力点放在实体经济上,推进新型工业化,加快建设制造强国、质量强国、航天强国、交通强国、网络强国、数字中国。""加快发展数字经济,促进数字经济和实体经济深度融合,打造具有国际竞争力的数字产业集群。优化基础设施布局、结构、功能和系统集成,构建现代化基础设施体系。"元宇宙作为数字经济的重要组成部分,正是在数字经济发展的紧要关头走进了人们的视野。元宇宙赋能实体经济的发展,一方面通过相关技术持续拓展应用边界,丰富真实空间;另一方面发挥数字经济工具的优势,促进产业链优化,打破"次元壁",加快实体经济与数字经济的深度融合。

从全球视角看,当前元宇宙领域主要由美国与中国主导。美国凭借自身积攒的经验,受益于技术领域的多年积累和布局,在全球元宇宙产业诸多领域中引领发展。中国与世界各国相比,在 5G 技术上具有非常突出的优势,在网络层面上为元宇宙产业提供了保障,当下中国越来越多的政策与大企业正加快向该领域靠拢。据统计,在中国所有省份出台的政策和年度工作报告里,涉及元宇宙的共有 32 份,元宇宙专项政策有 15 项。日本、韩国也积极发展元宇宙,欧洲虽然一直较为谨慎,但是仍然积极地拥抱来自元宇宙的挑战与机会。当前,元宇宙技术的红利渐渐受到了人们的关注,各国都十分认同元宇宙会对整个经济、社会生活产生巨大影响。全球各国开始建设各种数字化应用平台,以满足各个领域的需求,并追求虚拟现实环境下的互利共赢。

元宇宙相关行业产业的发展目前处于起步阶段,2021 年也被称为元宇宙元年。据市场研究公司测算,2021—2030 年全球元宇宙市场规模将从 388.5 亿美元增长到 6 788 亿美元,其中元宇宙中国市场的规模预计在 2027 年达到 1 263.5 亿元,年均复合增长率将达到 32.98%。由此可见,尽管处于发展初期,但元宇宙相关产业具有广阔的发展前景。

市场的迅速发展对人才的数量和质量都提出了更高的要求,现阶段元宇宙产业人才的供应难以满足行业发展需要。一方面,元宇宙领域人才供不应求,存在有岗无人现象。中国信息通信研究院《数字经济就业影响研究报告》显示,2020 年中国数字化人才缺口接近 1 100 万。日前,猎聘发布的《2022 元宇宙人才发展白皮书》显示,2019—2021 年元宇宙领域新发布职位数持续增长,在被称为元宇宙元年的 2021 年涨幅达 37.07%。随着元宇宙的发展、全球数字化进程的加快,行业企业的数字化人才缺口还在不断加大,信息技术和数据类人才已成为我国第三大短缺人才类型。因此,培养元宇宙行业创新型、复合型、应用型高级专门人才正当时。另一方面,元宇宙领域内的人才培养模式仍处于探索阶段,人才的培养需要根据行业的发展不断调整、完善。目前参与到元宇宙行业人才培养的主体主要包括高校、互联网企业和职业教育机构三类，在人才培养的过程中需要进一步完善产学研教模式，建立人才共建机制。此外，元宇宙作为一种新兴概念在短时间内被各行各业广泛提及，部分公众存在对元宇宙认识不充分、对行业发展存在疑虑的现象。一方面，互联网头部企业纷纷宣布布局元宇宙产业，资本市场中元宇宙概念股跌宕起伏，公众对于新兴科技的出现存在期望膨胀与泡沫期的疑虑。另一方面，元宇宙行业至今尚未出现较为成熟的可大规模应用的商业案例，其相关技术与硬件设备仍处于快速迭代的时期，导致公众对其发展存在疑虑。上述状况迫切需要推进元宇宙原理与应用方面的专业教材建设，从而服务于专业人才培养及知识技能传播，确保我国元宇宙数字经济的可持续发展。

湖南工商大学在全国高校中较早探索了元宇宙关键技术及其应用，包括大数据、人工智能、虚拟现实、区块链等技术，以及在商业、教育、文旅等领域的实践，并率先成立"元宇宙实验室"，陆续研发出"面向元宇宙的数字资产认证平台""人体科学知识虚拟交互技术""文物系列数字文创"等一系列代表性成果。特别是，全国政协委员、湘江实验室主任、湖南工商大学党委书记陈晓红院士在2022年全国两会上提交了《关于加快推进元宇宙市场稳健发展，做强做优做大我国数字经济的提案》，引起了全国各个领域的广泛关注，产生了很大的社会反响。为加快元宇宙底层技术布局与研发资源投入，依托湖南省四大实验室之一湘江实验室、新零售虚拟现实技术湖南省重点实验室、工业互联网与数字孪生技术湖南省工程研究中心等重要平台，"元宇宙研究院"成立，对元宇宙理论与技术、元宇宙应用工程及元宇宙产业发展展开研究。本书正是基于上述条件撰写而成的。

本书全面、系统地讲解了元宇宙的发展历程、核心技术架构，元宇宙中的伦理法规、隐私保护，元宇宙的应用及未来发展，突出元宇宙技术赋能经济社会建设及其与数字经济的深度融合。本书共分为五篇，包含18章。

第一篇元宇宙的缘起包含第一章到第三章。第一章主要通过对不同艺术形式中"元宇宙"的相关概念及其发展历程介绍，对"元宇宙"概念形成的来源和过程进行深入探究。第二章阐述元宇宙的基础概念与技术图谱。第三章从消费、娱乐、文旅、教育、产业、健康、办公七个典型领域介绍元宇宙的应用，对代表性公司应用元宇宙的典型案例进行分析，以及指出了元宇宙在当今互联网时代的运行逻辑。

第二篇元宇宙核心技术架构包含第四章到第八章。第四章从虚拟现实的开端、发展过程及虚拟现实技术等方面，介绍虚拟现实的案例及未来发展状况。第五章全面调查和分析了区块链在元宇宙应用程序和服务的建立和发展中的作用与影响。第六章从人工智能的概述、理论和应用三个层面展示人工智能技术的巨大价值和广阔前景。第七章主要进行数字孪生概述，介绍孪生技术体系、应用发展，以及元宇宙中的数字孪生模型。第八章主要介绍元宇宙所依赖的通信网络技术和计算解决方案。

第三篇元宇宙与数字经济包含第九章到第十三章。第九章主要介绍元宇宙数据要素市场。第十章主要阐述元宇宙数字经济系统。第十一章主要介绍元宇宙个性化产品与服务。第十二章主要介绍元宇宙产业发展。第十三章从市场监管的角度出发，探讨了数字经济时代下元宇宙的数字经济市场监管的重要意义、主要责任，以及面临的挑战与主要策略。

第四篇元宇宙伦理与法律法规包含第十四章到第十六章。第十四章主要介绍元宇宙中的道德伦理。第十五章主要介绍元宇宙的隐私保护，详细阐述了如何提高数据隐私的安全性及降低公众对数据安全隐私的担忧。第十六章介绍数字资产与版权。

第五篇元宇宙发展与展望包含第十七章和第十八章。第十七章主要介绍元宇宙理论的发展、相关技术的发展，解读元宇宙将打破的研发壁垒。第十八章探讨元宇宙未来的应用与市场。

本书的具体撰写分工如下：陈晓红院士制订了本书的大纲，组织整理和撰写各个章节；任剑教授、刘耀博士、杨艺博士组织本书的编写工作；李红艳、朱理婧两位老师对全书进行统稿；任剑教授、尚苏培老师、李宜信老师参加撰写第一篇的三个章节；刘耀博士、黄梅荣副教授、熊超博士和文馨以老师参加撰写第二篇的五个章节；杨艺博士、詹敏博士、朱理婧老师参加撰写第三篇的五个章节；王松博士、李红艳老师、徐守宝老师参加撰写第四篇的三个章节；王敬童副教授、毛星亮博士参加撰写第五篇的两个章节。

在本书撰写过程中，我们参考了诸多学者、机构的研究成果及应用实践，使得本书能够比较全面地反映元宇宙原理的最新研究与应用进展。在此，对上述参与人员及相关学者、机构表示衷心的感谢和诚挚的祝福！

编 者

2023 年 5 月

目 录

第一篇　元宇宙的缘起

第一章　元宇宙的形成 …………………………………………………………… 3
　　第一节　在"元宇宙"之前——飞越"史前时代" …………………………… 3
　　第二节　元宇宙与互联网时代 ……………………………………………… 11

第二章　元宇宙的特征 …………………………………………………………… 18
　　第一节　元宇宙的基础概念 ………………………………………………… 18
　　第二节　元宇宙的逻辑层级 ………………………………………………… 19
　　第三节　元宇宙多领域特征 ………………………………………………… 24

第三章　元宇宙的应用 …………………………………………………………… 29
　　第一节　元宇宙的应用场景 ………………………………………………… 29
　　第二节　元宇宙应用领域发展 ……………………………………………… 30
　　第三节　元宇宙代表性公司典型案例 ……………………………………… 34
　　第四节　元宇宙所面临的挑战 ……………………………………………… 37

第二篇　元宇宙核心技术架构

第四章　虚拟现实 ………………………………………………………………… 43
　　第一节　虚拟现实技术 ……………………………………………………… 43
　　第二节　虚拟现实技术的研究现状 ………………………………………… 46
　　第三节　虚拟现实系统技术现状 …………………………………………… 46
　　第四节　虚拟现实系统的关键技术及软件介绍 …………………………… 49
　　第五节　虚拟现实开发平台 Unity ………………………………………… 55

第五章　区块链 ··· 59
第一节　区块链的起源与发展 ··· 59
第二节　区块链的特点及分类 ··· 61
第三节　元宇宙中的区块链 ··· 65

第六章　人工智能 ··· 75
第一节　人工智能概论 ·· 75
第二节　人工智能研究方向 ··· 80
第三节　元宇宙中人工智能的应用 ·· 83

第七章　数字孪生 ··· 88
第一节　数字孪生概述 ·· 88
第二节　数字孪生技术 ·· 91
第三节　数字孪生与元宇宙 ··· 96

第八章　通信网络与计算平台 ··· 101
第一节　无线移动通信 ·· 101
第二节　物联网 ··· 105
第三节　云计算 ··· 107
第四节　边缘计算 ··· 109

第三篇　元宇宙与数字经济

第九章　元宇宙数据要素市场 ··· 117
第一节　现代数据要素 ·· 117
第二节　数据要素市场及其运行 ·· 120
第三节　规范化数据要素市场 ··· 121
第四节　构建数据要素市场的必要性和意义 ·· 124

第十章　元宇宙数字经济系统 ··· 130
第一节　数字经济新生态 ·· 130
第二节　元宇宙新经济学原理 ··· 136
第三节　元宇宙数字经济系统 ··· 139
第四节　元宇宙的经济规则 ··· 146

第十一章　元宇宙个性化产品与服务 ·········· 150
第一节　元宇宙时空拓展性产品及服务 ·········· 150
第二节　元宇宙人机融生性产品及服务 ·········· 152
第三节　元宇宙经济增值性产品及服务 ·········· 155

第十二章　元宇宙产业发展 ·········· 159
第一节　元宇宙产业生态 ·········· 159
第二节　元宇宙传媒产业发展 ·········· 160
第三节　元宇宙藏品产业发展 ·········· 162
第四节　元宇宙"社交＋游戏"产业发展 ·········· 164
第五节　元宇宙产业应用 ·········· 166

第十三章　元宇宙数字经济市场监管 ·········· 174
第一节　元宇宙数字经济市场监管的意义 ·········· 174
第二节　元宇宙数字经济市场监管的主要责任 ·········· 176
第三节　元宇宙数字经济市场监管存在的挑战 ·········· 178
第四节　元宇宙数字经济市场监管策略 ·········· 180

第四篇　元宇宙伦理与法律法规

第十四章　元宇宙伦理 ·········· 189
第一节　元宇宙与伦理学 ·········· 189
第二节　信息伦理 ·········· 191
第三节　元宇宙中的道德伦理 ·········· 193

第十五章　隐私保护 ·········· 199
第一节　数据安全与隐私保护政策背景及相关法律 ·········· 199
第二节　隐私保护设计研究 ·········· 202
第三节　隐私保护计算关键技术及应用 ·········· 204

第十六章　数字资产内涵及其法律法规 ·········· 211
第一节　数字资产及其法律属性 ·········· 211
第二节　国内外数字资产相关法律现状与借鉴 ·········· 217
第三节　数字资产智能合约 ·········· 220
第四节　数字资产与侵权行为 ·········· 221

第五篇　元宇宙发展与展望

第十七章　理论与技术的发展 ·········· 227
第一节　元宇宙理论的发展 ·········· 227
第二节　元宇宙相关技术的发展 ·········· 229

第十八章　未来的应用与市场 ·········· 233
第一节　未来的应用 ·········· 233
第二节　未来的市场 ·········· 236

第一篇
元宇宙的缘起

第一章　元宇宙的形成

2021年,"元宇宙"这个崭新的词汇仿佛在一夜之间抢占了网络与媒体的各个高地。即使是普通百姓,也或多或少地接触到了"元宇宙""NFT""加密货币(Crypto)"等一系列新兴词汇。资本市场与科技界对"元宇宙"这一新鲜事物的释义和评论,展现出极大的热情。2021年10月29日,美国脸书公司(Facebook)正式宣布改名为Meta,更是将这一整年里所有关于"元宇宙"的讨论推向了顶点,也彻底揭开了这一概念的面纱。

那么,到底什么是"元宇宙"? 它从何而来,去向何方? 自然而然,当公众面对未知的新鲜事物,这些基础而根本的问题常会在第一时间从脑海里闪现。对于产业发展、金融投资以及学术研究领域人员来说,可能问题会被进一步提出:元宇宙代表了什么? 它能给我们带来什么样的科技进展? 如果它能代表新的时代风潮,我们又能如何驾风飞翔? 以上这些问题,都需要我们在逐步了解"元宇宙"后才能得到答案。

在本章内,我们将在时间长河里找寻"元宇宙"的起源,并跟随互联网发展的脚步一同探索"元宇宙"与互联网的共生与伴生关系。通过本章学习,读者可以快速了解元宇宙的发展历程、相关概念以及精神内核,理解元宇宙在当今互联网时代的运行逻辑。

第一节　在"元宇宙"之前——飞越"史前时代"

一、传统艺术形式中的"元宇宙"概念

艺术中的"元宇宙"形态与概念并不是孤立的、一蹴而就的,它与传统艺术门类的发展具有一种连贯性,这个连贯性就在于艺术媒介的发展及元宇宙审美感知的进阶。艺术创作始于摹仿,其审美感知也依赖于其摹仿的媒介。柏拉图认为"(绘画)模仿的是外观,……它把握住的是每个东西的某小部分,况且,这部分还是一个幻象。"如果我们从柏拉图论摹仿的"某小部分"开始,在人类艺术的发展进程中,这"某小部分"正是逐渐被扩大,直至成为元宇宙的全部。这就是艺术媒介之摹仿的发展历程,也是元宇宙作为艺术媒介的连贯性与必然性。从传统的文学与绘画到当代的电影艺术,直至今天及未来的元宇宙,我们能够看到元宇宙艺术作为一种新兴媒介艺术及其感知的进阶。

在现代科技革命尚未出现的古代,传统艺术的发展会随着艺术传播媒介的变化而发生嬗变。在数千年的历史时光中,艺术产品作为当时的人们摹写其生活状况、抒发个人情感、

描述自然人文景观与经济社会现象的载体,承载了人们对未知世界的认知、好奇、怀疑、敬畏、向往等复杂感情。艺术的媒介千姿百态,其中描绘"来世""异界"等有别于现实世界的主题,一直存在于人类文明发展的历史中。如果把描摹现实世界之外的另一个想象世界作为我们认识"元宇宙"的归类标准的话,传统艺术形式有着众多而各具特色的表现方式。

(一)"羽化登仙"的壁画艺术

从西班牙、法国等地,距今 2 万年前出现的人类早期文明活动的石窟中的壁画,到 4 世纪至 14 世纪我国敦煌石窟中的壁画群,其上的各种野兽和人物,色彩艳丽,形态逼真,笔法精细,瑰丽壮美,气势恢宏[1]。这些壁画上的记录,或是当时生活的纪实,或来自当时人类的想象,壁画的作者们都投入了无尽的努力去描绘当时的画面,力图将一个既来源于现实,又富有想象空间的世界由这些壁画画作来呈现,这便是人类最早的"元宇宙"技术和体验。其中,尤以我国敦煌飞天"羽化登仙"主题最为动人。其实,远在战国甚至更早期的墓葬中就有升仙的绘画场景,自东汉以后随着佛教自印度经西域传入汉地,以及早期道教文化的传播,此类主题更加流行。佛教传入中国后,与中国本土的道教"神仙"文化不断交流融合。在佛教最初传入的魏晋南北朝时期,人们曾经把壁画中的飞仙称为飞天,此时飞天、飞仙不分。随着佛教在中国的传播,佛教的飞天、道教的飞仙在艺术形象上互相融合。敦煌飞天指的是画在敦煌石窟中的飞神,后来成为中国独有的敦煌壁画艺术的一个专用名词。

对于上述壁画艺术来说,人分为两部分,一部分是人在物理意义上的肉体,又称为肉身。另外一部分就是人的思想、意识,或称为灵魂。从这个意义上,灵魂可以标识每一个人,所以一个人包含肉体和灵魂两部分。无论是敦煌飞天,还是从古至今各类墓葬壁画,其核心艺术主题在于在肉身湮灭之后,所谓灵魂世界的二次生命。如果能够把一个人的所有知识,包括他说话的声调、语气及其思维方式等都记录下来,在一个理想的生活环境中,就可以实现某种意义上的在另一个世界的永生。古代囿于科技与生产力发展水平,无法长久记录储存肉身的音容笑貌,所以寄托于艺术创作,有意识地改造并重新创作出一套符合当时人们审美与想象空间的艺术形象,用以寄托所谓灵魂世界的"人"的形象。而摹化肉身的技术从古发展至今,其实已经相对成熟,最前沿的科技体现诸如虚拟人、类人机器人等。类人机器人实现了人类肉体的一部分功能,能够通过技术手段精准储存并还原人的声音、表情、肢体状态等,如果能够把个人的一些思想、知识、思维方式存到计算机里,并且写入某个类人机器人的存储介质中,那么这个人就在某种意义上实现了"飞天"永生。

(二)"七十二变"的神话传说

中国神话故事最让人记忆深刻的莫过于《西游记》《封神榜》《聊斋志异》等神仙志怪小说里的描写。在这些神话故事中有很多对于神奇法术的描写,比如孙悟空一根毫毛便能分出无数分身。其中有不少法术,通过当今科学技术的发展,已经从神话故事慢慢演变为现实。在《西游记》里,大家记忆最深刻的法术就是孙悟空的筋斗云,腾云驾雾十万八千里。随着现代科技的发展,人们早已可以通过各种飞行器,在万尺高空,云雾之上完成万里之外的旅行。除此之外还有孙悟空的"火眼金睛",通过其定睛一看便能分辨是人是妖。这和现在广泛运用于检测领域的 X 光机、红外感光检查等射线检测技术所达成的效果不谋而合:在所有的地铁、高铁、机场等公共交通场所,现在都有诸多此类安检设备。红外夜视仪,在军队、警察部队、公安部门广泛运用,通过热辐射成像技术也实现了火眼金睛一眼辨别对象的功能。当然,千里眼、顺风耳这些法术更不用说,手机、互联网走进千家万户,交流与沟通早已不再有距离的限制。目前,《西游记》里还有哪些法术没有实现呢?

(1) 孙悟空有七十二般变化,有无数的分身、变身、替身,诸多变身不是真正的后代但可以发挥不同的功能。

(2) 为了获得长生不老,妖怪们都想尝一尝唐僧肉,生命的延长与永恒仍是人类持续研究的问题。

(3) 观音大士赐给孙悟空三根救命毫毛,可解一切灾厄。逆转命运、逢凶化吉的法术还没有成为现实。

这些想象力丰富又表现形式具体的法术,代表了当时的人们对于一些生产力无法实现却又迫切需要的朴素情境的美好希冀,而这些愿望投射在神话故事中,成为神仙妖怪们手中的法术,由他们代替现实的人们去呈现。这就与如今探讨的元宇宙技术中的"替身性"是一脉相承的。著名科学家钱学森曾将虚拟现实(Virtual Reality,VR)翻译成"灵境"。"灵境"联结了古代人们关于神话世界的想象与当今科技的呈现。综上,元宇宙在历史长河中曾经有着多种表现形式与不同的名称。

二、现代艺术形式中的"元宇宙"概念

(一) 现代小说与"元宇宙"

1984 年,加拿大科幻小说家威廉·吉布森(William Gibson)出版了短篇科幻小说《神经漫游者》(*Neuromancer*),首次使用了"赛博空间"(Cyberspace)的表述,指存在于现实之外的,由计算机设计、定义、实现的,包括物质与代码符号信息的另一个世界。在"赛博空间"里,人脑作为人的信息中枢可以直接与外界连接,从而控制神经系统与外部事物互动。1993 年,网络社会学家霍华德·莱茵戈德(Howard Rheingold)出版了《虚拟社群》(*Virtual Community*)一书,使得"赛博空间"的概念更加广为流传。

"元宇宙"的概念第一次被正式提及,是在 1992 年,由美国著名科幻作家尼尔·斯蒂芬森(Neal Stephenson)在其所著科幻小说《雪崩》(*Snow Crash*)中提出了"Metaverse(元宇宙,汉译本当时翻译为'超元域')"这个概念[2]。书中讲述了现实人通过 VR 设备与虚拟人共同生活在一个名为 Metaverse 的虚拟世界的故事。这个虚拟世界脱胎于现实世界,并且平行存在于现实世界。Metaverse 的形态栩栩如生,让人沉浸其中,在这个虚拟世界里可以做任何想做的事情(包括在现实世界里无法实现的事)。比起现有的虚拟世界,它可以提供一种更高维度的交互性体验。

在《雪崩》中,作者是这样描述元宇宙的:"戴上耳机和目镜,找到连接终端,就能够以虚拟分身的方式进入由计算机模拟、与真实世界平行的虚拟空间。"《雪崩》描绘了一个庞大的虚拟现实世界,即元宇宙,所有现实世界中的人在元宇宙里都可以有一个数字分身,人们用

数字分身来进行活动,并相互竞争以提高自己的地位。元宇宙是一个平行于现实世界的、人造的虚拟空间,参与者在这个空间中的行为自由度远超于现实世界,只会受到人脑想象力的限制,"没有做不到,只有想不到"。

网络世界的崛起为科幻作家们的思想创作提供了一个海阔天高的绝妙空间,科幻小说也为网络文明的发展以及各类新兴文化的涌现起到了推波助澜的作用。《雪崩》中所提出的"元宇宙",对接下来的计算机技术、互联网行业,尤其是电子游戏领域产生了极为深远的影响,在后续的篇章中我们将持续探寻。

(二) 电子游戏与"化身"的发展

在《雪崩》里,每个人在元宇宙中都有属于各自独有的"化身"(Avatar)。Avatar 一词源自梵文,原意指神的降世显象。2009 年由詹姆斯·卡梅隆(James Cameroon)执导的具有开创意义的电影《阿凡达》,其英文原名为 *Avatar*[3],对应影片中人类通过梦境链接,将意识灌注给纳美人,好似天神下凡。在电子游戏中,"化身"在不同时期有着不同的类型,包括:

(1) 1958 年的计算机小游戏《网球赛》(*Tennis for Two*),玩家以球拍为自己的化身,通过球拍来发球和接球,体现自己的能动性。

(2) 1962 年的《太空大战!》(*Spacewar*!),玩家以飞船为自己的化身,飞船发出或承受的行为就是玩家发出和承受的行为。

(3) 20 世纪 70 年代,玩家开始能在一个图形化空间里控制一个非机械的角色,角色开始有血量、攻击力、防御力等数值设定,对"化身"的定义更加明确、细致。

(4) 20 世纪 80 年代,《龙与地下城》(*Dungeons & Dragons*)被改编成电子游戏,成为角色扮演类游戏(Role-playing game,RPG)发展的标志性事件,完善了玩家透过游戏角色"化身"的各类规则与属性。

(5) 20 世纪 90 年代,3D 游戏开始蓬勃发展,特别是第一人称射击游戏(First-person shooting game,FPS)的兴起,如《毁灭战士》(*Doom*)(1993)、《古墓丽影》(*Tomb Raider*)(1996)等[4],玩家的化身也越来越多开始具有像人一般的身体,感知也越来越沉浸在实时的 3D 环境中。例如,玩家可以通过第一人称视角下的键盘、鼠标等设备输入,通过自己"化身"头上位置的取景摄像机实时扫视 3D 空间。

(6) 20 世纪 90 年代,日本电子游戏公司"世嘉"(SEGA)推出了第一代 VR 头盔。

(7) 1998 年,为了让玩家更便利地操控化身,索尼 PlayStation 游戏机推出了手持双摇杆游戏控制器,在操作层面再次提高玩家的自由度和沉浸感,这给玩家的体验越发接近于前述《神经漫游者》中的描述。

(8) 21 世纪初期,广为流行的网络游戏《第二人生》(*Second Life*)出现。所谓《第二人生》,顾名思义,它想给用户另一个人生。在游戏中,允许用户创建可以互动的数字化身,还可以用真实货币购买虚拟物件或打赏。

(9) 2009 年以来出现并流行于青少年中的电子游戏《我的世界》(*Minecraft*)和各种大型在线社交游戏,如《魔兽世界》(*World of Warcraft*)、《永恒任务》(*Everquest*)、《我的世界》(*Minecraft*)、《堡垒之夜》(*Fortnite*)和《罗布乐思》(*Roblox*)等,不仅是基于化身的,而且更加具有原创性、沉浸性和互动性。例如,用户在《堡垒之夜》这款在线游戏中可以与数百万其他玩家竞争、社交和构建属于自己的虚拟房屋、土地、园林等,有些用户甚至已经在虚拟房屋交易上花费了数千美元。

其中《第二人生》在构建用户"化身"上所做出的尝试颇具开创性。《第二人生》是美国林登实验室推出的一款多人网络游戏。这款游戏的独特之处在于,没有经验、等级之类常见的 RPG 元素,也不是以系统提供的游戏流程为核心的,而是非常接近于现实世界——每个人在游戏中有高度的自主性和创造性。他们通过游戏内置的一套 3D 建模工具,创建游戏元素。在游戏中,系统提供给玩家一些土地,使其成为"居民"。居民可以在土地上创造各种物品,包括房屋、植被、交通工具、生产工具等。这些工具除了自己使用,也可以用来出售。这里面最大的吸引人之处在于玩家对自己创造的物品有完全的产权。《第二人生》使得"虚拟资产"这一概念广为人知。

随着这款游戏越来越庞大,参与的人越来越多,虚拟世界中的商业价值被逐步开发出来,从最开始的广告牌模式,到投资虚拟土地的房地产开发商、设计虚拟形象及服饰的设计师等。更重要的是,这些在虚拟世界中被创造出来的虚拟价值,可以有条件地变为真金白银,兑换成现实世界中的法定货币。

总体而言,以上游戏,尽管有很多迭代和提升,其人机互动方式仍是用户身在游戏之外,正对着计算机屏幕,音箱放在两侧,通过键盘、鼠标、触控板或游戏控制器与游戏中的环境以及其他玩家互动。这显然与《雪崩》中描绘的元宇宙场景差别较大。在后者中,玩家完全沉浸于游戏,用自己的全部感官与游戏环境中的其他玩家互动。

据民间统计,《第二人生》的游戏世界中有七千多种挣钱方式,年经济总产量达到了 6 400 万美元。在这样的虚拟资产基础上,许多世界知名企业开始入驻虚拟世界:IBM 建立了自己的销售中心,CNN 建立了自己的游戏报纸,微软也在游戏中建立了分公司。有大量的玩家辞掉了自己现实世界中的工作,在这个虚拟世界中从事全职工作。游戏中通用的货币林登币(Linden Dollar)已经跟美元开通了汇率。

当然,《第二人生》也有它的致命伤。在创建虚拟物品的过程中,需要大量用到 3D 建模、脚本语言 LSL,这需要专业的美术功底和程序开发能力。这个苛刻的入门门槛将大量爱好者拒之门外。因此,在未来的元宇宙中,创造虚拟元素的环节该如何优化,兼顾低门槛和创造性,是一个重要的课题。这个问题上,其后继者《我的世界》《泰拉瑞亚》(*Terraria*)、《艾兰岛》(*Ylands*)等做出了不同程度的优化与改善。

在电子游戏中构建虚拟世界的另一个风险,来自维护虚拟世界的经济体系稳定。据介绍,在《第二人生》中,由于林登币和美元可以实现兑换,该游戏创造了一个虚拟财富可以直接转化为现实世界利益的机会。一些团体和个人因此在虚拟世界内部从事起银行、股票交易的经营活动。据林登实验室的分析,这些经营活动的收益率大多在 20% 以上,有些甚至达到了 40%~60%。巨大的利润不仅导致虚拟世界银行业的泛滥,甚至出现了一些打着银行名义进行诈骗的行为,还催生了一些林登币黑市市场。由于黑市中的林登币兑美元汇率要远低于官方汇率(270 林登币兑换 1 美元),玩家利益及虚拟世界经济都受到了很大的损害。因此,在元宇宙世界中,如何管控虚拟货币与真实世界中的货币兑换,其重要程度与复杂程度并不亚于真实世界的金融体系。

（三）电影艺术与"元宇宙"的呈现

"元宇宙"的面纱正在慢慢被揭开。将抽象的概念转化成具象的认识，科幻电影往往能够打破我们对元宇宙的认知瓶颈，并拓展我们的想象空间和激励更高层次的探索。通过将各种增强现实技术、人工智能形态以及虚拟游戏世界等进行极具视觉震撼效果的刻画，科幻电影能够激发我们对未来元宇宙的想象力。

1. 《头号玩家》(Ready Player One)，2018（图 1-1）

图 1-1　《头号玩家》电影海报

故事被设定在 2045 年，处于混乱和崩溃边缘的现实世界令人失望，人们将救赎的希望寄托于"绿洲"，一个虚拟游戏宇宙。只要戴上 VR 设备，人类就可以进入这个与现实形成较大反差的虚拟世界。"绿洲"的创造者在弥留之际，宣布将巨额财产和"绿洲"的所有权留给第一个闯过三道谜题，找出他在游戏中藏匿彩蛋的人，因此引发了一场全世界范围内的竞争。

《头号玩家》是目前被认为最接近元宇宙概念的电影，通过 VR 沉浸式装备，玩家能够感受"绿洲"这一虚拟空间的无限繁华与光怪陆离，这激发了大众对于元宇宙入口和样貌的期待。虚拟生活吞并现实生活、巨头掌控虚拟世界等元宇宙可能引发的担忧也在片中被呈现出来。可以说，《头号玩家》从技术实现上全面论证了元宇宙的一种终极表现形态，即完全虚拟化的现实世界映射，用户可以在所谓"绿洲"世界完整地体验人生。该片深入探讨了这种全沉浸式的元宇宙可能带来的道德伦理、社会治理冲突问题。

2. 《失控玩家》(Free Guy)，2021（图 1-2）

影片讲述了一个名为"自由城"的游戏世界，一个身份为银行柜员的 NPC（Non-player character，非玩家角色）在见到玩家角色米莉的一刻起，开始脱离代码设置，自我进化，并在每次重新设置后都保留自己的记忆、情感和思想，并最终帮助米莉保护虚拟世界的故事。

影片作为一部喜剧科幻片，从沉浸式游戏的视角展现了元宇宙该有的雏形和元素。NPC 作为虚拟世界中不可或缺的一环，能否在元宇宙中实现突破，甚至在功能或情感上自我进化呢？片中主体公司控制甚至删除游戏的剧情也强调了去中心化对于元宇宙的意义。

图 1-2 《失控玩家》电影海报

3. 《黑客帝国》(*The Matrix*),1999(图 1-3)

在影片中,网络黑客尼奥发现看似正常的现实世界实际上是由名为"矩阵"的人工智能系统操控着,尼奥结识了黑客崔妮蒂并见到了黑客组织首领墨菲斯,三人开启了抗争矩阵之旅。

《黑客帝国》充满了大量宏大的隐喻,构建了一个涵盖神话、哲学、禅宗、机器人和人工智能的科幻帝国,影片中描绘的元宇宙充满震撼感,无论是其中的 VR 技术、虚拟空间,还是人机关系等方面,都让观众对虚拟世界产生了深刻的认知。该片首部自 1999 年上映以后,就成为当时极具有话题性的影视作品。片中描绘的元宇宙极端程度甚至超过了《1984》里所描写的高压社会,体现了作者对于乌托邦式的社会治理模式的怀疑和挑战,也彰显出站在千年之交往前看的一丝迷茫。该片形成了多维度的科技视觉,探讨了人机关系、进化体系等哲学命题,更新了观众对虚拟世界的认知。

4. 《阿凡达》(*Avatar*),2009(图 1-4)

影片主要讲述人类飞到遥远的星球"潘多拉"开采资源,通过"阿凡达"技术,将自己的意识转移到另外的肉体躯壳中。受伤后以轮椅代步的前海军战士杰克,自愿接受"阿凡达"实验并以他的肉身来到潘多拉。在结识了当地纳美人公主涅提妮之后,杰克在一场人类与潘多拉军民的战争中陷入两难境地。

片中 Avatar(阿凡达)也是梵文"化身"的意思,这种保留自身意识,以将人类置于类似现实的模拟技术于当时而言是极具创造力的。借助 AR 和 VR 等技术,元宇宙打造 Avatar 的技术正被探索。此外,片中还包括了科技突破时空限制的遐想、科技与道德如何陷入两难等思考。

图1-3 《黑客帝国》电影海报

图1-4 《阿凡达》电影海报

导演詹姆斯·卡梅隆（James Cameroon）也是科幻巨作《终结者》系列的导演，在拍摄《阿凡达》的过程中，采用全程源生3D拍摄，第一次将身临其境、代入感很强的3D观影体验以高质量的大片姿态带进了电影院，从戏里戏外都引发了很大的技术革新思潮。

《头号玩家》中的元宇宙，展现了现实与虚拟的巨大反差。电影背景设定在一个资源环境非常贫瘠的未来世界，真实世界的混乱、停滞与虚拟世界的虚幻、美好带来了强烈对此，让身处于当下的我们更容易看到自己世界的影子，也带有暗示性地告诉我们未来虚拟世界的样子，即"超强劲的精神寄托"。这个故事背后想要带给人的启示性内容，才是导演史蒂文·斯皮尔伯格更想要实现的目标。对于曾拍出《侏罗纪公园》《少数派报告》等既具有商业性，同时带有思考性和科幻色彩的佳作的他来说，《头号玩家》仍旧在强调人与科技、人与自然的复杂关系。

而《失控玩家》中呈现的元宇宙，重点展现的是虚拟世界中人性的觉醒，而不是虚实世界的切换。这也是对元宇宙意义的思考：在一个时空可以加速，收益和回报更加稳定，允许失败重来的世界中，人们获得的经验、体验、感悟，会从虚拟世界传给现实世界中的自己，从而丰富人生阅历，做那些现实中不可能做到的事。这种回溯才是元宇宙这个虚拟世界给现实世界的最大意义。

《头号玩家》的世界是完全VR化的。主角只有通过一个完全的舱型设备，才能进入纯数字化的世界中。而《失控玩家》中构建的是一个MR（Mixed Reality，混合现实）世界。通过戴上一种特殊眼镜，你就可以看到一个层叠在现实世界之上的世界，也就是所谓的玩家视野。

我们现在很难判断未来哪种形式的世界会成为主流,但已经可以根据它们所表现出来的特性做出一些预测:《头号玩家》式的纯粹的 VR 世界更适合沉浸式娱乐。其特点为需要有固定的时间段不受干扰,需要暂时不去理会生理上的需求,需要与现实世界完全隔绝等。这显然是一种完全沉浸和与现实隔离的元宇宙世界,很有可能是我们居家或在室内娱乐的未来形式,也许会取代电影或游戏。而《失控玩家》中展现的 MR 世界,借由戴眼镜和不戴眼镜,将世界变为普通版和信息加强版两类。这样的虚拟世界构想是依托现实世界的基础上产生的信息可视化的世界。这种元宇宙更像我们未来外出后看到的世界,各种信息来自于楼宇、街道、交通工具、各种室内室外的空间设施。这种形式很有可能是户外交通、娱乐、社交等获取信息的未来形式,而作为载体的 MR 眼镜将取代手机等移动终端。

在本节的尾声,通过回看"元宇宙"概念在不同艺术形式中的呈现,可以体悟元宇宙的人文魅力。元宇宙并非一个独立的逃离世界。正相反,其最大魅力在于人们可以在现实与虚拟两个世界中穿梭,从而在能够反复重置或浓缩加速的世界中经历更多故事,扮演新的自我,传递感情,创造信息,最终实现自我的回溯和迭代。

第二节 元宇宙与互联网时代

随着科技进步与社会发展,人们对开放、自由、平等的信息交流的需求日益增加。自 20 世纪 70 年代以来,各类依托计算机网络技术的信息互动平台随之出现,这一类提供突破时空局限、可以使得计算机用户交流各种信息的通信技术,被广泛称为 Web 技术。Web 技术能令用户无论身在何处,都能够通过网络充分共享全社会的智慧。在 Web 1.0 甚至之前的萌芽时期,网站提供的信息只能阅读,不能添加或修改,作用相当于信息存储;而后进入下一阶段,也就是 Web 2.0,其本质是互动,这个时期的 Web(基本等同于互联网)在为人们提供信息的同时搭建了用户与用户之间的交流通道,使得用户更多地参与信息产品的创造、传播和分享;在预期中的 Web 3.0 阶段,通过先进的技术渗透和独特的信息服务方式创新,为更好地实现个性化信息服务提供了新的机遇。本节将从互联网与 Web 技术的发展出发,深入了解在互联网发展的各个阶段中,用户参与互联网的方式变化以及未来元宇宙可能的进化方向。

一、混沌初开——Web 1.0 时代:信息时代的开端

1989 年,计算机科学家蒂姆·伯纳斯-李(Tim Berners-Lee)所领导的研究小组提交了一个针对互联网的新协议和使用该协议的文档系统,并将这个新系统命名为万维网(World Wide Web,WWW),即互联网的前身[5],其目的是使全球科学家能利用万维网来交流工作文档。万维网的构想来自伯纳斯-李于 1980 年率先提出的 ENQUIRE 项目,这是一个超文本在线编辑数据库,尽管形态上还看不出现代互联网的端倪,但在核心思想上很多却是一脉相承的。

从20世纪90年代初,万维网的逐步普及,到1994年中国全面接入互联网,都可以算作是Web 1.0时代。在这个时间段里,互联网的主要特征是大量使用静态的HTML语言构建的网页来发布、呈现信息,用HTTP、SMTP等通信协议交换信息。用户通过浏览器这一软件来浏览各式各样的网页。这时,互联网内容只是可读的,类似于图书杂志,只能看但不能与作者互动交流。"网上冲浪"(Surfing the Internet)这个词汇被首次使用,被用来代指用户在不同网页之间切换、浏览的行为。1995年,跨平台应用软件的面向对象的编程语言——Java诞生了,同时服务器端脚本技术也被开发出来。同年,微软发布了其著名的IE(Internet Explorer)浏览器,成为Web 1.0时代成熟的标志。自1995年后,Web网站不再仅仅是静态信息的罗列,开始出现"动态"加载的网站内容,虽然网站的信息仍旧存储在服务器数据库内,但互联网的多样性已初见端倪。

Web 1.0的本质是聚合、联合、搜索,其聚合的对象是巨量、无序的网络信息。Web 1.0只解决了人对信息搜索、聚合的需求,而没有解决人与人之间沟通、互动和参与的需求,所以Web 2.0应运而生。

二、积蓄能量——Web 2.0时代:平台经济的出现

Web 2.0的定义起源于2004年3月欧莱礼媒体公司(O'Reilly Media)公司与Media Live国际公司的一次头脑风暴会议的讨论中。Tim O'Reilly在其撰写发表的"What is Web 2.0"一文中首次概括了Web 2.0的概念,并给出了描述Web 2.0的框图——Web 2.0 MemeMap,该文遂成为互联网发展历史研究的经典文章[7]。此后关于Web 2.0的相关研究与应用迅速发展,Web 2.0的理念与相关技术日益成熟和发展,推动了互联网的变革与应用的创新。在Web 2.0的定义范围中,各类软件被统一视作是软件供应商提供给用户的服务产品,互联网从一系列单薄且独立的网站逐步演化成一个较为成熟的为用户提供综合性网络应用的服务平台。Web 2.0时代的应用特征强调用户的参与、在线的网络协作、数据储存网络化、RSS订阅、社会关系网络以及文件的共享。Web 2.0模式双向激发了用户及平台的创新积极性,既鼓励平台在应用形式与产品内容上不断革新,不断扩展互联网服务与垂直产业领域接壤的边界,又同时鼓励用户在这个过程中深度参与互联网活动,使互联网重新变得生机勃勃。

(一)Web 2.0的特点

Web 2.0是建设在Web 1.0基础上的,多种互联网应用模式的演变。Web 1.0的基本特点在于用户通过浏览器登录互联网,从网页中获取信息,用户是网络信息的接受者与使用者;而Web 2.0更注重用户的介入交互性,用户不仅是网站使用者和信息的接受者,更重要的是能参与其中,成为信息内容的制造者。在Web 2.0时代,用户不再是单纯的信息消费者,开始逐步拥有了信息生产者的权利。用户在网络空间的信息传播行为,展现自我信息和观点的同时,也无形中影响了现实社会的信息传播和舆论导向,可以说互联网发展到Web 2.0阶段,才真正形成了传播影响力。

Web 2.0的本质特征是参与、展示和信息互动,弥补了Web 1.0的不足。如果说Web

1.0 主要解决的是人对于信息的需求,那么 Web 2.0 主要解决的就是人与人之间沟通、交往、参与、互动的需求。在 Web 2.0 发展的阶段,随着智能手机的出现以及网络通信能力的不断发展,"移动互联""共享经济"等不同特色丰满了 Web 2.0 的特征。随时随地吸收、产生、传递信息,是 Web 2.0 的精神内核,当下的互联网正处于这一阶段,各类业态层出不穷,可以说 Web 2.0 是人类至今看到的信息最为丰富的时代。

(二) Web 2.0 时代的代表性应用

1. Blog/Micro-blog(博客/微博)

Blog 是一个可供用户在其中发布文字、图片、视频等富文本信息,与他人交流以及从事其他活动的网络平台。Blog 能让个人用户在互联网上获得表达自己心声的能力,激发志同道合者的反馈,并开放用户与用户之间直接交流的通道。博客的创作者被称为"Blogger",他们既是博客内容的创作人,也是博客空间的管理人。博客的出现成为网络世界的革命,从需求侧推动了建站的技术门槛和资金门槛极大地降低,使每一个互联网用户都能方便快速地建立属于自己的网上空间,催生了一批建站、建博的互联网服务商,如 WordPress、Godaddy 等,满足了用户由单纯的信息接受者向信息提供者转变的需要。2010 年以后,短文本、富文本化的微博(Micro-blog),逐步流行起来,成为一种通过用户关注机制分享简短实时信息的分布式广播式的社交网络平台。从风靡世界的推特(Twitter),到我国的国民级应用——新浪微博,个人微博成为互联网用户表达自身观点,对外输出信息,参与互联网的内容建设的一个主流的渠道。

2. Wiki(百科全书)

Wiki 系统属于一种人类知识的网络应用系统,用户可以方便地在网页浏览器上对现实中与网络中出现的事物进行定义和描述,完成后递交到 Wiki 系统,实现知识共享。Wiki 系统关键在于支持面向社群的协作式写作,在完全开放的互联网空间里首次实现了多人同步协作。与其他超文本(hypertext)Web 2.0 应用相比,Wiki 有使用简便、权限开放的优点,使得知识共享变得简单快速,所以能够帮助来自四面八方的网民在一个社群内共享某个领域的知识。在 Wiki 的基础上,用户陆续衍生出问答、求助等多维度的内容范畴与互动形式需求,后续代表性应用有维基百科、百度百科、知乎、Quora 等。

3. SNS(社交网络服务)

SNS 全名为 Social Network Service,是基于经典的六度分隔理论,通过互联网的工具方式,将人际关系网的资源充分挖掘并转移到互联网上的应用系统。在 SNS 的帮助下,用户可以轻松认识"朋友的朋友"等有着共同社交关系倾向的其他用户,扩展自身人脉,达到对应的社交诉求。可以说,SNS 是 Web 2.0 时代最引人注目的应用领域,无论国内还是国际,在这个领域内都有着诸多商业上取得巨大成功的产品和公司,如 Facebook、Instagram、Snapchat、LinkedIn 等。

Meta(原 Facebook)成立于 2004 年 2 月 4 日,于 2021 年更名为 Meta。其中 Facebook 是其一款社交类 App,Facebook 创立的初期主要服务于大学生,网站的名字 Facebook 来自美国中学传统的同学录。通常美国的大学和预科学校把这种印有学校社区所有成员头像照片的同学花名册发放给新来的学生和教职员工,帮助大家认识学校的其他成员。

Facebook 的起源在大卫·芬奇导演的著名电影《社交网络》中有很详尽的呈现。创立 Facebook 的初衷是为了帮助用户更好地沟通，Facebook 目前的业务已经覆盖到全球范围，提供了多种基于网页接口的第三方应用程序，支持计算机、手机、平板电脑等各类智能设备接入。同时 Facebook 利用社交关系网络，涉足游戏发行与分发业务，探索社交关系沉淀从而获取商业化价值的路径。在 2012 年，Facebook 完成了对 Instagram 的收购，增加了其社交业务产品线的丰富程度，利用 Instagram 超强的图片分发、处理与垂直社交圈能力，形成了社交护城河壁垒。

4. IM（即时通信）

IM（instant messaging）软件是目前我国上网用户使用频率最高、时长占有率最高的软件类型。聊天一直是网民们上网的主要活动之一，网上聊天的主要工具已经从初期公共的聊天室、论坛变为以 MSN、QQ 为代表的用户点对点的即时通信软件，在移动互联网时代，IM 软件使用平台又从个人计算机往智能手机上迁移，产生了微信、WhatsApp、Line、Facebook Messenger 等应用软件。即时聊天已经突破了作为技术工具的边界，被认为是现代交流方式的象征，是当下社会文化的重要组成部分，并构建起一种新的社会关系。

中国诞生了一大批 IM 应用系统企业，其中的佼佼者莫过于腾讯公司。腾讯公司于 1998 年在改革开放前沿——深圳特区创立。腾讯公司所开发 QQ 软件已成为国民级应用，在移动互联时代又推出适配智能手机的新一代 IM 应用——微信。腾讯的发展壮大完全把握住了社交与沟通的发展脉搏，适应了不同时期互联网用户的使用习惯和实际需求。从单一的社交网络应用到庞大的"腾讯系"版图，IM 软件无疑是最大的互联网流量入口，也是平台经济的最重要推手。

5. OV（在线视频）

在线视频（online video，OV）应用是仅次于即时通信应用的第二大互联网应用。在线视频应用是 Web 2.0 阶段发展到一定程度后，用户的自我表达需求与信息获取需求不断提升，网络通信、数据传输等基础能力不断完善，所产生的一个新的应用系统门类。在线视频应用领域的发展，呈现出从长视频形式往短视频形式发展，PGC（professional generated content，专业生产内容，本处专指由平台官方生产的内容）内容往 UGC（user generated content，用户生成内容，此处指用户在平台内上传的内容）内容迁移等不同特征。

在线视频平台可以按照不同维度进行分类，目前并没有统一的分类标准。根据我国视频网站系统的类型特点，国内学者和业界大多按照平台运营商的服务领域和主要提供的内容类型进行分类，大致可以分为短视频平台、综合类视频平台、垂直类视频平台和视频直播平台四类。

短视频平台主要指以提供短视频内容形式为主的平台，这类平台依靠海量 UGC 内容＋高精确度倾向性人工智能推送算法，实现视频流的不间断推送，娱乐性较强，内容不固定，如抖音、快手、TikTok 等。短视频平台，尤其以抖音/TikTok 为代表，自 2019 年以来席卷了全球用户，其母公司字节跳动根据其复杂的推送算法体系，无论是信息流内容推送还是广告定制，都构建出"千人千面"的用户体验，也是 Web 2.0 向 Web 3.0 转变的一个重要特征。

综合类视频平台和垂直类视频平台都以提供长视频内容形式为主。综合类视频平台是指提供各类内容观看服务以获取收入的网站，包括影视剧、综艺、纪录片、漫画、小说、短视频、游戏等内容类型,例如爱奇艺、腾讯视频、芒果 TV 以及国外的 Youtube、Netflix、Disney＋等;垂直类视频平台是适应市场细分的趋势,主要针对某些垂直领域,满足特定用户需求,专门为该领域或者有该需求的用户提供视频内容和服务以获取收入的视频平台。与综合类视频平台相比,垂直类视频平台定位更加明确,在其垂直领域内容更具深度,但是覆盖面不如综合类视频平台广,如哔哩哔哩、腾讯动漫、网易公开课等。

视频直播平台与以上各类静态视频内容平台不同,是由用户作为 UGC 内容提供者,通过视频直播的方式介入内容服务体系中。主播和观众是视频直播平台用户最主要的两个主体,通过两者之间的互动,提升直播的趣味性,以及创造商业化的机会。与综合性的视频内容平台不同,视频直播平台中,主播成为关键传播要素,私域流量的体现程度更高。同时,视频直播平台也是当下 OV 平台中,商业化程度最高、盈利模式最清晰的平台。主播可以通过流量分成、带货提成、礼物打赏、付费订阅、付费解锁内容等多种方式获取利益报酬。视频直播也可以作为独立的功能模块,植入不同的应用系统发挥效能,当下比较流行的视频直播平台有斗鱼、虎牙、Twitch 等。

三、百花齐放——Web 3.0 时代:变革将至的新纪元

所谓 Web 3.0 是针对 Web 1.0 和 Web 2.0 而言的。Web 1.0 和 Web 2.0 的说法,最早由欧莱礼媒体公司副总裁戴尔·道尔蒂(Dale Dougherty)提出,经过该公司的推广而逐渐被业界所接受[8]。一般认为,Web 1.0 指的是只读网络。在 Web 1.0 中,网络的所有内容都由网站提供,一般的用户只能阅读内容,而不能与网站进行交互。而 Web 2.0 则是可交互的互联网。在 Web 2.0 中,用户不仅可以阅读网络内容,也可以发布自己的内容,并对网站的内容进行修改。博客、短视频、Vlog、社交网络等都是 Web 2.0 的不同体现。

在 Web 1.0 和 Web 2.0 的概念普及之后,很多业内人士就开始思考之后的互联网形态,即 Web 3.0 会是什么样的。万维网的发明人蒂姆·伯纳斯-李(Tim Berners-Lee)认为 Web 3.0 应该是语义网(semantic Web)。这种网络不仅可以理解词语和概念,还能够理解它们之间的逻辑关系。在这种网络下,人们的交流和使用都将变得更有效率。Web 3.0 是众多应用的集合[9]。这些应用程序体积都相对较小、数据主要以云形式存储,其运行速度较快、可定制性较强,并且可以在任何设备上运行。从现在的观点看,Web 3.0 十分类似于云计算。

区块链出现后,Web 3.0 概念又发生了变化,一些人希望借此打造全新的互联网架构,以提供分权式网络服务。针对 2013 年"棱镜门"事件暴露出的互联网垄断问题,以太坊联合创始人加文伍德(Gavin Wood)提出,Web 3.0 或可称为后斯诺登(Edward Snowden)时代的 Web[10],在交互模型上有根本不同。该系统设计以数学方式执行,通信始终通过加密渠道进行,并且仅以匿名身份作为端点。

近年来所探讨的 Web 3.0 不是语义网,也不是分权式网络,而是一个新概念。这一概念在 5G、万维网、数字代币之后才真正出现,所蕴含的功能更加强大。2021 年 12 月 8 日,一场题为"数字资产和金融的未来:了解美国金融服务的挑战和利益"的听证会在美国国会举行,这在互联网和数字代币发展史上具有重要影响。美国国会议员首次通过听证会来强调 Web 3.0 是互联网的未来,认为它是美国的重要创新和优势。同时,这次听证会的氛围对数字代

币之友好非常罕见。美国正在改变对数字代币及 Web 3.0 的看法,可能的原因如下。

一是 Web 3.0 基于区块链,以数字稳定币作为交易媒介。区块链技术作为价值和可信互联网的基石日益成熟,并且数字代币的普及特别是数字稳定币的使用对 Web 3.0 实现尤为重要。国际货币基金组织表示数字稳定币的流动性至少是银行货币的 20 倍,Web 3.0 应使用数字稳定币作为交易媒介来推进。经过 Web 3.0 的洗礼后,数字稳定币可能会彻底融入美国金融市场,金融市场可能会全面数字化。

二是 Web 3.0 融合去中心化金融(DeFi)、NFT、元宇宙多方推进。市场观察机构 Statista 发现 DeFi 市场从 2020 年 5 月起开始爆发式成长,并预测 DeFi 在 2022 年会再成长 10 倍。数字资产机构 Diginex 也预测 DeFi 会取代部分金融机构的功能。2021 年是元宇宙元年,元宇宙是 Web 3.0 的早期应用。非同质化代币(non-fungible token)出现,将有机会成为 Web 3.0 的另一大板块,并有可能构建一个完备的生态系统,其市值较大,而且在不断增长。

三是一个超大型 Web 3.0 生态可能形成。大批企业入局,包括以 Dydx 为代表的分布式交易所及聚合,以 Centrifuge 为代表的资产证券化协议,以 Axie 为代表的具有链上资产的加密货币游戏,以 Gitcoin 为代表的工作协作平台,以 Syndicate 为代表的投资协作平台,以 NBA Top Shot 为代表的 NFT 相关平台……它都是具有 Web 3.0 特征的企业。Web 2.0 企业也开始面向 Web 3.0 转型,Meta 发布消息称将社交系统与 Web 3.0 技术结合。以 DeFi 财富效应搭建的多链多层生态即将诞生,与大批 Web 2.0 时代企业一起助推一个多对多的全新 Web 3.0 形成。

语义网版本定义的 Web 3.0,虽然有大量论文、研究项目,也有落地项目,但没有大规模部署和使用,没有形成生态。新的 Web 3.0 有市值、生态、基础设施、资金支持、国家重视,将创造新的全球数字经济。

本章小结

在第一章通过对不同艺术形式中关于"元宇宙"的相关概念化呈现以及"元宇宙"基石——Web 技术的发展历程进行了介绍,对"元宇宙"概念形成的来源和过程展开深入探究。元宇宙其实不是一个崭新的概念,它可能从古至今已经在人类社会的发展活动中,在不同时间,以不同形式,承载了当时人们的想法和希望。在第二章中,将直面"元宇宙"的根本性特征,从概念向下钻探,透过不同层次的视角,探寻它的奥妙。

一、名词解释

超元域　Blogger　移动互联网　数字化身　IM

二、简答题

1. 你还能想到元宇宙概念在其他艺术领域的相关应用吗？

2. 举例说明 Web 2.0 应用领域中，某一个领域内的多个应用系统以及它们之间的发展关系。

3. 互联网从 Web 1.0 到 Web 3.0 的发展过程中，除了硬件设备的升级、网络传输的加快，还有哪些方面得到了提升？

4. 沙盒类游戏《罗布乐思》（Roblox）与《我的世界》（Minecraft）在构建自我世界上有很强的代表性，包括从 0 建构沙盒世界、子模式定义核心玩法等，请尝试分析两者的异同。

5. 虚拟现实、增强现实及混合现实技术现在正在蓬勃发展。请问你怎么看这些不同技术路径的发展前景？

主要参考文献

[1] 复旦大学新闻学院,腾讯新闻. 2021—2022 元宇宙报告[R].（2022-01-24）[2022-04-04]. https://www.yunzhan365.com/basic/51-65/17994100.html.

[2] 刘炜,付雅明. 祛魅元宇宙[J]. 数字图书馆论坛,2022(7):2-7.

[3] 清华大学新媒体研究中心. 2020—2021 年元宇宙发展研究报告[R].（2021-09-16）[2022-04-04]. https://www.docin.com/p-2779165601.html.

[4] 邓建国. 元元媒介与数字孪生:元宇宙的媒介理论透视[J]. 新闻大学,2022(6):35-48,120.

[5] 中通服咨询设计研究院有限公司. 元宇宙技术全景白皮书[R].（2022-06-18）[2022-12-15]. https://www.163.com/dy/article/HA5OT3LI0511B3FV.html.

[6] 陈永伟. Web 3.0:变革与应对[J]. 东北财经大学学报,2022(6):27-39.

[7] 段寿建,邓有林. Web 技术发展综述与展望[J]. 计算机时代,2013(3):8-10.

[8] 姜晓芳,蔡维德. 下一代互联网 Web 3.0 与中国数字经济发展路线研究[J]. 中国工业和信息化,2022(10):7-11.

[9] Eric Schmidt defines Web 3.0[EB/OL].（2012-09-09）[2022-04-04]. https://www.imxh.net/eric-schmidt-defines-web-3-0/.

[10] WOOD G. Why we need Web 3.0?[EB/OL].（2014-04-17）[2022-04-04]. https://gavofyork.medium.com/why-we-need-web-3-0-5da4f2bf95ab.

第二章 元宇宙的特征

"元宇宙"作为新兴的技术、经济、社会概念,到底有着怎样的特征?它是如天外来客突然闯入我们的生活,还是一直以某些不为人所关注的方式存在于你我身边。它的发展到底意味着什么?我们带着诸多的好奇和疑问,将进入本章的学习。

第一节 元宇宙的基础概念

"元宇宙"的概念第一次被提及,源自史蒂芬森于1982年创作的《雪崩》小说。在小说中,元宇宙是一个脱胎于现实世界又与现实世界平行、相互影响且始终在线的虚拟世界。人们在这个虚拟世界中可以做除吃饭、睡觉外的任何事。从《雪崩》中的元宇宙走出来,我们发现,在近几十年的数字艺术发展中,电子游戏在虚拟化呈现、要素提取等方面,是众多艺术门类中在元宇宙方向上往前探索最多的。在电子游戏的发展过程中,有这样一些与元宇宙密切相关的标志性事件[1]。

(1) 1994年,第一款轴测图界面的多人社交游戏 *Web World* 上线,用户可以实时聊天、旅行、改造游戏世界,开启了游戏中的 UGC 模式。

(2) 1995年,第一款3D界面大型多人在线游戏 *Worlds Incorporated* 投入市场。

(3) 2003年,第一个现象级的虚拟世界游戏 *Second Life* 上线,其拥有强大的世界编辑功能与发达的虚拟经济系统,游戏内的大部分场景是用户自建的,而不是游戏设计者创建的。

(4) 2006年,多人在线创作沙盒游戏平台 *Roblox* 上线,平台内所有关卡、游戏模式均为 UGC 开放内容。

(5) 2017年,*Fortnite* 投入市场,这款多人在线动作建造游戏,鼓励在游戏中构建自己的园地,与其他玩家进行深度社交,提升了用户的自我认同与社交黏性。除此之外,Fortnite 还在游戏内举办了多场线上虚拟演唱会,试图打通现实与虚拟世界的联系。

(6) 2021年,*Roblox* 上市,并成为首个将"元宇宙"写进招股说明书的公司,率先将元宇宙要素提取并加以系统性地描述。

元宇宙概念经过近30年的发展,仍没有一个统一的定义,但当前主流的观点普遍认为,元宇宙是指网络化的虚拟现实,人们在元宇宙中表现为自己设计的"化身",从事世俗的和非凡的活动;像在游戏中一样,人们居住并控制着在空间中移动的角色。基础设施完善的虚拟世界,可以和现实世界一样,全方位实现身份认同、货币交易、社区归属感到职业发展等个人和社会需求。

元宇宙是各种先进技术的组合、叠加而产生的效果,在扩展现实(XR)、增强现实(AR)、虚拟现实(VR)、互联网(Internet)、人工智能(AI)、区块链、云计算、数字孪生等新技术的融合下,形成独特的虚拟空间,使用户沉浸其中,有很强的具身性[2],体验感很强。总而言之,元宇宙是在移动互联网的基础上,借助多种数字技术叠加而构建的既映射于又独立于现实世界的虚拟空间。

元宇宙的范围有多大,目前还无法估量。广义上讲,互联网可以视为一个元宇宙。远程视频有时会使用虚拟形象作为用户的替身;游戏、音乐、电影可以把人置身于虚拟世界,产生一定程度的代入感;通过各式 VR/AR/XR 的设备,可以进行虚拟环境中的集会、游戏、表演等。然而,这些只是通往元宇宙路上的一些中间态,或者是从量变引发质变的前夜。

在关于"元宇宙"概念的讨论中,不同领域的专家学者都做出了基于各自环境、行业的判断,在诸多的讨论声音中,有一类观点显得独树一帜,他们认为"元宇宙"的发展不是遵循着在单一领域不断深化,最终达到全真虚拟化的路径。或者说,元宇宙并不是一个个独立的所谓的虚拟空间,而是不同行业、不同领域并发进化,最终在某个时间点达到在任意的单一领域,数字化和虚拟化的程度可以与实体化并肩。"元宇宙"更像是一个时间点,而非一个具体的空间概念。在人工智能领域,有一个经典的"奇点"概念,即人工智能的智慧程度超越人类的时间,在这个时间点之后,人工智能的发展遵循着指数级放大的路线,将会发生惊天动地的变化。"元宇宙"就像是数字经济时代的"奇点",当各行各业的数字化程度不断提高,当关于"人"的一切信息、资产都被数字化,那么可能到那个时间点,我们已经进入"元宇宙"时代。

"元宇宙"不是空间的概念,而是时间的概念。在这种观点中,"头号玩家"里的 Oasis 世界或许值得期待,但是否要为了追求那样的沉浸世界而丢失掉自己原本的身份和一切?这个或许值得我们谨慎思考。

第二节 元宇宙的逻辑层级

一、元宇宙多要素理论

元宇宙第一股 Roblox 在上市时,明确地在其招股书里宣称自己为"元宇宙"概念股。其创始人明确地提出了元宇宙必不可少的八个要素[3]:Identity(身份)、Friends(朋友)、Immersiveness(沉浸感)、Low Friction(低延迟)、Variety(多样性)、Anywhere(随地)、Economy(经济)、Civility(文明),如图 2-1 所示。这也是第一家尝试概括"元宇宙"特征的商业公司。

(1) Identity(身份):每个人在登录虚拟空间后,都需要一个身份。这个虚拟世界的身

图 2-1　Roblox 的元宇宙八要素

份如同现实生活中的姓名、年龄、性别等关键信息,在虚拟世界中也承担着甄别这个独一无二实体的功能。每个人在不同的元宇宙空间里有着不同的化身。例如,在《雪崩》中,这个化身被称为"Avatar"(阿凡达),借用"阿凡达"指代每个人的虚拟身份。身份是构建虚拟生态的第一步。

(2) Friends(朋友):社交关系是构建元宇宙社会的复杂网络的基石。在漫长的人类活动中,形成了不同的社交关系。这些身份与关系在虚拟空间中或多或少都能找到对应的映射,如普通朋友、同事、密友、陌生人等。同时在虚拟空间中,随着情境的改变,还能衍生出一些新型的社交关系,如为达成虚拟空间中某一目的而临时组合的人员。

(3) Immersiveness(沉浸感):"沉浸感"这个概念,经常在电子游戏环境中被提及,但是当你阅读一本特别引人入胜的书籍的时候,或者在观看电影、电视节目的时候也可以这么形容。在不同介质与环境下,沉浸感有不同的定义。在电子游戏中,往往玩家有着完全的操作权,可以实现超乎现实的行为与操作。这时候角色的个性得到了超越,能做到"似我",而"超我"的身份认同;或是在某些游戏类型中,玩家充当指挥官,可以获得控制一切的造物者的沉浸感认同。而在文学影视作品中,沉浸感往往来自身份的"投射",读者将自己的身份投射到主人公身上获取更强的精神感知。

(4) Low Friction(低延迟):网络延迟是指各式各样的数据在网络介质中通过网络协议(如 TCP/IP)进行传输,如果信息量过大不加以限制,超额的网络流量就会导致设备反应缓慢,造成网络延迟。从定义中可以发现,延迟的大小跟数据量、网络介质、网络协议都有关系。理论上,网络状态越好,服务器响应速度越快,使用人数越少,延迟就会越低。虚拟空间的复杂程度会影响传输的数据量,网络硬件(如光纤带宽等)会影响网络介质水平,WiFi 6、5G 等网络协议会影响传输速度。所以为了进入一个低延迟的巨大虚拟空间,需要计算机网络科学和技术的突破。

(5) Variety(多样性):既然是虚拟空间,多样性自然是 Roblox 所认为优于现实世界且能成为其特色的一个关键属性。作为沙盒类游戏的代表,Roblox 提供了任意组合的世界元素,供用户进行最大程度的创造,从环境到物体都是可以编辑和创造的范围。这无疑为多样性提供了巨大的支持。

(6) Anywhere(随地):当前各类 VR/AR 等穿戴式设备的一个巨大痛点是,设备过于笨重,用户无法长时间佩戴,也不方便携带外出。Roblox 所设想的元宇宙环境,从轻量级的沙盒世界开始,支持多设备接入。

(7) Economy(经济):Roblox 有自己的经济系统,当平台上有了足够多的玩家和开发者时,公司于 2008 年停止了自己的开发,完全将世界的建构自由交还给用户。同时在平台上线了虚拟货币 Robux,进一步地刺激生态的活力。之后的几年里,Roblox 不断优化这套类似现实世界使用的货币交易系统。对开发者来说,可以通过四种方式挣取 Robux,即自己开发的付费游戏模式销售、在自己开发的免费游戏上获得玩家的时长分成(流量分成)、开发者之间的内容和工具付费交易、平台上销售虚拟商品。这套经济运转模式已经在现实中广泛应用并检验,既鼓励了创作者的内容产出,保障了他们的收入,又能尽可能地带动普通用户的积极性,包括 Twitch、Youtube、TikTok 等各类视频应用都采取了这样一种流量分成+内容付费的商业化策略。

(8) Civility(文明):Roblox 在发展的过程中产生了自己的体系,具有了某些文明的基础特征,用户在里面可以有生活,几个人可以组成社群,社群就组成了聚落、城市、大城市。大家通过去中心化的决策组织实现共同决策,制定共同规则,然后在规则空间内存留下去,在虚拟的空间里演化成一个文明社会的雏形。

二、元宇宙七层次价值理论

了解元宇宙是什么、它是如何工作的,以及它的关键构成是很重要的。根据著名作家、GamerDNA 与 Beamable 创始人 Jon Radoff 的说法,元宇宙由七个基本层次组成(图 2-2),它们反映了元宇宙经济的几个阶段,并共同提供了一种系统化的方法来概述元宇宙的架构。虽然肯定有其他方法可以讨论将元宇宙作为价值生成空间的想法,但"七层次理论"这种方法很简单,可以应用于各种用例。下面详细介绍元宇宙的七层次。

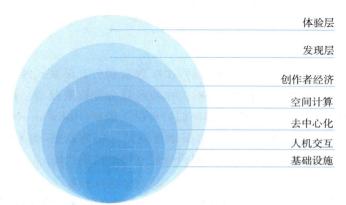

图 2-2　Jon Radoff 的元宇宙"七层次"

(一) 体验层

元宇宙的体验层(experience)不仅仅限于被动可观察的物理宇宙的 3D 表示,还涉及数字孪生,以更准确地描述空间坐标和距离。

现实生活中是不是很难买到前排演唱会门票?元宇宙中的所有门票都将提供前排体验。元宇宙完全由体验组成,它所产生的兴奋和资源是它定位提供的现实体验的直接结果。真正的虚拟世界的沉浸式和实时性可能会彻底改变各种人类活动,包括游戏、社交互动、电子商务、娱乐和电子竞技。

(二) 发现层

发现层(discovery)是指向人们介绍新体验的推送和拉取系统,这是一个巨大的生态系统,对于很多企业来说都是最有利润前景的,包括世界上最大的企业。一般来说,大多数发现系统可以分为入站式(用户积极寻找相关体验的信息)或出站式(并非用户明确要求的营销,哪怕这个用户最终成为客户)。这一层描述了消费者如何通过应用商店、搜索引擎、评论网站和展示广告来发现新的体验或平台。这是寻找新技术、协议和社区过程中的关键阶段。发现层的变化直接影响用户社交关系的演变,到底是一成不变的"围墙花园"式的独立的社交关系组织,还是打破一切藩篱,将社交关系突破现有生态限制,无限迁移?这可能是下一个阶段会产生碰撞的话题。

(三) 创作者经济

创作者经济(creator economy)是指开发人员和内容创建者用来制作数字资源、沉浸式体验和其他资产的大量设计工具和应用程序。随着时间的推移,越来越多的平台提供 GUI 及直观的拖曳功能以简化创作过程。

1. 探索时代

第一个打造特定技术的人是没有工具可用的,所以他们用的所有东西都是从头开始的。第一个网站是直接在 HTML 上输入代码完成的,人们为电子商务网站加入了各自的购物车程序功能,程序员直接给游戏写图形硬件。

2. 工程师时代

在一个创意市场,经过了初期成功之后,团队数量就会有爆发式的增长。从头开始打造对于支持需求而言会变得太慢、太昂贵,工作流程就会变得更复杂。最早可以通过提供 SKD 和中间件节约时间的形式降低工程师们的负担。例如,Ruby on Rails(和大量的应用服务器堆栈)让开发者们更容易创造数据驱动型网站。在游戏里,像 OpenGL 和 DirectX 为程序员们提供了渲染 3D 图形的能力,哪怕他们不知道底层代码。

3. 创作者时代

最终,设计师和创作者不希望编程能力高低的瓶颈降低他们的速度,程序员们更愿意将他们的能力用在一个项目的特别之处。这个时代最大的特点,就是创作者数量的大爆发。创作者们得到了工具、表格和内容市场,将自下而上、以代码为中心的过程重新定义为自上而下、以创意为中心的过程。

如今,哪怕你一行代码都写不出来,丰富的建站工具也可辅助你在淘宝、拼多多开一个网店;在 Unity 和 Unreal 这样的游戏引擎里,哪怕你不知道底层渲染 API 也可以打造 3D 图形体验,只需要通过视觉化界面就可以做到。元宇宙里的体验会越来越现场化、社交化,并持续更新。到目前为止,元宇宙里的创作者都围绕 Roblox、Rec Room 和 Manticore 等集中式平台,在这些平台上,有一整套集成的工具、曝光率、社交网络和变现功能,赋予了许多人为其他人打造体验的能力。

(四)空间计算

空间计算(spatial computing)是指结合虚拟和增强现实(VR/AR)技术以提供高水平真实性的解决方案。根据 Jon Radoff 的说法,空间计算使用户能够控制和探索 3D 地点,利用空间规则,对空间内物体进行物理科学分析与模拟并利用云及使用空间映射将周围的物理世界数字化,从而可视化链接到用户环境中物理空间的数据。

空间计算已经发展成为一大类技术,使我们能够进入并操纵 3D 空间,并以更多的信息和体验来增强现实世界。空间计算主要涉及以下几个方面。

- 显示几何体与动画的 3D 引擎(Unreal 和 Unity)。
- 测绘和理解内外部世界,即地理空间制图(如 Niantic Planet 级别的 AR 及 Cesium)和目标识别。
- 语音与手势识别。
- 来自设备的数据集成(互联网)和来自人类的生物识别技术(用于识别目的及认证自己的健康应用)。
- 支持并发信息流和分析的下一代用户界面。

空间计算与人机交互最终呈现的形式紧密关联,无论设备如何进化,驱动设备的永远是人类探知 3D 空间的能力和手段创新。可以这么说,没有空间计算的基础突破,人机交互的创新将无从谈起。

(五)去中心化

去中心化(decentralization)是指在一个完美的场景中,元宇宙将是去中心化的、开放的、分布式的,由具有开放所有权的去中心化自治组织(decentralized autonomous organization,DAO)管理。这种理想结构正与《头号玩家》中集权式的"绿洲"模式相对立。对于普通用户来说,中央所有权对于用户的数据和主权的过度管理,使用户感到不安。

区块链技术是解决可能影响集中式元宇宙的隐私和数据安全问题的突破。许多基于区块链的应用程序,也称为去中心化应用程序(dApps),正在各个部门被开发和使用,并利用区块链固有的安全性和去中心化性。去中心化元宇宙最著名的例子可能是 DecentraLand,这是一个在以太坊区块链上运行的去中心化虚拟世界,由 DAO 管理,其政策可以通过投票来改变。

（六）人机交互

人机交互（human interface）是指允许用户通过复杂的人机交互探索元宇宙的技术。它本质上包括 VR 耳机、智能眼镜和触觉技术，用户可以在其中导航数字世界。

它还将使用户能够使用 Google Glass 或 Meta Platform 的 Project Aria 等技术获取有关其环境的信息。

（七）基础设施

基础设施（Infrastructure）包括使以前的想法成为现实的所有底层技术。它需要支持 5G 的基础设施来增加网络容量并减少网络拥塞和延迟，实现低延迟的体验目标。此外，为了使人为干扰层中指示的设备正常运行，设备需要半导体、微机电系统（microelectromechanical system，MEMS）和微型、耐用的电池等组件协同工作，在设备层面开拓创新。

Wi-Fi、区块链、人工智能、云架构和图形处理单元是赋能元宇宙的技术示例。随着谷歌、苹果、Facebook、英伟达、HTC VIVE 和微软等大型科技公司对元宇宙的大量投资，它已成为投资者、技术爱好者和最终用户讨论的重要主题。

每个人都想探索元宇宙的起源、位置和可能性。了解构成元宇宙的七个层次是尝试和理解其巨大潜力的绝佳方式，每一层代表一个基本特征，与其他六个层次协同工作。

第三节　元宇宙多领域特征

从科学角度上说，元宇宙的诞生是多学科融合的结果[4]。元宇宙将促进信息科学、量子科学、数学和生命科学等学科的融合与互动，创新科学范式，推动传统的哲学、社会学甚至人文科学体系的突破。元宇宙，实质上就是广义网络空间，在涵盖物理空间、社会空间、赛博空间及思维空间的基础上，融合多种数字技术，将网络、软硬件设备和用户聚合在一个虚拟现实系统之中，形成一个既映射又独立于现实世界的虚拟世界。

从技术角度上说，元宇宙不宜被称为新技术，而是现有 IT 技术的综合集成运用，它是信息化发展的一个新阶段。因此，元宇宙的发展不仅会促进现有技术的升级换代，而且也会促进新技术的出现。本节将从技术维度对元宇宙中涉及的关键技术进行概述。

正如互联网经济是架构在 IT 相关技术基础之上的，元宇宙的崛起离不开庞大技术体系的支撑。支撑元宇宙的六大技术支柱应该是目前对元宇宙技术体系最全面的概括，其英文组合成一个比较有意思的缩写 BIGANT，即"大蚂蚁"。BIGANT 包括区块链技术（blockchain）、交互技术（interactivity）、电子游戏技术（game）、人工智能技术（AI）、网络及运算技术（network）、物联网技术（internet of things），如图 2-3 所示。

第二章 元宇宙的特征

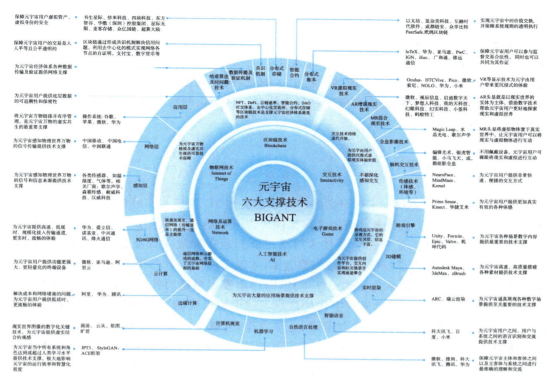

图 2-3　BIGANT 六大技术全景图(引自《元宇宙通证》)

一、区块链技术

区块链是支撑元宇宙经济体系最重要的基础[5]。元宇宙总体是去中心化的,用户的虚拟资产必须能跨越各个子元宇宙进行流转和交易,才能形成庞大的经济体系。通过 NFT(non-fungible token,非同质化通证)、DAO(decentralized autonomous organization,去中心化自治组织)、智能合约、DeFi(decentralized finance,去中心化金融)等区块链技术和应用,将激发创作者经济时代,催生海量内容创新。例如,更名前的 Facebook 就推出了加密货币项目 Libra[6],意图建立一个新的去中心化区块链,低波动性的加密货币和一个智能合约平台。在企业更名为 Meta 之后,公司借助其提前布局的加密货币项目,预计也将牢牢掌控支付渠道,为其元宇宙战略发展打好基础。基于区块链技术,将有效打造元宇宙去中心化的清算结算平台和价值传递机制,保障价值归属与流转,实现元宇宙经济系统运行的稳定、高效、透明和确定性。

二、交互技术

人机交互技术是影响当前元宇宙沉浸感的关键所在[7]。交互技术分为输出技术和输入技术。输出技术包括头戴式显示器、触觉、痛觉、嗅觉甚至直接神经信息传输等各种电信号转换于人体感官的技术;输入技术包括微型摄像头、位置传感器、力量传感器、速度传感器等。复合的交互技术还包括各类脑机接口，这也是交互技术的发展方向。人眼的分辨率为 16K，这是没有窗纱效应的沉浸感起点。如果想要流畅、平滑、真实的 120Hz 以上刷新率，即使在色深色彩范围都相当有限的情况下，1 秒的数据量就高达 15GB，所以单就显示技术而言，估计需要 3 年左右才能达到这个水平，前提是其他关键模组还得跟得上。目前包括 Oculus Quest 2 在内的大部分产品只支持到双目 4K，刷新率从 90Hz 到 120Hz，还只是较粗糙的玩具级。

三、电子游戏技术

这里所说的电子游戏技术既包括游戏引擎相关的 3D 建模和实时渲染，也包括数字孪生相关的 3D 引擎和仿真技术。前者是虚拟世界大开发解放大众生产力的关键性技术，要像美图秀秀把图片加工处理的专业技术门槛拉低到现在普通人都能做一样，只有把复杂 3D 人物、事物乃至游戏都拉低到普通人都能做，才能实现元宇宙创作者经济的大繁荣。后者是物理世界虚拟化、数字化的关键性工具，同样需要大幅把门槛拉低到普通人都能操作的程度，才能极大加速真实世界数字化的进程。这里面最大的技术门槛在于仿真技术，即必须让数字孪生后的事物遵守重力定律、电磁定律、电磁波定律。例如，光、无线电波必须遵守压力和声音的规律。电子游戏技术与交互技术的协同发展，是实现元宇宙用户规模爆发性增长的两大前提，前者解决的是内容是否丰富，后者解决的是沉浸感。

四、人工智能技术

AI 在元宇宙的各个层面、各种应用、各个场景下无处不在。包括区块链里的智能合约，交互里的 AI 识别，游戏里的代码人物、物品乃至情节的自动生成，智能网络里的 AI 能力，物联网里的数据 AI 等，还包括元宇宙里虚拟人物的语音语义识别与沟通，社交关系的 AI 推荐，各种 DAO 的 AI 运行，各种虚拟场景的 AI 建设，各种分析、预测、推理等。

五、网络及运算技术

这里的网络及运算技术不仅是指传统意义上的宽带互联网和高速通信网，还包含 AI 技术、边缘计算、分布式计算等在内的综合智能网络技术。此时的网络已不再只是信息传输平台，而是综合能力平台。云化的综合智能网络是元宇宙最底层的基础设施，提供高速、低延时、高算力、高人工智能化的规模化接入，为元宇宙用户提供实时、流畅的沉浸式体验。云计算和边缘计算为元宇宙用户提供功能更强大、更轻量化、成本更低的终端设备，如高清高帧率的 AR/VR/MR 眼镜等。元宇宙庞大的数据量，对算力的需求几乎是无止境的，台积电、英特尔、英伟达等半导体厂商正不断地成倍推高算力上限[8]。

六、物联网技术

物联网技术既承担了物理世界数字化的前端采集与处理职能，同时也承担了元宇宙虚实共生的虚拟世界去渗透乃至管理物理世界的职能。只有真正实现了万物互联,元宇宙实现虚实共生才真正有了可能,物联网技术的发展为数字孪生后的虚拟世界提供了实时、精准、持续的鲜活数据供给,使元宇宙虚拟世界中的人们足不出网就可以明察物理世界的秋毫。5G 网络的普及为物联网的爆发提供了网络基础,但电池材料技术、传感技术和 AI 边缘计算等方面的瓶颈依然制约了物联网的突破发展,期待在接下来的 5 年左右会有质的飞跃。

元宇宙就像一位披着头纱斗篷的旅人,从远处的迷雾中向我们缓缓走来,既神秘又熟悉。从远处来看,我们可以从其外观轮廓获知其基础的特征。但揭开面纱,元宇宙究竟是怎样一副面孔,对不同的人来说其意义还不尽相同。本章中所阐述的元宇宙概念与技术图谱宛如一个人的骨架,能够支撑我们看清楚大致轮廓,但之中的血肉,即元宇宙在不同领域场景内的呈现,将留待下一章徐徐开启。

一、名词解释

空间计算　BIGANT　去中心化　DAO　DeFi

二、简答题

1. 从时间上看,元宇宙的实现路径是怎样的?
2. 被称为"元宇宙第一股"的公司制作了哪款应用?有什么显著元宇宙特征?
3. 在 Roblox 的元宇宙元素理论中,"经济"循环是如何运转的?
4. 在 BIGANT 技术模型中,脑机接口属于其中哪个技术领域?为什么?
5. 在线多人电子游戏往往会有自己的经济体系和相对应的货币,请以你熟悉的一个或多个例子,阐述游戏中的经济体系所具有的特征和优劣势。

[1] 方光照,田鹏.元宇宙:从架构到落地[J].国际金融,2022(3):8-14.
[2] 周鑫,王海英,柯平,等.国内外元宇宙研究综述[J].现代情报,2022(12):147-159.
[3] 程繁森.读懂元宇宙[M].北京:中国人民大学出版社,2021.

[4] 王文喜,周芳,万月亮,等.元宇宙技术综述[J].工程科学学报,2022,44(4):744-756.

[5] 赵新昊.浅谈"元宇宙"[J].新理财,2022(Z1):83-84.

[6] 曾圣钧,周涛.元宇宙产业发展与银行金融创新研究[J].国际金融,2022(3):15-20.

[7] 周星,黄筱玥.艺术理论角度思辨:元宇宙、虚拟现实、艺术创造景观[J].重庆邮电大学学报(社会科学版),2022,34(3):127-134.

[8] 邢杰,赵国栋,徐远重,等.元宇宙通证[M].北京:中译出版社,2021.

第三章　元宇宙的应用

元宇宙重新定义了人与空间的关系，AR、VR、云计算、5G 和区块链等技术搭建了通往元宇宙的通道，创造了虚拟与现实融合的交互方式，并正在改变和颠覆我们的生活。随着对元宇宙不断地深入研究和探索，越来越多的应用场景不断被开发。元宇宙是数字化的最终形态，将成为集娱乐、社交、学习、生产、生活为一体的数字世界，与现实世界紧密融合。那么这种虚实共生的元宇宙应用场景究竟是什么样？本章将从消费、娱乐、文旅、教育、产业、健康、办公等典型场景来进行分析和畅想。

第一节　元宇宙的应用场景

元宇宙的应用场景，有狭义和广义之分。狭义主要从沉浸式体验出发的界定，而广义的元宇宙，更多的是数字经济的范畴。

从用户角度看，元宇宙的发展主线比较清晰，就是创造高质量的沉浸式内容，给人们带来高性价比的时空拓展体验，包括娱乐、生产力两个方向。作为沉浸式虚拟世界，元宇宙有两条建设路径：3D 版和三维版。3D 元宇宙通过算力工具建设，让虚拟世界变得更现实。三维元宇宙则通过影像工具建设，将现实世界变得更虚拟。3D 元宇宙是虚拟—现实，而三维元宇宙是现实—虚拟。

不能说 VR 就是元宇宙，就像不能讲抖音是移动互联网。因为有数以亿计的人没有这些设备，每天也在参与虚拟世界，如在微信上聊天，玩在线游戏等。其实，VR 不是元宇宙，就像不管是安卓还是苹果手机，都只是移动互联网的组成部分一样。元宇宙也不是虚拟世界或生成平台，正如微信不代表移动互联网一样。社交体验或虚拟体验、游戏体验只是互联网上的众多体验之一。

元宇宙也不完全是工具，因为工具只是为元宇宙的实现提供了技术支持。如 Metaverse 本身不是游戏，但可以在 App 里面玩游戏。广义的元宇宙，覆盖物联网的多场景应用，包括社会治理、行业应用和消费等领域。社会治理领域主要包括智慧城市、智慧交通、智慧能源、智慧环保、公共卫生、数字乡村和数字政府等方面[1]。行业应用领域包括智慧农业、智慧文旅、智慧设计、智慧教育、智能制造、智慧健康与医疗等方面。消费领域包括智慧家居、网络购物、智慧物流与供应链等方面。2016 年，上海瑞金医院成功借助 VR 直播技术直播了 3D 腹腔镜手术，开创了国内 VR 直播手术的先河。天生患斜视的 James Blaha

在体验 Oculus Rift 头盔时,发现这款头盔能够改善自己的斜视,经过两年实验,恢复了 80% 的立体世界。后来他成立了 See Vividly 公司,开发了 Vivid Vision 软件,为患有斜视或弱视的患者提供 VR 视力治疗。

第二节 元宇宙应用领域发展

一、元宇宙消费领域

(一) Z 世代是元宇宙原住民,会形成与"互联网移民"完全不同的消费模式

元宇宙作为一个新互联网词汇,它的消费主力人群一定是伴随着互联网成长的 Z 世代。互联网是他们生活的必需品,超过 40% 的 Z 世代每天上网时间超过 6 小时,他们在线下存在社交恐惧症,在线上却是社交达人。身为独生子女的他们,强烈要求自我需求的满足,以及实现自我认同。由于他们衣食无忧,所以对于精神层面的追求远高于物质层面的追求[2]。

他们是主动寻求消费升级、推崇个性消费的群体,他们具备前卫、新潮、追求新鲜感的消费意识。数字化消费对于他们来说可以称得上简单易懂,得心应手。

(二) 元宇宙消费场景推动虚拟货币流通,线下消费增加线上收入

元宇宙是一个全新的社会存在形态,将人类社会的边界从现实扩充到虚拟,再结合虚拟打造成为一个全新的数字世界,这个数字世界与现实世界的关系是平行存在又相互贯通的。那么如何实现两个世界的货币流通?于是推出了虚拟货币。在线下的消费可以获得元宇宙的虚拟货币,这种虚拟货币可以购买数字藏品、数字音乐、数字游戏,因此消费也有收入。

(三) 线上与线下的消费联动,推动新消费时代的变革

元宇宙的存在并不是减少线下的消费行为,它是结合线上与线下实现虚实共生的消费,推动传统商业实现新消费时代的变革,更大幅度地增加消费者的体验感,真实地做到沉浸式、体验式。

澳大利亚墨尔本的一所艺术酒店利用班克斯的作品开展了一场非常有意思的元宇宙"偷盗活动",在酒店展出班克斯的名画《禁止玩球》,这幅画价值 15 000 美元,只要登记入住酒店者便可扮演"允许偷盗者"。

这个酒店成为"被允许偷盗"的元宇宙空间,一些人出于好奇想尝试"允许偷盗"游戏而纷纷入驻这家酒店,而"偷盗"游戏的目标和线索自然不易获取,只有在酒店消费,才可获取新线索,在获得住客的同意后,酒店还会在社交媒体账号上公布住客"偷盗"画作的游戏监控录像,被镜头捕捉到的住客也很开心地把这件事分享在自己的社交媒体账号上[3]。这个酒店活动获得了克里奥互动媒体广告铜奖和戛纳公关金狮奖。

二、元宇宙娱乐领域

（一）实现个人娱乐的极致沉浸式体验，重塑娱乐商业模式

元宇宙中的娱乐游戏可以完全打破传统地理限制，实现场景瞬间切换、容纳无限用户容量和低成本沉浸式体验过程。例如，元宇宙演唱会除了传统的直播，VR 技术的运用让不在现场的观众有了更加立体观看的机会。在《精灵宝可梦 Go》中，玩家不再受空间限制，开启 GPS 定位，就可以通过 AR 模式在真实的街道上捕捉精灵。同样，密室游戏、剧院、音乐会和现场实况等应用场景，也可以用 AR/VR 等技术来提供虚实混合的增强体验。

（二）每个人都是元宇宙的建造者，镜像世界与现实世界平行

在元宇宙世界，你可以根据自己的喜好创造自己的娱乐空间，建造一个游戏空间，创造一个社交空间。在这里你可以建立虚拟身份，过不一样的第二人生，你可以是任何不同的职业、身份。你可以和朋友在这里聚会、跳舞以及参加时装秀、游乐场、加密艺术展，随时可以看明星的演唱会，和奥运冠军一起滑雪，和著名导演一起拍戏，自己制作 NFT？总之在这里你可以尽情发挥你的想象力，只要敢想，你就是神笔马良。

三、元宇宙文旅领域

（一）打破时空的限制，构建更真实的交互体验元宇宙文旅场景

传统的旅游，是在特定时空下的文化与感官体验，而未来元宇宙中的旅游，将完美契合数字化时代下文旅行业所追求的发展目标，即虚实结合、高频即时、沉浸体验。无论是各地的实体旅游景区，还是虚拟空间中的"目的地"，都追求将文化体验根植于受众的心中，满足受众的多元需求，进而衍生更多的文旅产品。现有的文旅要素"吃住行游购娱"将形成由色、声、味、触等多重感官深度融合的全方位交互，成为虚实结合的关键点，使受众获得真实的体验感。在人们更加注重人性和个人兴趣的背景下，元宇宙文旅也将促使受众找到自我兴趣度极高且细分的领域和同伴，共同探索和互动，极大地拓展社交圈，以构建个人的存在感。

在此背景下，线下活动随时同步到线上以便受众沉浸式参与、线下 NPC 随时显现到线上与受众进行互动、身临其境穿越到过去，仔细观察文物在时间长河中的形成、随时往返于金字塔与泰姬陵比较两种古文明的异同、早晨于武汉街头过早中午赴挪威体验海捕、同一万公里外的好友共同参加一场偶像演唱会……都将成为指日可待的现实。

（二）多重叙事的丰富体验，从游览者到创造者

传统的文旅体验中，游客只有一个单一的标签体验，即"游览者"，以被动观看和接受为主的单向的、一维的游览体验，很难形成真正的沉浸式体验。而元宇宙的文旅体验，每个个体的身份是有别于现实世界而独立存在、可以自由设定的，文旅场景也不再是单一的观览过程，通过交互乃至多线性、多重叙事的体验，每位游客都可以享受到迥异的场景、故事情

节、角色身份，助其产生强烈的自我代入感，获得更有品质的文旅体验。

迪士尼是"元宇宙"主题公园赛道上入局的行业先锋，原创舞台剧《冰雪奇缘》是早期结合实体和数字技术的项目。它将运动追踪视频图形与大型移动布景结合，创造出阿伦黛尔这一冰雪世界，使游客完全沉浸在冰雪奇缘世界中。此外，迪士尼也在积极探索通过新技术将乐园的魔力延伸到家庭：允许人们扮演既定角色，甚至可以做自己——在整个故事中为自己创造角色，给故事增添新角色。

四、元宇宙教育领域

（一）情景化沉浸式教学将成为未来教育的重要方式

传统教学场景的核心架构是由教师、学生、学习环境组成，而在元宇宙教育场景中却不是固定组合，学习环境也会从一排排桌椅和黑板根据学科变成一个虚实交互、虚实融合的教育场景，比如化学课场景，学生们可以在元宇宙世界里发挥想象地做实验，再也不用担心爆炸了。

未来的学习方式不再是单一的听课读书，而是教学环境、教学资源与学生们的互动，还可以根据虚拟化身的形式，开展感官同步的线上教学。

（二）元宇宙催生新一代数字化教育综合体

如今，全国都在进行双减活动，全方位为学生们进行减压，在双减政策下也看到了校外培训机构和一些传统教育综合体面临转型和倒闭。元宇宙的出现可以说是为教育行业带来了新的转机。无论是教育场景还是教育模式都会发生新的变化。

利用数字连接，虚实融合的教学场景全面激发学习者的好奇心、创造力，培养学生的素质教育和创新能力。

五、元宇宙产业领域

（一）生产模式的变革提升生产和创新水平

在产业生产领域，传统的工业制造过程中，设计、生产、销售等环节往往有着鲜明的流程界限，在互联网时代，供应链协同生产、区域协同生产、远程制造乃至跨国制造、云制造等逐渐发展并形成趋势。

进入元宇宙时代，工业产品的信息又将发生巨大的变化：从信息化到数字化，信息将更加精确，信息的完整性、时效性、实时性也都将大幅度提升。从二维图纸到三维模型，从静态模型到运动模型，从抽象数据到仿真模型，依托互联网、物联网、移动网络等技术，实现从数据孪生，到信息物理系统，进而到实时性的远程仿真、操控、维护……协同生产将成为主流的生产模式，并将极大地提升生产水平乃至创新水平。[4]

微软的MR解决方案是打造远程协作平台，通过交互技术和远程维修维护、检查、培训，实现降低企业沟通成本、缩短人工差旅时间、减少高碳足迹，目前已在汽车制造巨头Kautex、乳品巨头阿尔乐等生产制造企业间广泛应用。这被看作元宇宙工业制造场景的初级落地，随着技术应用进步、场景内容丰富，先落地场景的应用反馈将不断加速元宇宙产业场景的进程和发展。

（二）全新的生产关系和组织形态带来价值增值

在元宇宙生产中可以便捷模拟真实生产过程以及供应链组织流程，使组织结构以较低的成本进行优化。例如，前置营销将变得更为重要，客户、消费者均可以实时掌握生产的进度、产品的生产情况，并能实时影响生产情况，这必将促进企业领导层的管理和决策加速变革。

届时，元宇宙中的产业不仅将重塑人与生产之间的关系，还将重新定义产业中从业人员的能力要求乃至组织形态，一场管理革命正在悄然而至[5]。这种变革还将实现专家与知识库、人工智能系统的多方集成，促进资源、智力等多方协同，最终实现价值的融合增加。

六、元宇宙健康领域

（一）突破运动场地的限制，进行全场景运动体验

今天的运动健身产业增长快、潜能大，同时也极大地刺激了行业发展，归根结底在于健康是人类永恒的追求。

同样，在元宇宙世界，物理层面的"健康体魄"也依然极具吸引力，是人生成就的根源。随时随地利用碎片化时间进行运动健身、通过感应器配件与教练在线互动、加入虚拟社群进行团体运动乃至竞技、安全模式有效避免运动伤害，每个普通人都有机会发现自己的某一项运动天赋。

健身不再是一件需要"努力"而坚持的事情，而是成为元宇宙中每位居民的一种享受、一种习惯，健康的生活方式也将拓展到所有人的生活场景中。同时，极限运动的现实门槛也将降低，在冬奥会时邀请冰墩墩一同去雪道上感受奥运冠军在身边纵身一跃、在内陆的家中参加潜水执照的考试，只需要享受运动带来的多巴胺。

（二）品质康养和智慧医疗为生命保驾护航

生命的丰富度，离不开从物质、心灵到精神等各个层面的健康养护。从对身体健康的"维护"，到对心理健康的关注，再到对人的思想、信仰、价值观念等精神层面的服务，元宇宙世界将从各个维度诞生一系列的精准产品和服务，全面健康时代来临。

从医疗角度，做任何治疗之前，会根据个体的个性化基本信息、动态监测数据、生命急救卡、日常记录及医疗记录，建立患者的数字化生物体征，既帮助自己了解自己，也更优质地为医生提供了就医依据。

通过综合分析和长期追踪，每个人都将拥有个性化的健康管理方案，干预、防控疾病风险。从康养角度，妇孕婴、青少年、中老年等对康养服务有着明确和独特需求的人群将被妥善满足，产后恢复、胎儿早教、康复医疗、亚健康防治、美体美容、心理诊疗、慢病管理、健康检测、营养膳食、老年文化等品质服务，将贯穿元宇宙居民的一生。

七、元宇宙办公领域

(一)沉浸式的远程办公带来更具真实感的用户虚拟体验

在未来的元宇宙畅想中,人们不仅可以实现足不出户就能通过增强现实技术进行远程工作,还可以以虚拟身份与在线空间的同事共享办公,将现实空间中人物的动作、神情和语气准确传达给同事,获得更加真实的沉浸式办公体验。

这一点,微软通过在Teams办公软件中植入虚拟体验协作平台Mesh已经实现,假如你在过程中语言不通,Teams还支持翻译和转录,可以有效减少语言障碍,提高办公效率。已经更名为Meta的Facebook也借助办公软件和VR设备,让用户可以将自己的办公桌、计算机和键盘等带进虚拟世界中进行办公[11]。

(二)扩张线上消费业态,形成开放式产业生态

打造跨越物理边界的虚拟产业园和产业集群是我国数字经济新业态、新模式发展的重要形态[6]。虚拟产业园突破了土地空间的限制,利用数字化和智能化技术将分散各地的相关产业企业联结在一起,形成产业生态。虚拟园区消解了物理空间的边界,极大地发挥集群效应,也拓展了线上社交场景和虚拟消费业态。

在通过微软Teams软件建立的一个虚拟园区里,来自各个地方的员工都可以聚集在这里休闲社交,参加公司聚会和活动,真正实现了"面对面"的全球化,因此可以大胆设想,集办公、休闲、餐饮、娱乐、居住等功能于一体的完整消费业态将在虚拟园区中得以建构。

第三节 元宇宙代表性公司典型案例

2021年,"元宇宙"作为年度热词,几乎响彻全年,辐射了各行各业。AR作为元宇宙的入口与重要组成,也迎来发展史上的又一高光时刻。相比传统的计算机、手机,AR技术可以将2D或3D信息叠加到真实物体和现实环境中,革新了信息传递、显示、交互方式。2021年完结的一些工业典型应用案例能给AR行业未来继续前行带来一些启示。

一、自动化行业——罗克韦尔应用AR技术,创造性打破培训测试僵局

为了使员工保持和不断提升工作能力,企业常常会花费很大人力物力进行持续的员工培训。那么,面对复杂的技能知识,如何衡量员工确实掌握和理解到位?如何客观评估培训是否有效,在源头提升质量控制能力和交付能力呢?罗克韦尔自动化使用FactoryTalk Innovation Suite的AR功能找到了解决方案。

开发团队在Vuforia Studio系统平台构建了测试场景,引入了培训测试所需的CAD文件,以便创建映射到不同产品布局和接线示意的布线图。在Vuforia Studio系统平台

上，受训人员利用便携的平板电脑、手机或 AR 眼镜即可接受高度拟真的互动演示、培训。他们可以借助平台解决一些基本问题来证明他们确实理解了接线图，比如应该用什么颜色、什么尺寸、什么材质的线来完成接线图所要求的线路连接。系统可以提示多种可能的方式来帮助培训人员理解和完成测试过程。

通过这个系统，受训人员可随时随地进行测试，并且系统会记录下整个过程来帮助管理者分析、精确定位知识差距并通过进一步培训解决这些差距，提升员工能力。借助 AR 技术，罗克韦尔自动化最终实现了培训时间的大幅缩短，并将相同的培训方法扩展应用到了其他生产线。

二、重工机械——AR 改变传统检修模式，打造低成本提升客户满意度范式

对于制造企业而言，如何缩短检修时间、提升检修效率，是其不断思考的问题。2021 年，韩国某跨国集团（全球重工机械制造商 50 强）与亮风台合作打造的"远程智能巡检 AR 系统"上线。这套系统配合 AR 眼镜使用，可实现 AR 设备自动监测、专家远程支援两大功能，适用于各类工程设备巡检及维修工作，能够在故障、维修现场，通过远程技术支援，快速判断故障原因，拿出最有效率的解决方案。

比如，如果设备确定需要到场处理，支援人员可提前了解现场设备情况，依据设备的运行状态和故障原因，提前准备好所需要的各类配件。这种方式规避了支援人员先奔赴现场检查，再回来等待维修配件到位的问题，极大提高了客户响应和服务效率。

工程机械属于重要的生产资料，在很大程度上有着不可替代性，一旦机器出现故障就意味着被迫停工，可能给客户造成严重的经济损失，甚至可能影响整个工程的进度。借助该系统，该跨国集团既节省检测时间，提高检测效率；也提高服务力量薄弱地区的维修服务效率；还可以减少装备停机时间、降低客户经济损失，一举多得，提升了客户满意度。

三、汽车行业——上汽通用"AR 智能车书"，用户购后体验再升级

在过去，第一次买车后，很多消费者会拿着厚厚的使用说明书，在自己的爱车上边翻边找边操作研究，这个按钮有什么功能、怎么设定巡航减速、碰撞系统怎么用……一系列的问题让人难以理解，厚厚的说明书既难懂又容易遗忘，最终只能束之高阁。

2021 年，亮风台与上汽通用合作，基于 AI 深度学习、AR 等技术，打造《雪佛兰 AR 车辆手册》，借助该手册，用户只需要通过手机扫描车内图标，就可以显示其对应功能、功能描述、动画演示、视频介绍等，包括识别错误提醒机制、帮助用户快速熟练新车、升温车人熟悉感。AR 实时交互，能够真正有效地减少用户使用负担，帮助用户轻松了解新车的每一处细节，实现"一扫就知"。有了这套 AR 智能车书，广大车友们就能轻松看懂说明书了。

在技术层面，相比前两次亮风台与上汽通用的合作，双方本次合作的"雪佛兰 AR 车辆手册"有了重大技术升级，其基于卷积神经网络的深度学习技术，在进行 AR 车辆识别时，可以不断使用标注信息进行监督训练，使用轻量级模型框架加快前向推理速度，并且利用增强数据方法减小过拟合加强泛化能力。

四、纸制品行业——Kruger"AR在职指导",帮助员工应对信息化挑战

全球工业信息化和智能化发展浪潮下,工业作业现场的设备越来越复杂,要掌握的信息也越来越多,对于一线员工形成了巨大的挑战。为了提升员工面对复杂设备和海量信息的信心和能力,北美纸制品生产企业Kruger引入了AR技术,为员工在作业现场提供"在职指导",提升他们的工作信心以积极应对信息化挑战。

"AR在职指导"系统集成Power App和Dynamics 365 Supply Chain Management,在工作现场创建工作清单与步骤说明的数字信息。现场员工在工作时佩戴AR眼镜即可快速访问这些数字信息。根据指示进行操作时,也不必担心自己的操作步骤有误而增加大量的检查和确认时间,极大地提升质量控制与交付能力。AR技术为Kruger的一线员工提供了全新的学习与工作方式。

五、家电行业——海尔AR应用再深入,开拓"首样质检"新场景

工厂首件产品检测对生产质量把控意义重大,如能及时发现首件产品问题就能够极大避免整体产线的产品质量问题,为企业规避损失。目前很多工厂采用人工检查并填报纸质单据的方式,检查过程用人多、效率低,报告及数据上传存在滞后、易出错、易遗漏等问题。

2021年,青岛中德智慧园区内的滚筒互联工厂引入亮风台AR智能眼镜和AR首件质检系统。质检员开始质检后,AR眼镜将自动开启全程录像。通过AR眼镜,质检员可以在检测现场查看到流程中每一步骤的检验内容、操作指导等数字信息,还可通过语音进行程序控制、质检项目选择、检测结果输入等。在完成整个场景后,将检验信息上传到质检后台,后台支持相关数据的查询、展示及报告的生成。AR首件质检实现了工厂工单无纸化、信息标准化、巡检电子化、管理可追溯等能力积累,助力海尔在首件质检中效率提升。

亮风台与海尔的合作其实由来已久。2019年5月开始,海尔智研院与亮风台达成战略合作,由海尔智研院牵头,共同成立国内首个面向工业领域的虚拟现实技术应用联合实验室。依托该实验室,双方在智能制造多个环节展开了密切合作,不断探索新技术应用场景,共同推动AR技术在海尔、海尔生态伙伴体系等工业场景中的商业落地。

六、工程机械——三一集团以AR驱动服务升级,打通数字化服务"最后一公里"

传统客户服务模式下,服务工程师需要反复奔赴现场,花费大量时间清除故障,而服务工程师还会因为经验不足,需向异地专家寻求技术支持,而异地专家又"看不到说不明"。现场的不可视直接导致双方无法有效沟通,难以高效排除故障。

为此,三一集团引入亮风台,与树根互联融合,搭建售后远程支持平台,将AR技术应用于服务体系,与实时音视频、4G/5G无线通信等技术相融合,为处于不同地点的一线现

场人员和服务中心专家、售后团队成员建立一体化的 AR 协作空间,搭建售后服务体系故障解决、产品改进与培训的数字化赋能平台。未来,三一工程师遇到难以解决的故障时,借助亮风台 AR 技术,利用 AR 扫描,即可智能识别故障部位,实时检索相关案例,并将现场"第一视角"情况传输至后方,由专家指导排除故障,即时判定故障责任,提高服务工作效率。

与此同时,借助 AR 眼镜内置的视频会议软件 Zoom,各地工厂及团队可以随时沟通,互相学习先进技术,交流经验。在百事爱尔兰工厂,管理人员需要在减少厂内操作人员数量的同时维持工厂的正常运转。他们借助 AR 眼镜内置的 Zoom 应用,就可实现居家办公人员与现场人员远程沟通,让工人可以便捷开展工作交流,最终提升生产效率。

看完上述六个案例,我们不难发现,它们都跟一个词紧密相关,那就是"现场"。在 2021 年,AR 远程协作实现连接现场与后端,已然成为工业界基础性标配应用。而更令人欣喜的是"可视化数字工厂""可视化作业现场"在不断得到发展和深化,AR 在工业领域的应用在向更深层次发展。我们或可从中窥见一种在未来更广泛的实现,那就是 AR 连接的"可见"物理世界与"不可见"数字世界虚实融合的世界。

第四节　元宇宙所面临的挑战

在大量算法的加持之下,元宇宙所产生的新型视觉场景,会让更多的人沉浸在虚拟世界中不能自拔。如何维系现实世界和元宇宙之间的正面互动关系,发挥元宇宙的积极作用,抑制消极作用,妥善解决未来数字成瘾问题,是元宇宙未来将要面临的一大挑战[8]。

2022 年以来,元宇宙相关话题继续保持较高热度。国内外数字科技巨头,加快在硬件、软件、系统、应用等产业核心环节对元宇宙进行布局;地方政府对元宇宙产业未来预期进一步提升,上海、浙江、武汉、合肥等省市纷纷把元宇宙纳入未来产业发展体系。那么,当前具有良好发展态势的元宇宙,在落地过程中会遭遇哪些困难?未来还将面临哪些挑战,又该如何解决好这些困难和挑战呢?

一、成熟元宇宙或将面临的三大挑战

受益于用户规模、政策支持、创新经验等有利因素,未来我国元宇宙产业有望在多领域加速拓展与延伸,并以可视化革命的方式重塑传统产业体系。当元宇宙进入稳定成熟期,其发展也将面临更多的新挑战,概括起来主要包括以下 3 个方面。

(1)元宇宙基础设施被攻击问题。未来元宇宙将演化成为一个超大规模、极致开放、动态优化的复杂系统,这一系统将由庞大的数字基础设施和传统基础设施进行合力支撑。同时,由于元宇宙将比互联网更深度融入人们的日常工作和生活,因此如果元宇宙相关基础设施受到攻击、侵入、干扰和破坏,将对正常经济社会发展产生严重冲击[9]。

(2)高度垄断问题。成熟运行的元宇宙体系,需要实现超大规模用户的连接交互、海

量标准规范的对接统一,以及大规模基础设施的投入运营,因此前期建设过程需要有实力的企业投入巨大的人力和物力,这也导致了元宇宙具有一种内在垄断基因。同时,元宇宙的成熟运营也需要相对稳定的服务提供商。因此,如何避免形成高度垄断,在未来元宇宙产业发展过程中将是一个非常重要的课题。

(3)数字成瘾问题。伴随元宇宙的深入发展,其"双刃剑"特征将更加突出。从积极方面来说,元宇宙将打破人们所习惯的现实世界物理规则,在虚拟世界重新定义绝大部分的生产生活方式,对宏观社会、中观产业和微观个体三个不同层面产生显著影响,以全新的生产方式和合作方式提高全社会生产效率。然而,从消极方面来说,在大量算法的加持下,元宇宙所产生的新型视觉场景,会让更多人沉浸在虚拟世界中不能自拔。如何维系现实世界和元宇宙之间的正面互动关系,发挥元宇宙的积极作用,抑制消极作用,妥善解决未来数字成瘾问题,也是元宇宙未来将要面临的一大挑战。

二、发展元宇宙应对策略

元宇宙承载着真实世界的延伸与拓展,随着对其认知程度的加深,企业和用户对元宇宙未来应用场景将有着更加清晰的目标和预期。为解决好当下元宇宙发展的现实瓶颈,更好地应对未来元宇宙的风险与挑战,推动我国元宇宙产业健康有序发展,应从以下四个方面着手。

(1)把握规律,积极引导。元宇宙产业目前处于萌芽阶段,但其发展前景巨大。一方面,元宇宙产业模式尚未成熟、产业格局尚未形成、产业创新空间巨大;另一方面,元宇宙在社会治理、公共服务等领域具有巨大的应用前景。因此,要尊重新兴产业发展规律,积极引导元宇宙领域相关企业聚焦技术创新,稳步提升技术成熟度,鼓励相关企业在追求商业目标的同时,积极履行相应社会责任,推动企业建立健全合规经营制度[7]。

(2)科学监管,推动自律。坚持科学监管才能更好推动元宇宙发展。一方面,应该坚持监管规范和促进发展并重,在发展中研究解决元宇宙产业面临的突出问题,在规范中推进元宇宙企业加速形成行业自律;另一方面,对元宇宙这样的前沿科技领域进行监管,需要大量使用区块链、大数据、人工智能等新型科技手段,相关监管部门要与时俱进地推动传统监管手段和方式升级,不断增强监管的科技化、智能化水平。

(3)标准先行,生态发力。元宇宙的建设和发展需要实现超大规模连接,这就需要配套一系列关于数据、接口、平台、代码等方面的标准和协议,以此来推动实现元宇宙不同生态系统的大连接。因此需要鼓励企业、科研单位加快标准研制工作,通过先行构建标准规范,加强生态体系建设,推动元宇宙产业进入发展的"快车道"。

(4)完善规范,前瞻立法。伴随元宇宙应用场景和范围的不断扩大,未来各种类型的问题可能层出不穷,只有在法律的保驾护航下,元宇宙产业才能培育壮大和平稳运行。因此,要在保障元宇宙领域创新活力的前提下,及时跟进和完善数据、算法、平台等方面的法律法规,加强前瞻性的科学立法,提前思考如何防范和解决元宇宙发展可能产生的法律问题[10]。

本章小结

所谓"元宇宙",源自于人们对科技描绘世界的想象和探索,人类总是不断地破旧立新,在追求更好发展的征程上坚韧前行。或许,在不远的未来,元宇宙的真实图景将是目前我们完全无法想象的模样,但每一项新兴技术、每一次大变革的到来,都将出现无数新事物、呈现诸多新场景、诞生一批新组织、显现万千新机遇。元宇宙已经临近,它正在实质上革新着人类社会的方方面面。通往元宇宙的路,虽还将延绵万里,但也正在汇聚越来越多有远见、有理想的人和组织共同前行,他们相信微光终会长成太阳。越早参与创造元宇宙的个人、组织,将越早收获元宇宙世界赋予的红利,他们和对此无动于衷的群体间的差距将会越来越大。

习题

一、名词解释

数字孪生　线上消费业态　沉浸式体验　元宇宙原住民　AR智能车书

二、简答题

1. 你还能想到哪些未来元宇宙的应用场景?
2. 举例说明一个元宇宙应用场景的案例,并对其进行评价。
3. 作为元宇宙时代的原住民,在元宇宙来临之际请结合自己的专业想想你能做些什么?
4. 你认为元宇宙教育应该怎么发展?具有什么功能?满足什么需求?
5. 面对元宇宙可能存在的数字成瘾问题,你有什么好的解决办法?

主要参考文献

[1] 焦娇,吴凯.元宇宙赋能思想政治教育:应用前景、潜在风险与规避路径[J].浙江理工大学学报,2022(10):136-145.

[2] 曹巍.元宇宙助力智慧教育高质量发展[J].中国信息界,2022(5):107-116.

[3] 夏正晶."人货场"视角下元宇宙推动电商变革的路径分析[J].商业经济研究,2022(20):95-102.

[4] 左鹏飞.元宇宙的主要特征、发展态势及风险研判[J].社会科学辑刊,2022(10):98-105.

[5] 周鑫,王海英,柯平,等.国内外元宇宙研究综述[J].现代情报,2022(10):76-85.

[6] 张夏恒.我国元宇宙研究现状、热点及启示[J].大连大学学报,2022,43(5):70-78.

[7] 戴亮.认识论视野下的"元宇宙"四个层面[J].北京航空航天大学学报,2022(10):124-130.

[8] 臧志彭,解学芳.中国特色元宇宙体系建设:理论构建与路径选择[J].南京社会科学,2022(10):112-119.

[9] 要欣委,李明伟.遁入"洞穴"?——对元宇宙迷思的三重否思[J].新闻界,2022(9):215-219.

[10] 徐绪堪,王晓娇,薛梦瑶.元宇宙视角下水文化遗产资源组织研究[J].情报科学,2022(10):35-42.

第二篇
元宇宙核心技术架构

第四章　虚拟现实

20世纪末,一种新兴综合信息技术——虚拟现实诞生了,它是多媒体、传感器、人工智能、数字成像、计算机图形、互联网等信息技术领域的最新发展成果。随着虚拟现实技术的出现,人们对沉浸式现实主义产生了浓厚的兴趣,寻找一种超越现实的虚拟现实,让人们沉浸在虚拟世界和交互式互动中。近年来,房地产、军事、医学、设计、考古、艺术和娱乐业越来越多地利用虚拟互动为社会创造巨大的经济效益。这就是为什么20世纪80年代被视为个人计算机的时代,20世纪90年代被视为网络和多媒体的时代,而21世纪初则是虚拟现实技术的时代。

第一节　虚拟现实技术

一、虚拟现实技术概述

利用计算机产生一种人为的虚拟环境是虚拟现实技术的特点。计算机可以构成三维空间,也可以模拟逼真的"虚拟环境",让用户的各种感官对虚拟环境产生沉浸感。

虚拟现实技术改变了人与计算机之间枯燥、僵硬、消极的关系,它能够实现实时的立体交互,为用户创造一个可交互的操作环境,给用户以一种"身临其境"的感觉。具体地说,虚拟现实技术为人机交互接口的研究开辟了新的领域,同时也为智能工程的实际应用提供了新的接口工具。这一技术为大量的工程数据的可视化提供了一种新的方式来描述,同时也为探索宏观、微观或者由于种种原因而无法直接观测到的物体的运动规律提供了巨大的方便。

(一)虚拟现实技术的定义

虚拟现实技术是计算机图形学、智能界面、传感器、网络技术的有机结合[1]。一个虚拟现实系统的任务是与用户进行互动,并实时显示这种互动的结果。因此,虚拟现实技术作为一个整体,主要由专业应用软件系统和图形处理器、数据库、输入和输出设备组成。

(二)虚拟现实技术的发展历程

虚拟现实技术在进入公众视野之前,早已在军事、商业和许多学术实验室中进行了探索。随着三维跟踪、光纤显示、计算机图形和实时计算等技术的日益成熟,虚拟现实逐渐成为可能。今天,随着计算机技术的不断升级,虚拟现实技术也在不断发展和完善,其应用越来越广泛。这进一步证实了虚拟现实技术作为一种更强大的、富有想象力和创造力的人机交互技术,有着非常广阔的发展前景。

虚拟现实技术的进化史基本可以概括为四个阶段:虚拟现实技术思想的萌芽阶段(1963年之前)、虚拟现实技术的初始阶段(1963—1972年)、虚拟现实技术概念和理论产生的初始阶段(1973—1989年),以及虚拟现实技术理论的完善和应用阶段(1990年至今)[2]。

(三)虚拟现实系统的组成

从上述定义可以理解,虚拟现实技术不是虚拟和现实的简单相加,还需要人们与虚拟世界进行互动。参与者首先激活输入设备,如头盔、手套和麦克风,向计算机提供输入信号。如图4-1所示,虚拟现实软件分析来自跟踪设备和传感器的输入信号,更新数据库并分析所描述的虚拟环境,并将三维视觉信息和其他信息,如力反馈、触觉反馈、语音信息等,从新的视角传输到相关的输出设备,如数据手套、耳机等,使参与者能够用多种感官体验虚拟效果。这个过程每秒进行几次,以使参与者能够感知到连续的效果。

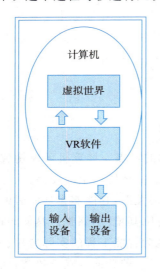
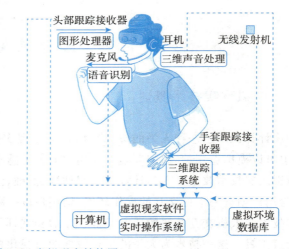

图4-1 虚拟现实结构图

上述所有组件可分为虚拟世界创建装置、传感装置、跟踪装置和自然状态互动装置[3]四个主要部分。

(四)虚拟现实技术与其他相关技术的关系

1. 虚拟现实技术与计算机仿真技术

计算机仿真技术(computer simulation technology)是一种综合性技术,它利用计算机科学和技术,在特定的测试条件下对仿真系统模型进行动态测试。虚拟现实技术与计算机仿真技术密切相关。虚拟现实的目的是为人机互动创造一个和谐的环境,从而让研究人员沉浸在虚拟环境中研究数据关系,而计算机模拟主要是将大量的计算机数据转换为图形,利用数学计算模拟真实事件。

2. 虚拟现实技术与多媒体技术

一般来说,有两种类型的媒体可以区分:传输信息的媒体,如声音、文字、图像、视频和图形媒体,以及存储信息的媒体,如半导体存储媒体、光盘、磁带、CD、纸张等[4]。在多媒体技术方面,"多媒体"一词通常指的是第一种类型,即信息的呈现形式。因此,多媒体技术的主要研究内容包括多媒体集成电路技术、多媒体转换技术、与多媒体数据实时交互的技术,多媒体数据库技术,多媒体信息的处理、搜索、显示和压缩技术,多媒体通信技术等。

3. 虚拟现实技术与传统三维动画技术

虚拟现实技术与传统三维动画技术之间的主要区别在于互动性。传统的三维动画技术缺乏互动性,动画由计算机预先渲染的静态图像组成,并连续播放,而虚拟现实技术实现了真正的互动,允许体验者沿着自己的路线行走,计算机模拟场景,根据用户的行为进行VR设计,以充分利用使体验者感到真实的所有信息。

二、虚拟现实技术的特性

虚拟现实技术有三个明显的特点"想象(imagination)""交互(interaction)""沉浸(immersion)"。这个想法是由美国研究员Burdea和法国研究员Coiffet在虚拟现实技术飞速发展和广泛应用的背景下首次提出的,并在1993年的年度世界电子会议上再次提出。由于这三个词的英文首字母都是"I",所以可以概括为三"I"特征[5]。

(一)沉浸性

沉浸式也被称为临场感,给参与者一种"身临其境"的感觉。传统的人机互动涉及人对计算机的适应,但虚拟现实技术打破了这一点,让计算机主动适应人,真正改变了人机互动的机制。

(二)交互性

交互的本质是通过虚拟技术来实现人与机器之间的互动。参与者可以非常轻松地与虚拟环境以及这个虚拟环境中的物体进行交互。以数字博物馆为例,观众可以自由漫步、浏览,选择虚拟讲解员并与之互动,揣摩、端详虚拟藏品并与之进行交互等。

(三)想象性

虚拟现实技术的想象性是指虚拟环境可使用户沉浸其中并且获取新的知识,提高感性和理性认识,从而使用户深化概念和萌发新的联想。可以说,虚拟现实可以启发人的创造性思维。

虚拟现实技术具有的想象性、沉浸性、交互性,使得参与者能在虚拟环境中身临其境、超乎想象、自由舒展并自主交互。区别于大数据可视化、三维动画以及传统的多媒体图形图像技术等其他相关技术,虚拟现实技术最本质的区别特征是"交互性"和"沉浸性"。

第二节 虚拟现实技术的研究现状

一、国外的研究状况

虚拟现实技术的发源地是美国,早在 20 世纪 40 年代美国就开始了虚拟现实技术的研究,起初用于美国军方对宇航员和飞行驾驶员的模拟训练。随着科技的进步,虚拟现实技术正逐步向民用方向发展,主要集中在感知、用户界面、硬件和后台软件系统四个层面[6]。对虚拟现实技术的开发和应用在法国、德国、英国、瑞典、荷兰等国家积极开展。例如,英国虚拟现实技术公司和英国《每日电讯》于 1996 年 10 月 31 日共同主办的虚拟现实展览会,首次让人在网络上亲眼看见一场无场地、无员工、无实物的虚拟现实展览。

二、国内的研究状况

随着计算机图形学等技术的迅速发展,虚拟现实技术越来越受到人们的重视,引起了我国社会各界人士的兴趣和关注。在虚拟现实技术的研究与应用方面,国内构建了一个基于虚拟空间的分布式虚拟现实系统的虚拟场景模型,并正在向纵深和广度发展[7]。例如,清华大学光盘工程研究中心采用 QuickTime 技术,研制成功了一种大型全景虚拟现实系统"布达拉宫";浙江大学计算机辅助设计与 CG 国家重点实验室开发的虚拟实境实时漫游系统;哈尔滨工业大学完成了高层次人脸特征的合成,并解决了脸部表情和嘴唇的合成问题。

三、虚拟现实技术的发展趋势

随着虚拟现实技术的不断更新,消费级的市场将会迎来一个巨大的爆炸,虚拟现实技术将会是一个巨大的推动力量,而 5G、AI、4K 等新一代信息技术将走向更加融合的发展趋势。虚拟现实技术作为引领世界工业新一轮变革的关键技术,它是一个新的通用技术平台和网络入口,将会扩展人们的认知、改变产品形态、增强产品功能、丰富服务内容[8]。

第三节 虚拟现实系统技术现状

一、虚拟现实系统的分类

(一)沉浸式虚拟现实系统

沉浸式虚拟现实(immersive VR)为参与者提供了充分的身临其境感,它的最大特点就是通过虚拟现实头盔,完全隔绝使用者的视觉和听觉,并在某种程度上产生虚拟触动感。通过使用语音识别器,让参与者向系统主机发出指令,同时,头、手、眼部位都有对应的跟踪器以保证虚拟现实系统的实时性。常用的沉浸式系统有头盔式显示器、投影式虚拟现实系统。

(二) 桌面式虚拟现实系统

桌面式虚拟现实系统(desktop VR)又被称为窗口式虚拟现实系统,其主要设备是普通的计算机或简单的图形工作站,用户体验虚拟世界的窗口为计算机的显示器。桌面式虚拟现实系统主要利用数据手套、立体眼镜、触觉和力觉反馈系统实现交互,利用计算机软件构建出立体的虚拟空间。

(三) 增强式虚拟现实系统

增强现实(AR)是近年来国外众多知名大学和研究机构的研究领域,目前已被广泛用于数据模型可视化、飞行器的研制与开发、娱乐与艺术、虚拟训练等方面。增强现实技术通过增强我们的所听、所闻、所感和所见,使真实世界与计算机所生成的虚拟世界之间的界限更加模糊。相较于虚拟现实技术,增强现实技术具有能够对真实环境进行增强显示输出的优势特性,可以广泛运用于医疗研究与解剖训练、精密仪器制造和维修、军用飞机导航、工程设计和远程机器人控制等领域。

(四) 分布式虚拟现实系统

分布式虚拟现实系统(distributed VR)包括四个主要模块:通信和控制设备、图形显示器、处理系统和数据网络。分布式虚拟现实系统可以按照在分布式系统中运行的共享应用系统数量分为集中式结构和复制式结构,其中,复制式结构是将中央服务器中的内容拷贝到每个参与者所在的计算机上,以便每个参与者都能共享同一个应用系统。

二、虚拟现实系统中人的感知因素

人类的认知是从感性具体到理性抽象再升华为理性具体的过程,其中,理性具体是现代人类认识论最突出的特征。人类通过感官系统接收外界的各种信息,由大脑进行加工,再根据处理的结果来控制中枢神经,从而指导人们的行为和动作。相对于真实世界,人们可以在虚拟现实系统中看到曾经在现实世界中看过、听过、感觉过的事物,甚至可以看到以前不曾看过、听过、感觉过的事物。

(一) 视觉

视觉是人的所有感知中极为重要且复杂的感觉,它提供了人80%以上的感受信息,是人类最重要的感觉。虚拟现实技术的关键是利用计算机图形学的方法,来创建具有真实感的物体与环境。虚拟现实显示设备的主要功能是将现实世界中看到的物体转换为计算机生成环境中的虚拟物体。例如,以人类视觉感官为主的显示设备主要包括HMD、投影仪等。

(二) 听觉

仅次于视觉的重要感觉通道就是听觉。人的耳朵是一种感觉器官,它能把声音转换成能被大脑理解的信息。在人类的感知过程中,听觉和视觉是互相补充的,听觉作为视觉的补充大大增强了虚拟现实的真实性,促使参与者感受到这种逼真的临场感。为了替代耳朵所听到的真实的声音,虚拟现实系统可以产生双声道或多声道声音,常用的听觉感知设备有耳机、扬声器等。

(三)嗅觉和味觉

嗅觉和味觉相较于听觉、视觉在人的感知过程中所占的比例较小,所以常被人们忽视,但并非可有可无,人的嗅觉和味觉常常紧密地结合在一起互相作用。目前仅有两篇关于嗅觉和味觉的感知设备研究报告,其中一篇是日本《日经产业新闻》2004年6月10日的报道:日本奈良尖端技术研究生院大学千原国宏教授成功开发出一种虚拟嗅觉装置,只需靠近虚拟世界中的某种水果,它就能散发出一股果香,这是虚拟现实技术在嗅觉应用研究领域的一个重大突破。英国约克大学和华威大学的研究人员于2009年3月推出了一款新型的头盔式虚拟现实设备,它不仅可以提供嗅觉,还可以提供味觉。

(四)触觉和力觉

人的第五感官是最复杂的触觉。皮肤触觉受体被轻微地刺激而产生的肤感,一般是指一种狭义的触觉。广义上的触觉,是指由于压力增大而导致的局部皮肤变形而产生的体感,也就是力感。这两种感觉通常被称为"触压觉"。虽然大部分虚拟现实触压感知装置是以人的手指为中心的,但在此基础上,它们与人体的接触压力感知系统仍面临着技术上的重大挑战,任重而道远。

(五)身体感觉

TeslaSuit 和 Hardlight VR 等公司研发了全身触感套装,当我们探索虚拟世界时,这种套装可以在我们身体的特定区域给予触觉反馈,还可以获得冷和热的温度感知。关于如何让人认为自己的身体真的进入了虚拟世界的研究目前被称为虚拟性具身(virtual embodiment),即指在虚拟世界中拥有身体感知。

(六)健康与安全问题

随着技术的飞速发展,虚拟现实技术在科技领域的应用越来越多。例如,在虚拟现实科普体验馆中,可以模拟出一个真实的场景,虚拟现实设备在此期间会提醒使用者进行安全检查,并将其与3D动画相结合,提供相关的安全知识科普。因此,实现虚拟现实技术在安全教育中的运用无疑是一项很有意义的工作,通过这种新型的体验式教学,可以让人们更加深刻地认识到安全问题的严重性,同时也可以有效地提升安全教育的有效性。

三、虚拟现实系统的交互设备

(一)视觉感知设备

视觉感知设备是一种计算机接口设备,也是较为常用、较为成熟的设备之一。视觉感知设备的主要功能是将合成出来的影像呈现给与虚拟世界进行交互的使用者。

(二) 听觉感知设备

听觉感知设备可以实现虚拟现实中的听觉效果。在虚拟的环境中,为了提供听觉通道,使用户有身临其境的感觉,需要设备模拟三维虚拟声音,并用播放设备生成虚拟世界中的立体三维声音。根据人的听觉模型,听觉的根本就是三维声音的定位,所以听觉感知设备最核心的技术就是三维虚拟声音的定位技术。

(三) 触觉和力反馈设备

触觉是人类获得客观世界信息的主要途径。研究表明,无触感的虚拟现实在任何时刻都会遭遇挫折和困境。因此,要想构建虚拟现实环境,必须要有足够的触觉和作用力反馈才能使虚拟现实系统更加真实、更加具有沉浸感,从而增大完成虚拟任务的成功率。

(四) 位置跟踪设备

追踪器的精确度是指物体的实际三维坐标和由追踪装置测量的三维坐标的误差。追踪器的偏差是指随着时间的增长而产生的误差。追踪延迟是指物体位置、方向的变化和追踪系统探测到的变化的时间差。追踪器的更新速率是指追踪程序每秒汇报一组测量资料的数量。

(五) 虚拟现实的计算设备

虚拟现实的计算设备,也就是专业图形处理计算机,既是虚拟现实系统的重要组成部分之一,也是关键部分。该设备通过读取输入装置的数据,进行必要的运算,从而实时地对虚拟世界的状况进行更新,最终将其反馈到输出显示器上。由于虚拟世界的复杂性和实时计算,如实时绘制、三维空间定位、碰撞检测、声音识别等需要大量的计算资源,而对计算设备的配置则需要大量的 CPU 和强大的图形处理能力。所以,根据 CPU 运算速度和图形运算能力的不同,计算设备可以分为高性能 PC(personal computer,个人计算机)、高性能图形工作站、高度并行计算机及分布式网络计算机。

第四节 虚拟现实系统的关键技术及软件介绍

一、虚拟现实的 Web3D 技术

(一) Web3D 技术概述

随着互联网技术的飞速发展,人们日常生活中的数字信息不但在数量上大幅增长,而且在品质上也有了很大的提高。如今的互联网早已不是一个静态的世界,到处都是动态的网页,而 3D 的网页和它所带来的"虚拟现实"也会成为一种新的潮流,让这个世界变得更美

好。随着互联网与虚拟现实技术的发展,产生了一种新的技术——Web3D 技术,其目的就在于在网络,特别是在互联网上建立出三维的虚拟世界[9]。现在,包括 VRML(virtual reality modeling language,虚拟现实建模语言)在内的各种 Web3D 技术在电子商务、远程教育、工程技术、计算机辅助设计等领域已经获得了广泛的应用。

(二)三维全景技术

三维全景技术是近年来发展迅速、逐渐普及的一种新技术,它可以在网上的三维服务和虚拟教学中得到广泛的应用。传统的 3D 技术,如 VRML 技术等,都是利用计算机生成的图像来建立 3D 模型,而三维全景技术则是利用实物建立一个虚拟环境,按照照片拍摄→数字化→图像拼接→生成场景的模式创造出一个更加简单、实用的虚拟世界[10]。

(三)Cult3D 技术

Cult3D 是瑞典 Cycore 公司开发的一种 3D 网络技术,其应用非常广泛,特别是在商业、教育、娱乐等领域有极大的优势。3D 真实互动、跨平台运用是 Cult3D 技术的特点,可以通过使用鼠标在 3D 物件上直接拖动实现移动、旋转、放大和缩小,加入音效和操作指引还可以在 Cult3D 物件中实现。

(四)基于 Web 的其他技术

Viewpoint 是美国 Viewpoint 公司开发的 Web3D 技术。在此基础上,基于 XML 的框架实现了与浏览器、数据库的通信,并能嵌入多种软件中,因此 Viewpoint 的应用范围很广。Atmosphere 是一个将多个使用者连接起来的三维虚拟环境中的网络聊天工具,该系统将虚拟 3D 世界的创作、观看和互动结合起来,是一个专业的网络虚拟三维环境的开发解决方案。Shout3D 是 Shout Interactive 公司开发的一种可以在互联网上进行互动的 3D 图像和动画技术。

二、三维建模工具介绍

(一)3ds Max

3ds Max 是世界顶级的三维软件之一,如图 4-2 所示,它的强大性能使得它自问世之日起就深受 CG 爱好者的青睐。3ds Max 可以在模型塑造、场景渲染、动画和特效上做出高质量的物体,并在插画、影视动画、游戏、产品造型、特效设计等领域独占鳌头,成为世界上最流行的三维制作软件之一。

图 4-2　3ds Max 软件界面

从角色和物体的复杂细节到令人瞠目结舌的环境和世界,3ds Max 软件是创建沉浸式游戏体验和可视化复杂设计的首选工具。

1. 强大的建模工具集

3ds Max 为角色、道具和环境的创建提供了大量和灵活的工具,如图 4-3 所示,这些工具可以很容易地模拟出最细微的细节。通过 3ds Max 强大的多边形建模工具,用户可以迅速地建立起一个复杂的模型。

图 4-3　案例展示 1

在 3ds Max 中,功能强大的重新拓扑工具可以让使用者创建清晰的三维结构,并得到更多的专业成果。独一无二的修改器堆栈工作流程可以协助使用者进行雕刻和编辑。例如,使用"倒角"编辑器来增加边界,或者使用"松弛"编辑器来改变表面的拉力,又或者使用"对称"编辑器来完成一般的模型工作。

2. 直观的纹理和着色

如图 4-4 所示,从丰富的木质表面到柔软的织物,添加材料饰面、纹理和逼真的照明,让用户的设计显得与众不同。

图 4-4　案例展示 2

在 3ds Max 中,高级纹理创建、材质和视口化工具对材料贴图和开放着色语言(open shading language,OSL)的支持使得用户可以创建和运用各种材料,使设计达到一个新的高度,同时材质编辑程序还可以允许用户增加材质饰面、更改纹理,并使用明亮的色彩来创建更加具有真实性的设计。

3. 高质量渲染

3ds Max 的内置渲染程序 Arnold 能够应付最复杂的情况。通过使用直观的控件,快速地在 3ds Max 视图中浏览接近最终成果的渲染效果。

3ds Max 让使用者可以迅速、有效地预览渲染效果,这样使用者就可以把更多的时间投入到创作中去,从而减少等待渲染时间。如图 4-5 所示,3ds Max 视口也可以提供渲染质量预览,从而直接展示基于物理的渲染(physically based rendering,PBR)材质和相机效果。

图 4-5　案例展示 3

通过把 Arnold 作为预设渲染器,使用者可以即时看到包括光照、材质和摄像机在内的场景改变。而且,由于支持 OSL,使用者可以在材质编辑器中直接编辑 OSL 着色器文本,并通过视口和 ActiveShade 来查看即时的更新,极大地提升了渲染效率。

(二) Maya

如图 4-6 所示,Maya 是美国 Autodesk 公司出品的世界顶级的三维动画软件,是一款专业的三维动画、建模、模拟和渲染工具组合。

图 4-6　Maya 软件界面

从令人惊叹的动物到壮观的风景和爆炸性战斗场面,顶尖的设计师、建模师和动画师依赖 Maya 把今天最流行的动画、实景电影、电视节目和视频游戏变成了现实。

Maya 功能完善、工作灵活,制作效率极高,渲染真实感极强,是电影级别的高端制作软件。

1. 强大的角色创建

无论是创建逼真的数字替身还是可爱的卡通角色,Maya 都提供了一个强大的工具集,用于塑造、修饰角色并将角色从概念变为现实。

通过 Maya 的多边形建模,用户可以使用基于顶点、边和面的几何体来建立三维模型。如图 4-7 所示,Maya 的雕塑工具集为塑造人物形象提供了一种非常直观的工作流,它的交互修饰工具允许使用者创造出逼真的毛发,以供喜爱的人物或动物使用。

图 4-7　电影《复仇者联盟 4:终局之战》

2. 栩栩如生的动画

从根据对象的属性进行动画处理,到随时间变换关节和骨骼、IK 手柄和模型,如图 4-8 所示,Maya 提供了创作自由,让角色和场景栩栩如生。

图 4-8　电影《复仇者联盟 4:终局之战》

Maya 中强大的工具可加快动画和编辑速度。时间编辑器为非线性动画编辑提供了直观的、基于剪辑的工作流程,因此用户可以在剪辑之间轻松导航并调整速度、长度和开始/

停止时间等计时操作。缓存播放使用户能够直接在视窗中评估动画的迭代，而不是生成多个播放预览。

从用于生成高质量、可用于生产的角色的工具，到用于操作动画曲线和关键帧的直观图形编辑器，再到用于添加面部表情等精细细节的形状创作工具，Maya 让使用者可以为所要处理的场景或人物提供真实的动作。

3. 令人难以置信的详细模拟

如图 4-9 所示，Bifrost 专注于为管道的更多领域带来丰富的程序化工作流程，包括强大的散射、实例化、体积和 FX 功能。

图 4-9　游戏《依克黎：巨兽时空》

通过 Bifrost，用户可以制作诸如烟雾、火焰、爆炸、沙子和雪等细节，并且可以很容易地被其他艺术家共享并使用于不同的镜头、场景和节目中。效果可以在视窗中直接预览，并且可以通过 Maya 的内置渲染器 Arnold 来呈现。

（三）3ds Max 与 Maya 的异同点

3ds Max 和 Maya 都被世界各地的创意工作室用于动画、建模、视觉效果和渲染。3ds Max 为建模、直观的纹理和着色，以及高质量渲染提供了强大的工具集，而 Maya 则为角色创建、逼真的动画和详细模拟提供了强大的工具。

使用 Maya 强大的建模、塑造、修饰、绑定和动画工具集创建复杂的角色和令人眼花缭乱的效果。使用 3ds Max 易于使用且灵活的工具集进行建模、纹理、着色、光照和渲染，构建广阔的世界和详细的道具。

从风格化到逼真的角色，Maya 的建模工具集可让用户直观地构建、塑造和雕刻 3D 模型。3ds Max 丰富而灵活的建模工具使美术师能够创建庞大的环境和世界。

Maya 和 3ds Max 都为游戏开发过程的每一步提供了各种经过验证和成熟的 3D 工具。Maya 强大的动画工具集和无与伦比的绑定功能使美术师能够为 3D 角色和生物注入活力。3ds Max 中强大的建模工具和基于物理的渲染使游戏制作者能够创建广阔的世界供玩家探索。

第五节　虚拟现实开发平台 Unity

一、虚拟现实系统开发平台 Unity

移动智能手机销量的激增及网络速度的提升,大大开拓了移动互联网业务,而移动游戏也成为游戏开发的热门话题,很多在网页游戏市场领先的游戏企业,已经纷纷布局移动游戏,"游戏跨平台"成为未来游戏产业发展的关键。

Unity 是一款多平台的综合性游戏开发工具,可以方便地制作三维视频游戏、建筑可视化、实时三维动画等。同时,Unity 也是一款全面整合的专业程序,其特定的功能包括:综合性编辑器、跨平台发布、地形编辑、着色器、脚本、版本控制等功能。Unity 引擎有两大特色:一是游戏设计能力强,人物及场景逼真;二是具备跨平台应用的功能。

二、Unity 的功能与脚本

Unity 是实时 3D 互动内容创作和运营平台,包括游戏开发、美术、建筑、汽车设计、影视在内的所有创作者,借助 Unity 将创意变成现实。Unity 平台能够提供一整套完善的软件解决方案,可用于创作、运营和变现任何实时互动的 2D 和 3D 内容,支持平台包括手机、平板电脑、PC、游戏主机、增强现实和虚拟现实设备。

Unity 支持多种平台,如 iOS、Android、PC、Web、PS3、Xbox 等。Unity 与 Director、Blender Game Engine、Virtools 或 Torque Game Builder 类似,以交互式的图形开发环境为主要手段,其编辑程序在 Windows 和 mac OS X 下运行,可以在 Windows、Mac、iPhone 和 Android 平台上,还可以使用 Unity web player 插件来发行用于 Mac 和 Windows 的网络游戏。

Unity 支持 Java Script、C♯ 和 Python 三种脚本语言,它可以提供非基于网络的独立版本,用于开发 Java Script、C♯ 和 Python 脚本和插件。

三、Unity 的应用场景

Unity 不仅提供丰富的视觉逼真度,还能为多线程主机和 PC 游戏提供终极性能。作为全面的移动游戏解决方案,Unity 的模块化工具支持为世界各地的玩家制作并提供极具吸引力的 2D 或 3D 游戏,如图 4-10 所示。

使用 Unity 进行机器人的建模、编程和模拟。如图 4-11 所示,创建和建模高度可自定义的真实世界环境以进行机器人设计和模拟。

借助 Unity 的高度可编程渲染管线和 Shader Graph,可以设计任何 2D 或 3D 画面。如图 4-12 所示,实时渲染可在整个外观开发过程中更快地提供反馈,并且在制作过程中任何时候对资源所做的更改都将立即传播。

图 4-10　案例展示 4

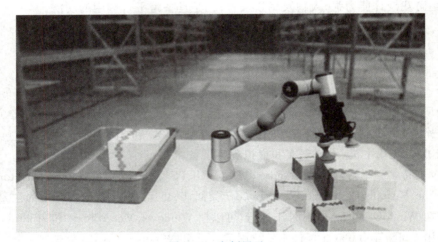

图 4-11　案例展示 5

图 4-12　案例展示 6

如图 4-13 所示,在虚拟现实中对建筑进行设计、工程或施工模拟,让客户无须接触实物便能体验真实的环境,不受物理边界限制进行训练,在一切成型之前通过团队迭代。曾经这只是未来的一个梦想,而现在凭借全球领先的实时开发平台 Unity,它已经成为现实。

图 4-13 案例展示 7

本章小结

本章的主要内容以虚拟现实技术为主。首先,从虚拟现实技术的起源、发展过程及未来发展状况概述虚拟现实技术。虚拟现实技术改变了人与计算机枯燥、生硬和被动的现状,具有实时三维空间的表现能力,提供了人机互动的操作环境,并带来了身临其境的体验。虚拟现实技术不仅开辟了人机交互接口的新的研究领域,还为智能化工程的应用提供了新的接口工具。其次,从虚拟现实的沉浸、交互、想象三大特性进行阐述。对虚拟现实技术国内外现状进行分析,国外的虚拟现实技术发展得较为成熟,国内还需要不断挖掘探索。从虚拟现实系统分类分析,沉浸式虚拟现实系统给用户一种身临其境的感觉;桌面式虚拟现实系统主要设备是普通的计算机或简单的图形工作站,用户体验虚拟世界的窗口为计算机的显示器;增强式虚拟现实系统已被广泛地用于数据模型可视化、飞行器的研制与开发、娱乐与艺术、虚拟训练、尖端武器等方面;分布式虚拟现实系统能够使每个参与者都有一个共享的应用系统。最后,描述人的五官感知与虚拟现实之间的联系,并对虚拟现实涉及的相关技术和软件进行介绍。

习 题

一、名词解释

虚拟现实 沉浸式虚拟现实系统 桌面式虚拟现实系统 增强式虚拟现实系统

分布式虚拟现实系统

二、简答题

1. 分析虚拟现实技术的主要特性。
2. 概括虚拟现实技术的发展历程。
3. 讨论虚拟现实技术与其他相关技术的异同。
4. 根据虚拟现实技术的特性,思考该技术的应用场景。
5. 分析虚拟现实技术的未来发展趋势。

主要参考文献

[1] 陈晓红,刘飞香,艾彦迪,等.面向智能制造的工业数字孪生关键技术特性[J].科技导报,2022,40(11):45-54.

[2] 杨青,钟书华.中国虚拟现实技术发展研究:回顾与展望[J].科学管理研究,2020,38(5):20-26.

[3] 彭影影,高爽,尤可可,等.元宇宙人机融合形态与交互模型分析[J].西安交通大学学报(社会科学版),2023(2):176-184.

[4] 周逵,宋晨.虚拟现实研究的理论框架与核心议题[J].当代传播,2017,195(4):57-59.

[5] 易欢欢,黄心渊.虚拟与现实之间:对话元宇宙[J].当代电影,2021,309(12):4-12.

[6] 赵沁平,周彬,李甲,等.虚拟现实技术研究进展[J].科技导报,2016,34(14):71-75.

[7] 索引,文成伟.从现象学的视角看虚拟现实空间中的身体临场感[J].自然辩证法研究,2018,34(2):26-30.

[8] 王林,薛玮,潘陈益,等.虚拟现实研究热点及演化趋势分析[J].信息资源管理学报,2017,7(3):34-44.

[9] 邱进冬,杨志雄,顾新建.基于Web的虚拟现实的开发与应用[J].计算机应用研究,2003(3):92-95.

[10] 张辉,王盼,肖军浩,等.一种基于三维建图和虚拟现实的人机交互系统[J].控制与决策,2018,33(11):1975-1982.

第五章 区 块 链

随着比特币加密货币的引入,区块链因其形成共享经济的独特能力而声名鹊起,并为现有数字货币市场奠定了基础。区块链被认为是安全和隐私保护的突破性技术。更简单地说,区块链是一种分类账,用于存储已提交的交易,以便于在商业网络中进行数字资产跟踪和保护。这些交易或记录存储为块,使用加密措施或哈希机制链接在一起,确保了账本的不变性,即使在不安全的环境中也能实现安全共享。区块链最显著的特点是能够在没有中央授权的情况下对分散的账本内容进行操作。由于区块链采用工作证明作为共识机制,该方法本身认为它更安全,更适合电子商务平台。在元宇宙的背景下,区块链是旨在加强数字生态系统问责制的相关推动者。区块链的需求迫在眉睫,保护元宇宙所有用户拥有的数字内容是其首要目的。元宇宙生态系统依靠区块链来核算其内容和交易,以确保用户的完整性、隐私和声誉。

第一节 区块链的起源与发展

一、区块链的起源及概念

(一) 区块链的起源

没有人真正知道谁发明了区块链。然而,区块链起源于比特币,准确地说,区块链技术是由比特币的发明者发明的。中本聪(Nakamoto)在一种对等电子现金系统中[1]详细介绍了加密货币和区块链技术背后的概念,并解释了基于P2P网络技术、密码学、时间戳技术和区块链技术的电子现金系统的架构概念,标志着比特币的诞生;两个月后,理论被付诸实践,2009年1月3日,第一个序列号为0的区块诞生;2009年1月9日,一个序列号为1的区块出现,并与序列号为0的区块相连,形成一个链,标志着区块链的诞生。

近年来,世界上的比特币的价格起起伏伏,而作为比特币底层技术之一的区块链技术却越来越受到关注。在比特币的形成过程中,一个分布式数据库维持着一个不断增长的有序记录列表,称为"区块"。一个区块是一个存储单位,它记录了一定时期内区块节点之间交换的所有信息。区块通过随机散列(也称为散列算法)联系在一起,下一个区块包含前一个区块的散列,随着信息交流的扩大,一个区块跟着另一个区块,形成了所谓的区块链[2]。

区块链技术使世界上第一个加密货币比特币成为可行的数字货币。通过使用对等网络和分布式时间戳服务器,区块链数据库可以被自主地管理。为比特币发明的区块链,使比特币成为第一个解决重复消费问题的数字货币。去中心化的区块链技术提供了使比特币成为可行的数字货币所需的效率、安全和不变性。区块链实际上不是一种技术,而是一组技术,所有的技术都可以组合或互换使用,以实现不同的结果和"协议"。区块链成为电子货币比特币的一个核心组成部分:作为所有交易的公共账本。

比特币和区块链是作为一个开放源代码推出的。这意味着它可以被免费使用,并且可以由任何拥有技术知识和技能的人进行定制。这意味着没有人"拥有"或能够拥有这项技术。它和比特币本身一样,可以被认为是中本聪(Nakamoto)给世界的礼物。

(二)区块链的概念

区块链是一种数据以区块(block)为单位产生和存储,并按照时间顺序首尾相连形成链式(chain)结构,同时通过密码学保证不可篡改、不可伪造及数据传输访问安全的去中心化分布式账本。在区块链中,各方之间最近的交易组构成一个数据块。每个区块都包含一个哈希值。哈希值是一个代码,包含连接到以前的交易记录数据块的数据,是一种跟踪和记录点对点交易的方法。作为一种分布式账本,拥有连续的区块,这些区块通过前一个区块头的哈希值相互链接,哈希值组成的链包含每一笔交易的加密区块,没有人可以回到过去并改变过去的数据。除了不可避免的加密哈希外,时间戳、nonce 和事务数据也包含在一个块中。在区块链上,数据分布在整个全球网络上,而不是在一个中心位置。对于加密货币匿名创造者的中本聪来说,区块链是一种技术解决方案,可以解决所有权证明问题,促进和记录点对点交易,防止伪造,并在自给自足的循环中完成所有工作。

工业和信息化部《2016 年区块链技术发展与应用白皮书》解释说,从狭义上讲,区块链是一种分布式账本,它将数据块按照时间顺序依次链接,组合成一个链式数据结构,通过密码学保证其不可篡改和不可伪造。从广义上讲,区块链技术是一种新的分布式基础设施和计算范式,它使用区块链数据结构来验证和存储数据,使用分布式节点共识算法来生成和更新数据,使用密码学来保证数据传输和访问的安全,以及使用由自动化脚本代码组成的智能合约来编程和操作数据。

区块链中所谓的账本与现实生活中的账本基本相同,它按照一定的格式记录交易信息,如流水。特别是在各种数字货币中,交易的内容是各种转账信息。只是随着区块链的发展,记录的交易内容从各种转账记录扩展到各个领域的数据。例如,在供应链追溯应用中,供应链各环节的责任方、物品位置等信息都记录在区块中。一个很好的比喻是,区块链就像一盒乐高积木,不同的积木可以被拿出来,以不同的组合拼在一起,产生不同的结果。在加密货币的情况下,这些数据块是金融交易。然而,它们也可以是其他形式的交易,如各方之间传递的最新合同或协议,或医生之间共享的医疗记录。就其核心而言,区块链是一个去中心化的数据存储系统,几乎任何形式的共享数据都可以存储在上面。鉴于目前有无数种更不稳定的数据存储方式,区块链的潜力是无穷的。

二、区块链的发展及现状

虽然区块链最常与比特币和其他加密货币联系在一起,但该技术还有许多其他潜在应用。区块链是无数可能应用的基础。该技术已被用于智能合约、医疗记录和许多其他用途,用于需要共享数据的各方之间的可信交易账本。不同的加密货币使用区块链技术的方式也存在差异,仍有许多可能性尚未实现。

作为一项颠覆性技术,区块链正在引领新一轮全球技术和产业变革,有望成为全球技术和模式创新的"源头",推动"信息互联网"向"价值互联网"转型。有望成为全球技术创新和模式创新的"源头",推动"信息互联网"向"价值互联网"转型。区块链技术发展迅速,在过去10年中经历了以加密数字货币为标志的"区块链1.0"和以智能合约为标志的"区块链2.0",目前正进入建立跨组织互信的"区块链3.0"。与各种技术的结合正在加速,区块链在各个传统行业的产业价值也逐渐凸显。例如,区块链与云计算的结合,提供区块链云服务,大大降低了区块链的部署成本和技术门槛,使政府、企业等用户能够快速上手区块链,通过实际落地应用体验区块链带来的价值。

近年来,政府机构、国际货币基金组织,以及标准、开源组织和产业联盟纷纷投入推广区块链产业技术的大潮中,拉通标准,推动应用落地。随着区块链的产业价值逐渐清晰和确定,区块链迅速引发了一场世界各国竞相参与的"军备竞赛"。同时,从技术发展的角度看,区块链与人工智能、量子信息、移动通信、物联网等技术正在成为新一代信息技术的基石,其构建的可信机制将有可能改变当前社会的商业模式,从而引发新一轮的技术创新和产业变革。

第二节 区块链的特点及分类

一、区块链的特点

区块链是多种已有技术的集成创新,主要用于实现多方信任和高效协同。通常,一个成熟的区块链系统具备透明可信,防篡改、可追溯、隐私安全保障及系统高可靠四大特性。

(一)透明可信

全民记账保证每个人都能获得完整的信息,从而实现信息透明。区块链可以被理解为一个去中心化的数字账本。参与区块链应用的计算机网络都持有一个记录每笔交易的账本。每台计算机都是一个"节点",在任何时候都有多个账本副本。这些节点确保所有未来的交易都与账本的历史一致。在一个去中心化的系统中,网络中的所有节点都是对等的节点,都在网络中平等地发送和接收信息。因此,系统中的每个节点对系统中的节点的全部行为都有完整的看法,这些观察到的行为在每个节点都有记录,也就是说,一个本地账本被维护,整个系统对每个节点都是透明的。

节点之间的决策过程是共享的,共识保证了可信度。区块链系统是一个典型的去中心化系统,网络中的所有交易对所有节点都是透明可见的,交易的最终确认由共识算法保证在所有节点上是一致的。因此,整个系统对所有节点是透明和公平的,系统中的信息是可信的。共识被简单地理解为大家都同意的意思。其实,在现实生活中,有很多场景都需要达成共识,如投票、开会讨论、多方签署合作协议等。在区块链系统中,每个节点通过共识算法使自己的账本与其他节点的账本保持一致。共识协议是区块链的骨干,其中的运行原则和法律行为是由区块链规范的。

(二)防篡改、可追溯

"防篡改"和"可追溯"这两个词可以拆开来理解。现在许多区块链应用都利用了防篡改和可追溯的特点,使区块链技术广泛用于物品追溯等应用。

"防篡改"是指一旦交易在全网得到验证并被添加到区块链中,就很难被修改或删除。区块链有检查和平衡机制,使改变历史极其困难,甚至不可能,而且篡改的企图很容易被发现。一方面,目前联盟链使用的 PBFT 等共识算法旨在确保交易一旦写入就无法被篡改;另一方面,使用 PoW 作为共识算法的区块链系统极难被篡改,而且成本高昂。要篡改这样的系统,攻击者需要控制系统 51% 以上的计算能力,一旦攻击发生,区块链网络最终会接受攻击者的计算结果,但攻击过程仍会被整个网络见证。系统失去了价值,攻击者也无法收回购买算法时投入的大量资金,所以一个理性的人是不会进行这种攻击的。需要注意的是,防篡改并不意味着不允许对区块链系统上记录的内容进行编辑,而是将整个编辑过程以类似于日志的形式完整地记录下来,并且这个日志不能被修改。这个日志不能被修改。

可追溯是指在区块链上发生的任何交易都被完整地记录下来,我们可以追踪与区块链上某一状态相关的整个交易历史。防篡改功能确保写入区块链的交易难以被篡改,这保证了可追溯的特点。如果任何在区块链中被加密的数据被未经授权的用户访问,网络可以立即发现并采取行动保护它。每一笔新的交易都必须经过分布在网络上的所有账本的验证,这些账本基本上充当了自动证人,证明交易是按照规定完成的。这意味着用户不需要对所有交易进行物理验证。账本的数字副本会自动完成这一工作。由于需要这么多相同账本的副本来验证和批准任何交易或更新,区块链消除了用户之间对另一方是否履行其交易的任何怀疑。

(三)隐私安全保障

区块链的去中心化特性决定了区块链的"去信任"特性:由于区块链系统中的任何节点都包含完整的区块验证逻辑,没有任何节点需要依赖其他节点来完成区块链中交易的确认过程,也就是说,不需要对其他节点进行额外的信任。这种"去信任"的特点使得节点之间不需要互相透露身份,因为没有节点需要根据另一个节点的身份来确定交易的有效性,这为区块链系统保护用户隐私提供了前提条件。

区块链使用密码学和数字签名来验证身份、所有权,并执行读写权限。区块链系统中的用户通常使用公私钥系统中的私钥作为唯一身份,用户只要拥有私钥就可以参与区块链上的各种交易,谁持有私钥并不是区块链关注的问题,区块链不会记录这种匹配的对应关系。这就保护了用户的隐私。

快速发展的密码学提供了更多的方法来保护区块链中的用户隐私。同态加密和零知识证明等前沿技术允许链上的数据以加密的形式存在,这样无关的用户就不能从密码文本中读取有用的信息,而交易相关的用户可以在设定的权限内读取有效数据,这为用户隐私提供了更深层次的保护。

(四) 系统高可靠

区块链系统的高可靠性主要体现在：①分布式存储。区块链系统采用分布式存储技术，将数据分散存储在多个节点上，避免了单点故障的风险。即使某个节点出现故障或被攻击，其他节点仍然可以继续运行和存储数据，确保系统的稳定性和可用性。②共识机制。区块链系统通过共识机制来保证数据的一致性和可信性。共识机制是一种协议，通过多个节点达成一致，验证和确认交易的有效性，并将其写入区块链。常见的共识机制包括工作量证明（PoW）、权益证明（PoS）等。这些机制确保了区块链系统的可靠性和安全性。③不可篡改性。区块链系统中的数据是以区块的形式链接在一起的，每个区块都包含了前一个区块的哈希值。这种链式结构使得数据无法被篡改。一旦数据被写入区块链，就无法被修改或删除，确保了数据的可信度和完整性。④去中心化。区块链系统是一个去中心化的网络，没有中心化的控制机构。每个节点都有完整的数据副本和参与决策的权利。这种去中心化的结构使得区块链系统更加稳健和可靠，不容易受到单点故障或攻击的影响。⑤安全性。区块链系统采用密码学技术来保护数据的安全性。每个交易都经过数字签名验证，确保只有拥有私钥的人才能对数据进行操作。同时，区块链系统的分布式存储和共识机制也增加了攻击者改变数据的难度，提高了系统的安全性。

严格来说，区块链系统的可靠性也不是绝对的，只有在满足其错误模型要求的条件下才能得到保证。但是，由于区块链系统的参与节点数量通常较多，其错误模型要求完全可以得到满足，所以我们一般认为区块链系统是高度可靠的。

二、区块链的分类

区块链是去中心化的分布式账本数据库，分布式账本的好处就是买家和卖家可直接交易，不需要任何中介，人人都有备份，哪怕你这份丢失了，也不受影响。根据网络范围及参与节点的特性，区块链可以分为公有链、联盟链、私有链三类；根据独立技术与否，区块链可以分为主链和侧链；根据原创技术与否，区块链可以分为原链和分叉链；根据层级关系，区块链可以分为母链和子链。

(一) 根据网络范围及参与节点的特性分类

1. 公有链

公有链是一个完全去中心化的、不受任何机构控制的区块链。世界上任何个人或团体都可以发送交易，而交易可以得到区块链的有效确认，任何人都可以参与其共识过程。公有链系统是最开放的，每个人都可以参与区块链数据的维护和读取，很容易部署应用，而且是完全去中心化的，不受任何机构控制。与现实做个类比，公共区块链可以像我们生活的大自然或宇宙一样，每个人都在其中，没有或没有发现任何主导的中心力量。目前很多人在讨论区块链概念时，其实指的是公共区块链。例如，有些人把区块链理解为公共数据库，而很显然，联盟链和私有链不是公共数据库。

公有链中的"公有"意味着任何人都可以参与区块链数据的维护和读取,不受任何单一中央机构的控制,数据是完全公开、透明的。比特币开创了去中心化加密数字货币的先河,并充分验证了区块链技术的可行性和安全性。比特币本质上是一个分布式账本加一套记账协议,但比特币的不足之处在于,在比特币系统中只能使用一个符号,而且很难扩展用户定义的信息结构来表达更多信息,如资产、身份、股权等,这就导致了比特币的可扩展性不足。

公有链系统完全不受中央机构的管理,依靠事先约定的规则来运行,并通过这些规则在不可信的网络环境中建立一个可信的网络系统。一般来说,需要公众参与和最大限度地数据开放和透明的系统适合公有链,如数字货币系统和众筹系统。在公有链环境中,节点的数量是不确定的,而节点的实际身份也是未知的,无论是否在线都无法控制,甚至可能被蓄意破坏者控制。在这种情况下,我们如何保证系统的可靠性和可信度?实际上,在大多数公有链环境中,最终的一致性主要是通过共识算法、激励或惩罚机制,以及对等网络的数据同步来保证的。

2. 联盟链

联盟链是指在一个组内指定多个预选节点作为记账人,每个区块的生成由所有预选节点共同决定。其他访问节点可以参与交易,但不询问记账过程,其他任何人都可以通过该区块链的开放 API 进行有限的查询。最典型的例子是 R3 联盟和原始链。联盟链通常建立在身份已知的多个组织之间,如多家银行之间的支付结算、多家企业之间的物流供应链管理、政府部门之间的数据共享等。因此,联盟链系统一般需要严格的身份认证和权限管理,节点的数量也是在一定时间内确定的,适合处理需要组织间达成共识的业务。

3. 私有链

私有链是公司或实体内部的分布式记账系统,仅限于个人或公司使用,典型的是 Multichain,这是最封闭的系统,仅限于公司、国家机构或个人使用。与现实世界的类别相比,私人链就像私人住宅,一般供个人使用,擅入是违法的,闯入私人链就像黑进数据库。

(二) 根据独立技术分类

1. 主链

主链是正式上线的、独立的区块链网络,就像一个能够独立自主的小王国,比特币(BTC)、以太坊(ETH)都属于主链。

2. 侧链

侧链并不是指某个特定的区块链,而是指所有遵循侧链协议的区块链的统称。侧链旨在成为一个双向的锚,允许加密货币在主链和侧链之间转移。值得注意的是,侧链本身也可以理解为主链。如果一条主链符合侧链协议,它也可以被称为侧链。Mixin Network 就是一个典型的侧链的例子。主链和侧链之间的关系相当于主城和卫星城的关系,各自作为一个城市系统独立运作,但相互之间可以互通有无。

(三) 根据原创技术分类

1. 原链

原链是指原创的区块链,单独设计出整套区块链规则算法,能独立运行的区块链项目。这种区块链对技术的要求非常高。原链具有原创性,因为是单独设计的区块链项目,所以具有独立的数据结构,代币分发创新的机制等。某领域出现的第一条区块链项目,具有创世性的特点,也可以称为原链。原链只是一个对原始创建的区块链的统称,对于现在在各领域探索的原创性的区块链项目都可以是原链,比较常见的应用有确立区块链及其行业地位的 BTC、改变发币模式开创 ICO 先河的 ETH 等。BTC、ETC 都属于原链。

2. 分叉链

分叉链是指从原链上分叉出来独立运行的主链,如 BCH 分叉为 BTC,ETH 分叉为 ETC。区块链分叉是由区块链系统的升级引起的。每次升级都可能伴随着区块链共识规则的改变,这将导致整个网络中已升级系统的节点与未升级系统的节点在不同的规则下运行,于是分叉就产生了。例如,当一个应用程序的新版本出来时,有些人会选择升级,有些人会选择不升级,而这两个版本可以被同时使用。在区块链中,区块由矿工开采并与主链相连。一般来说,同一时间只产生一个区块,如果出现两个区块同时产生的情况,那么整个网络中就会出现两个长度相同、区块中交易信息相同但矿工签名不同或交易排序不同的区块链,这样的情况被称为分叉。

(四) 根据层级关系分类

1. 母链

母链是万链之母,能生链的链就称为母链,是区块链底层的底层了。母链是整个商业生态的代表,母链上产生子链,是和侧链很相似的子链,而不是说区块链技术中涉及的分叉。母链只记录与创建子链相关的数据结构,也可以说只记录一部分子链运行结果的数据,这样使母链本身保持健康灵活、不臃肿,这种架构设计有利于子链对物联网多应用场景的灵活匹配。母链可定制区块链的基础设施,可以是一个区块链可以发展成生态的项目,如本体、NULS、Mixin Network 等。

2. 子链

构建在底层母链基础上的区块链,链上之链,即为子链。子链是在主链的平台上派生出来的具有其他功能的区块链。这些子链不能单独存在,必须通过主链提供的基础设施才能运行,并且免费获得主链的全部用户。一个简单的例子是以太坊上面的 ERC-20 合约。这个合约可以被看成一个逻辑子链,但是这个子链的共识方式与主链一致。

总之,区块链是保证数字货币安全使用的一种技术,主要是因为区块链技术具有加密性及不可篡改性两大特点,能够将数字货币在使用过程中出现差错的概率降低到 0,另外区块链是新型的数据管理和运算模式,也是当下被使用者认可的记账模式,且记账功能强大,由节点构成交易和记录,储存能力强大,区块链的支撑也保证了交易过程的所有信息都是公正、透明、不可篡改的。

第三节 元宇宙中的区块链

自 Facebook 于 2021 年 10 月正式更名为 Meta 以来,元宇宙已经成为社交网络和三维虚拟世界的新常态。元宇宙旨在通过利用许多相关技术为用户带来 3D 沉浸式和个性化体验。元宇宙已受到很多关注,其中最让人关注的问题是如何保护用户的数字内容和数据。在这方面,区块链是一个很有前途的解决方案,因为它具有明显的去中心化、不变性和透明度。

说到元宇宙,我们脑海中可能会浮现出各种令人眼花缭乱的体验或有趣的游戏。然而,与我们密切相关的场景只是一个平行的世界,经济生态是元宇宙发展的必然结果。此外,数字资产是区块链提供的核心功能[3]。元宇宙是数字进化的下一个阶段,它可以彻底改变数字使用到一个惊人的水平,并将服务领域扩展到具有在线访问的标准系统之外。在过去的几十年里,数字化服务已经成为提高商业、娱乐、教育或任何其他系统效率的趋势,这些系统可以与在线访问相结合。通过在远程数据中心和云平台提供数字系统和在线存储或处理设施,这些服务和系统得到最大限度地改进。随着服务访问的效率、性能和质量达到其最高潜力,视角已经转向消费者体验。因此,对具有更多互动性的服务体验的需求不断增加,服务供应商热衷于将现有的标准提升到更高的水平。事实上,消费者正在要求他们的数字页面具有触觉和沉浸式的能力,而这些特性只有在虚拟现实(VR)、增强现实(AR)、混合现实(MR)和扩展现实(XR)等新兴技术的支持下才有可能实现。

虽然元宇宙是作为未来数字发展的重点领域而产生的,但仍存在着挑战和实际的问题。最关键的问题是缺乏一个可维护的数字基础设施,以提供有保障的服务和应用程序,并具有属性化的处理和网络工作能力。即使存在这样的基础设施,提供所设想的规格所需的接入技术也只有在新兴的5G移动技术中才可行,该技术仍处于试验阶段,尚未在全球部署。在启动元宇宙之前,必须理解并标准化虚拟世界和物理世界之间的兼容性和相互操作性。很明显,即使元宇宙引擎具有强大的处理能力,考虑到其在社交媒体主干网中的潜力和可扩展性,资源也可能不足以满足需求。因此,必须采用最佳的处理和操作策略,以降低处理、存储、网络和财务等方面的成本。

随着比特币加密货币的推出,区块链因其形成共享经济的独特能力而声名鹊起,并为现有数字货币市场奠定了基础。区块链被认为是安全和隐私保护的突破性技术。简单地说,区块链是一个分类账,用于存储承诺的交易,以便于在商业网络中跟踪和保护数字资产。这些事务或记录以块的形式存储,使用加密措施或哈希机制链接在一起,精确地说,确保了账本的不变性,甚至在不安全的环境中也能实现安全共享。区块链最显著的特点是,它能够在没有集中授权的情况下对分散的分类账内容进行操作。由于区块链采用工作证明作为共识机制,该方法本身认为它更安全,更适合电子商务平台。在元宇宙的背景下,区块链是旨在将责任落实到数字生态系统中的相关推动者。区块链的需求迫在眉睫,保护元宇宙所有用户拥有的数字内容是其首要目的。元宇宙生态系统依赖区块链来核算其内容和交易,以确保用户信息的完整性、隐私和声誉。

一、区块链在元宇宙中的角色

由于区块链技术可以维持元宇宙的平稳经济运行,区块链技术成为了元宇宙的灵魂。在元宇宙中,区块链集成背后的动机有以下几点。

(一) 确保数据隐私和安全

元宇宙会收集大量敏感信息,以便为用户提供尽可能丰富的体验。组织或应用程序需要这些数据来成功开发目标系统。如果信息泄露到错误的人手中,他们也可能将目标对准现实世界中的用户。区块链及其身份验证、访问控制和共识机制为用户提供了对其数据的完全控制,从而保护了用户的数据隐私。区块链使用非对称密钥加密和哈希函数,确保元宇宙中数据的安全。

(二) 确保数据质量

元宇宙从医疗保健到娱乐等多个应用程序接收数据。元宇宙中的人工智能模型依赖于这些数据为其利益相关者做出关键决策。元宇宙中对象的创建高度依赖于用户从真实世界共享的数据质量。区块链提供交易的完整审计跟踪,允许个人和组织验证所有交易。这将提高元宇宙中的数据质量。

(三) 实现无缝衔接和安全的数据共享

元宇宙依赖 AR 和 VR 设备,从而形成一个更加互联和沉浸式的世界。它的真正好处在于它与 AR 在数字和物理对象上的集成。元宇宙的成功取决于 AR 和 VR 数据的无缝共享,这使得开发新的高级应用程序能够帮助解决现实世界中的问题。区块链的高级编码信息系统使元宇宙的数据无缝共享且安全。

(四) 实现数据互操作性

在元宇宙中,利益相关者需要访问和持有不同虚拟世界中的资产,并使用各种应用程序。由于构建虚拟世界的环境不同,切换这些虚拟世界的数据互操作能力受到限制。可以使用跨链协议在位于不同虚拟世界中的两个或多个区块链上交换数据。由于区块链的互操作性,用户可以更轻松地在这些虚拟世界之间迁移。

(五) 确保数据完整性

元宇宙的数据必须准确地维持完整性和一致性[4]。如果数据的完整性受到损害,受众可能会对元宇宙失去信心。元宇宙数据作为副本保存在整个链的每个块中,由于区块链具有不变性,未经大多数参与者的同意无法修改或删除数据,这种机制确保了元宇宙的数据完整性。

二、元宇宙的区块链:技术角度

(一) 数据采集

数据采集是元宇宙生态系统中的一个重要步骤。例如,当用户付款时,会被获取用户的一些敏感数据,如银行卡/信用卡详细信息等。此外,一些必须在元宇宙中获取敏感数据的情况,如用户的生物度量姿势/手势等,可以通过创建数字化身来解决。数据采集有助于训练 AI/ML 算法，这些算法有助于元宇宙中的决策制定、数字产品开发、推荐系统开发和营销。元宇宙中的数据采集将帮助应用程序创建更好的洞察力，能够随时间变化适应新情况。元宇宙将成为一个数字市场，人们可以使用如图 5-1 所示的各种设备进行数字购买、销售、播放、交谈和工作，因此，将生成大量的异构数据。

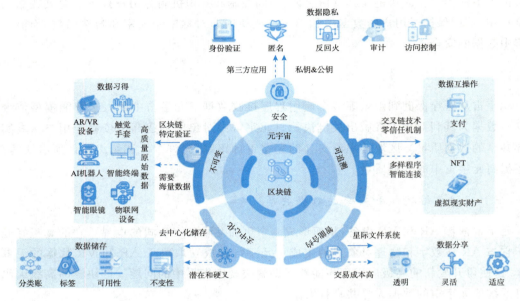

图 5-1　区块链在元宇宙中的技术方面的应用[11]

元宇宙中可以使用的一些数据采集方法如下。Web 表单将是元宇宙中收集用户信息的数据收集工具之一。客户端可以在被授予访问元宇宙功能之前，使用 Web 表单快速、轻松地填写信息。机器人可以从用户那里获取其个人信息和所需的身份验证元素，如身份证号、护照号、银行卡号。元宇宙中的高清摄像头有助于收集有关用户的物理属性信息。用户的物理属性用于在虚拟世界中构建用户的数字表达。客户将受益于 AR/VR 等小工具的使用来探索元宇宙，而这些小工具将用于收集有关用户行为的信息。

通过采用区块链技术，元宇宙中的真实数据的获取将更容易用于社交网络等应用程序。区块链中的分布式账本将允许验证交易记录并跟踪元宇宙中的数据。因此，数据采集可以抵御攻击，因为账本中的大多数节点必须批准对元宇宙中任何数据的更改。元宇宙中获取的所有数据都要经过由共识机制支持的区块链特定验证程序，每个活动都记录为一个事务，每个块都包含前一个块的加密哈希，以及时间戳和元数据[5]。因此，在一个块中，如果不改变其他块，就不能改变数据，且从任何块获得的数据都具有抗篡改能力，创建重复块的机会几乎为零，这种机制确保了数据采集过程中没有重复。由于区块链中的每个区块都经过授权，因此通过元宇宙中启用区块链的采集系统采集的数据将是非常可靠的。

（二）数据存储

元宇宙将是一个由人类统治的、与物理世界共存的数字领域。元宇宙将包括体验、地点和可通过互联网访问的内容，这需要大量的数据存储。每个进入元宇宙的人都会创建一个数据文件,数据会随着社交互动的结果而不断增长。一旦元宇宙构建和实现,将生成大量数据,这对现实世界处理这些信息的能力造成了巨大的压力。所以,数据存储必须是首要任务。随着越来越多的人加入数字世界,大量数据文件被创建,一旦元宇宙全面运行,物理世界的数据存储容量将被推到极限,此时,数据存储将是一个重大挑战。如果元宇宙依赖中央存储系统,则将会存在数据泄露、篡改或丢失的风险。

那么在这个环节上,区块链是怎么帮上忙的呢?

根据区块链的特点,每一笔交易都会创建一个新的块,从而使元宇宙的存储数据不可被篡改。因此,数据被保存为整个链中原始块的副本,提高了元宇宙中的数据的可靠性和透明度。区块链技术的使用将导致大量区块有助于数据分发,从而提高元宇宙中重要监控和生命支持警报等应用程序的数据可用性。区块链技术的分散性使元宇宙中的数据科学家能够协作并致力于数据清理,这将大大减少与标记数据和准备数据集进行分析相关的时间和成本。

(三) 数据共享

数据共享可以以多种方式使元宇宙涉众的各种规格受益。当人和应用程序共享相同的平台时,他们可以更有效地协作,如图5-1所示。从科学家到公众,每个人都将从元宇宙的数据交换中受益。从AR/VR和物联网设备收集的数据将用于创建个性化系统,该系统可根据用户的操作进行定制,这将使各种各样的应用程序能够提供更积极的用户体验。共享数据将有助于了解客户、评估广告、个性化内容、制定内容策略,并在元宇宙中构建产品[6]。而在传输数据的过程中,可能会发生的数据延迟、泄露等问题,区块链是这样解决的:区块链技术可以使加密交换、教育等其他应用程序中的交易在元宇宙中更加透明和精确。管理和财务等应用程序将生成所有交易的分散、不变的记录,并且允许利益相关者查看这些记录。因此,元宇宙的利益相关者将受益于更高的数据透明度。区块链将使应用程序及其用户能够了解第三方应用程序如何管理数据,并可以消除灰色市场交易,从而提高用户信心。此外,数据所有者将完全控制信息。数据审计还可以受益于分布式账本技术。因此,区块链减少了验证数据所花费的时间和金钱。智能合约将提高数据共享的灵活性。它们通常用于自动执行协议,以便所有参与者都可以立即确定结果,而无须中间人参与或浪费时间。

区块链技术的使用将提高元宇宙数据的灵活性和适应性。区块链必须沿链复制数据副本,从而在传输信息时造成更大的延迟。随着元宇宙中人数的增加,区块的数量也必须增加,这就需要使用大量的计算资源。因此,在验证共享交易时,将向用户收取更高的交易成本。为了可以更加有效地共享元宇宙中的数据,这一点将是未来一代区块链必须解决的问题。

(四) 数据互操作

互操作性将是元宇宙背后的主要驱动力。金融、教育和医疗保健等多种应用程序将能够在元宇宙中通信和交换信息。元宇宙将逐步创建虚拟桥梁,以允许用户保留他们的化身和财产,同时轻松地在虚拟世界之间传输。颁发可以跨虚拟世界边界使用的身份唯一凭据,这些凭据可能与我们的实际身份证号码、护照号码或其他身份号码保持一致。元宇宙将通过众多数字领域的融合创造出来,而目前可用的传统集中式数字平台是脱节和无组织的。个人必须建立自己的账户、化身、硬件和支付基础设施,才能参与不同的领域。用户将其数字财产(如 NFT 和替身)转移到另一个数字环境的选项受到限制。但由于缺乏开放性,很难在虚拟世界中重新定位。这将取决于虚拟世界之间的互联。无论它们位于何处或使用何种技术,数字世界应用程序都应该能够彼此自由地交流信息。元宇宙互操作性取决于以适当方式管理虚拟世界之间交互的能力,这是传统方法的一个严重限制。

(五)数据隐私保护

Web 2.0 是集中式的,引起了人们对数据隐私的担忧。随着元宇宙互联网(也称为 Web 3.0)的范围和复杂性的增长,元宇宙将缩小现实世界和虚拟世界之间的界限。Web 2.0 对个人隐私保护的担忧尚待解决。在即将推出的 Web 3.0 中,数据隐私问题将变得更加复杂。元宇宙中生成的数据量将大幅增加,因此,应用程序的安全步骤不足将提高数据泄露的可能性。当涉及保护个人数据的机密性时,隐私保护是一个主要问题。

元宇宙生态系统在初始阶段将会很难顺利适应环境,攻击者可以欺骗用户并窃取敏感信息。如果部署了类似淘宝的人工智能,用户将不知道他们在与谁打交道,并且用户可能会认为他们正在与真实的人交互,从而导致他们被欺骗。个人可识别信息在保护机密性方面令人担忧,在元宇宙中集成有效性信息将同时增加管理大量数据的难度。

区块链技术使元宇宙用户能够通过使用私钥和公钥来控制其数据,从而有效地授予他们数据的所有权。在启用区块链的元宇宙中,不允许第三方中介滥用或从其他方获取数据。如果个人数据保存在元宇宙启用的区块链上,数据所有者将能够规范第三方何时以及如何访问其信息。在区块链账本中,审计跟踪是一项标准,确保元宇宙中的交易完整且一致。

区块链技术的采用可以帮助用户保护其数据的隐私,但是,一个单一的人为错误,如丢失私钥,将很有可能危及区块链技术的安全性和元宇宙中数据的隐私。在元宇宙中,攻击者很容易以第三方应用程序为目标,因为他们往往利用不充分的安全机制,导致个人信息泄露。对于如何在元宇宙中使用区块链以确保用户数据隐私,仍有很大的研究空间。

三、区块链对元宇宙中关键技术的影响

(一)数字孪生

数字孪生(digital twin)是指通过数字化技术将现实世界中的实体、系统或过程与其在数字环境中的虚拟表示相连接的概念。它是物理实体的数字副本,包括其属性、状态、行为和环境。数字孪生通过收集、分析和模拟实体的数据,可以实时监测、预测和优化其性能。因此,任何与用户需求相关的东西都可以成为使用数字孪生的生态系统的一个组成部分。双向物联网连接使用户能够将其首选模型带入生活,同时使其与实际世界保持同步。除非一开始就在物理世界和数字世界之间建立了联系,否则元宇宙的应用程序将无法正常工作。数字孪生对理解元宇宙环境将如何演变及预测未来非常重要。使用数字孪生,可以预

测硬件何时需要维修,或者在用户到达元宇宙之前估计他们的需求。

元宇宙中的数字孪生模型将使用从多个遥感器获得的信息进行开发。数字双模型精度受用于创建模型的数据质量的影响。换言之,信息来源提供的数据必须真实,质量符合标准。不同虚拟世界中的数字孪生之间的协作应该是可能的。数字孪生需要与从医疗保健到金融市场的其他数字孪生进行互动和连接。虚拟世界在不断变化,元宇宙中的数字孪生应该检测并响应这些变化。数字孪生能够识别和修复错误,从而实现更准确和一致的通信。当各种设备和传感器结合在一起,利用实时数据开发出数字孪生模型时,如何确保数据安全不受僵尸网络和其他恶意软件的影响是将来需要面对的挑战[7]。

区块链加密功能和历史数据透明度使数字孪生能够抵御攻击,并在不同的虚拟空间里安全地共享数据。数据可以通过智能分布式账本在虚拟世界中的数字孪生之间共享。真实世界的对象将存储在区块链上,并使用图 5-2 所示的智能分布式账本同步到元宇宙中的数字孪生。此外,在区块链上部署数字孪生将有助于解决与隐私和数据安全相关的问题。通过将区块链与 AI 合并,跟踪传感器数据并在元宇宙中生成高质量的数字孪生将是可行的。元宇宙中的每一个数字孪生操作都将被记录为区块链上的一个交易,这是不可变的,需要共识才能改变。

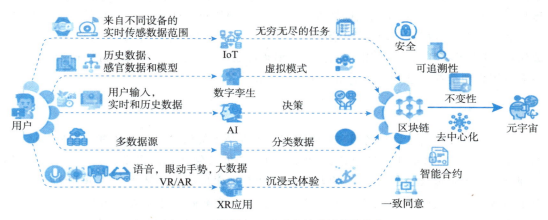

图 5-2　区块链用于元宇宙的关键使能技术

将区块链技术纳入数字孪生使元宇宙利益相关者能够高效管理共享分布式账本上的数据,同时解决数据信任、完整性和安全问题。标准化、隐私和可扩展性都是区块链要在元宇宙的数字孪生应用程序中成功实施必须解决的问题。区块链、XAI(可解释人工智能)和联合学习方法的结合将提高元宇宙中数字孪生的质量。

(二) 人工智能

人工智能是元宇宙建立和发展的最重要的赋能技术之一,有助于它充分发挥元宇宙的潜力。基于原始图像或 3D 扫描,人工智能模型将自动分析用户图像,并创建一个非常逼真的模拟再现,称为替身(avatar)[8]。在元宇宙中,替身的表征属性和特征会影响用户体验的整体质量。具体而言,AI 可以为化身绘制各种面部表情、情感、时尚、与衰老相关的特征等,使其更具动态性。作为重要人工智能培训的结果,元宇宙将面向世界各地的个人,无论他们的语言能力如何。如果不使用人工智能,让元宇宙体验既有趣又真实的同时还畅销,将是一项巨大的挑战。就科学技术而言,元宇宙代表了一个新的前沿,在那里建立人工智能将是一项艰巨的任务。在元宇宙中将会很难追踪人工智能材料的所有权。用户无法知道他们是在与真人交互还是与计算机生成的替身交互,如图 5-2 所示。用户可能利用人工智能技术参与元宇宙交互,并非法利用资源,例如,通过利用人工智能代码赢得游戏或从其他用户那里窃取资源。人工智能也可能会犯错误,从而导致人们对元宇宙失去信心。此外,在元宇宙中的各种 AI 应用程序中使用类似类型的区块链也是一个障碍。

区块链技术提供的加密便利了元宇宙用户对其数据的完全控制,使 AI 同意的所有权转移给另一方变得简单。通过使用零知识证明,用户可以说服应用程序和其他人,关于他们的特定信息是准确的,而无须向应用程序自己披露这些信息,这就提供了使用数据进行人工智能模型训练的权利。作为一项常见功能,区块链账本提供审计跟踪,可用于检查元宇宙中发生的所有交易的责任。零知识证据系统使个人能够识别元宇宙中的关键事实,同时保护其隐私并保留其资源的所有权,免受深度伪造。这将阻止人工智能开发元宇宙中的资源。人工智能和区块链的结合将保护人工智能驱动的系统必须获取、存储和使用的高度敏感数据。由于这种方法,元宇宙中从粗到细的敏感数据和信息得到了更好的保护。公共区块链是安全的,具有真实的数据处理,但收集的数据对元宇宙中的所有利益相关者开放。这可能是一个令人担忧的问题,也会损害元宇宙中的人工智能模型。如果没有区块链标准或法规,攻击者将利用人工智能的弱点[9]。值得注意的是,有必要引入跨链转换器,使人工智能应用程序能够熟悉构建在不同区块链上的元宇宙。

(三)多感官 XR 应用

元宇宙通过使用全息临场感和增强现实应用等技术提供身临其境和真实世界的体验,如图 5-2 所示。这些应用包括音频、视频、认知和其他组件。它们提供了元宇宙中虚拟和物理对象的实时表示。XR 应用将利用传感器结合现实世界的物体来创造更真实的体验。由于这些进步,全息临场感和多感官 XR 应用使用户能够同时体验真实世界和虚拟世界。像 VR、AR 和全息远程呈现这样的 XR 技术是元宇宙中的关键实现技术。然而,它们也可能引起个人和社会的关注。利用从这些技术中获得的信息,这些公司将能够开发一个推荐系统。元宇宙中这些推荐系统的质量可能会受到从各种来源收集的行为数据的影响。这种技术需要大量的数据存储,元宇宙中的用户必须随时可以访问这些数据。AR/VR 设备收集的生物特征信息等敏感数据可以用于识别用户,并推断虚拟世界中有关用户的其他信息。元宇宙必须保证用户此类敏感信息的隐私。这些小工具在虚拟世界之间交换或传输大量数据。当各种利益相关者和第三方参与数据共享过程时,元宇宙必须实现数据透明度。在元宇宙中,基于区块链的分布式账本可以验证全息临场感和其他 XR 应用程序记录,并跟踪错误数据的来源。这将有助于建立更准确的推荐系统。全息临场感和其他 XR 应用将发现,通过区块链的零信任机制和跨链技术,更容易在虚拟世界之间安全地共享数据。对于 XR 应用和全息临场感,区块链提供的星际文件系统确保了数据完整性。由于共识机制,这些设备收集并保存在区块链上的数据将是不可变的。区块链通过使数字资产的验证和所有权转移透明化,确保 AR/VR 利益相关者之间的信任[10]。

多感官 XR 应用程序与全息临场感和区块链技术相结合,有助于将数字经济整合到统一平台中,在该平台中,可以高效、明确地管理元宇宙中的资产和支付。在可预见的未来,虚拟现实/增强现实技术将无法覆盖全球的智能手机或计算机。区块链的一个担忧和问题是使用增强的人工智能深度伪造,这必须由新兴的区块链平台来解决。物联网设备、数字孪生和 XR 应用程序将在元宇宙中生成大数据。区块链将帮助这些技术在元宇宙中获得高质量、安全的真实数据。区块链将通过区块链提供的不变性和透明性,以安全的方式存储和处理元宇宙中的大数据。物联网、数字孪生和 XR 等使能技术将在区块链提供的更高数据透明度和适应性方面受益匪浅。由于区块链的零信任和跨链机制,NFT 和房地产或使用元宇宙中的数字孪生体生产的数字资产将具有互操作性。由于区块链提供的匿名性、审计、认证、防篡改和访问控制,支持元宇宙的技术将受益于高度的数据隐私。

本章全面调查和分析了区块链在元宇宙应用程序和服务的建立和发展过程中的作用和影响。区块链和元宇宙的基本概念在本章开始时进行了概述,以及区块链在元宇宙的基础和发展中的作用。在后期,除了深入的挑战分析和适用性讨论之外,还对元宇宙中区块链的几个突出技术方面和用例进行了详尽的调查。最后,为元宇宙提供了区块链的一些技术改进,这反过来增强了虚拟世界中潜在应用程序和服务的性能和实用性。除得出结论外,我们还概述了一些未来的研究方向。基于对元宇宙区块链在技术和用例方面的系统调查,区块链显示出巨大潜力,可以通过虚拟世界中构建的各种应用程序和服务,彻底改变沉浸式体验。所有当前区块链版本的许多技术和应用方面都吸引了更多的研究活动,包括共识算法、网络管理和区块链互操作性。

一、名词解释

元宇宙　分类账　AR/VR/XR/MR　去中心化　智能合约

二、简答题

1. 区块链可以分为哪些类型?各有什么特点?
2. 元宇宙的发展经历了哪些阶段?
3. 区块链在元宇宙中有哪些实际运用?
4. 目前区块链在元宇宙的应用中有哪些难点?
5. 论述为何区块链加速发展了元宇宙。

主要参考文献

[1] NAKAMOTO S. Bitcoin:A peer-to-peer electronic cash system[EB/OL].[2023-04-04]. https://bitcoin.org/bitcoin.pdf,2008.

[2] BOLGER K R. Finding wholes in the metaverse: posthuman mystics as agents of evolutionary contextualization[J].Religions,2021,12(9):1-15.

[3] BOURI E,SAEED T,XUAN V V,et al. Quantile connectedness in the cryptocurrency market[J]. Journal of International Financial Markets Institutions and Money,2021,71(4):101302.

[4] BISOGNI C,IOVANE G,LANDI R E,et al. ECB2:A novel encryption scheme using face biometrics for signing blockchain transactions[J]. Journal of Information Security and Applications,2021,59(1):102814.

[5] 陈永伟,程华.元宇宙经济:与现实经济的比较[J].财经问题研究,2022(5):3-16.

[6] 范燕莹,李美霖.出版人如何在元宇宙赛道跑出加速度[N].中国新闻出版广电报,2022-08-15(008).

[7] 荀尤钊,吕琳媛.元宇宙价值链与产业政策研究[J].财经问题研究,2022(7):48-56.

[8] 郭上铜,王瑞锦,张凤荔.区块链技术原理与应用综述[J].计算机科学,2021(2):271-281.

[9] 胡櫆泽,向永胜,潘佳妮.元宇宙产业区块链与数字经济创新研究[J].商业经济,2022(6):36-38.

[10] 李佩珍.加快元宇宙产业发展布局初探:基于投资金融视角[J].西部金融,2022(5):28-33.

[11] 任可,杨道玲.元宇宙相关产业现状与潜在风险研究[J].中国经贸导刊,2022(4):62-65.

第六章 人工智能

　　人工智能是实现虚实融合的桥梁,也是元宇宙技术底层的重要组成部分。人工智能从大数据分析、人机交互、内容生成、智能决策等多方面支撑元宇宙生态的构建。在元宇宙时代,随着信息量的剧增,人工智能技术将以往依靠海量人力才能完成的工作用算法替代,实现元宇宙的智能化、自动化,使人从数据处理者转变为数据生产者和消费者,提高元宇宙信息处理效率。

　　本章从人工智能的概述、理论和应用三个层面展开,展示人工智能技术的巨大价值和广阔前景。元宇宙的快速发展离不开人工智能的进步,而元宇宙新的探索也为人工智能提供了全新的视角和应用场景。

第一节　人工智能概论

一、人工智能发展历程

　　人工智能是由计算机科学、信息论、控制论、神经生理学、语言学、数学等多个学科交叉融合发展起来的前沿学科,其高速发展对人类社会的进步产生了深远的影响。人工智能历经几十年的发展,其历程并非一帆风顺,随着计算机算力、算法、算据等要素的进步,人工智能正在不断改变人类生活的不同方面。人工智能的发展历程按成熟程度可以划分为萌芽阶段、发展阶段和成熟阶段。

(一)萌芽阶段

　　当科幻作家艾萨克·阿西莫夫在1942年写下他的永恒之作《我,机器人》时,他可能没有想到这部作品在80年后会成为现代人工智能伦理中定义人类与机器人互动法则以及现代人工智能伦理学的主要来源。虽然大众常认为阿西莫夫的这篇小说是人工智能机器思想的萌芽地,但麦卡洛克和皮茨在1943年发表的文章《神经活动中内在的思想的逻辑演算》才是人类真正向人工智能迈出的第一步。他们在论文中提出了一种能够抽象地描述大脑功能方法的功能模型,这个模型的灵感来自于大脑神经元的基本生理学和功能,表明基本上任何可计算的功能都可以被建模为由这些神经元组成的连接网络。1949年,唐纳德·赫伯提出了一个简单的学习规则来调整神经元的连接强度,并提出了新的学习方法,即

"Hebbian"学习,被认为是神经网络学习的启蒙模式。一年后,在1950年的夏天,两位哈佛大学的本科生马文·明斯基和迪安·埃德蒙兹建造了第一台模拟神经网机,它是基于40个互联网的网络,被称为随机神经模拟强化计算器(SNARC)。同年,被后世称为人工智能之父的英国数学家阿兰·图灵发表了一篇名为"计算机与智能"的论文,其中他提出了一个测试方法,即用工具来测试和确定人和机器执行的任务之间的区别,这个测试被称为"图灵测试",它由一系列需要计算机回答的问题组成。如果一台计算机可以让人类无法分辨问题的答案是来自人还是计算机,那么计算机就可以通过该测试。1956年在达特茅斯学院举行的研讨会上,约翰·麦卡锡正式提出了"人工智能"一词,并将其描述为"能够制造智能机器的科学和工程"。这次会议被称为"人工智能的发源地",它首次激发了该领域的活力,1956年的夏天也被称为"人工智能的第一个夏天"。

(二)发展阶段

在"人工智能"这个词被创造出来之前就有许多可被认定为人工智能的作品,包括被誉为"机器学习之父"的亚瑟·塞缪尔所开发的两个棋盘游戏。他的跳棋程序给人留下了深刻的印象,该程序也被认为是第一个基于强化学习的人工智能程序,实际上也是后来的系统(如1992年的TD-GAMMON)的先驱。1958年是人工智能发展史上十分重要的一年,在这一年约翰·麦卡锡推出了名为LIPS的人工智能专用编程语言,LISP是第一个高级人工智能编程语言,并在接下来的30年里成为普遍的人工智能编程语言。1959年,IBM的Nathaniel Rochester和Herbert Gelernter开发了一个几何学定理证明程序。他们基于人工智能的程序被称为"几何机器",并被认为是最早的人工智能程序之一,首次实现了机器能够像人类一样完成一项任务。1966年,人工智能历史上的第一个聊天机器人伊丽莎诞生了,由麻省理工学院的约瑟夫·威森鲍姆开发,伊丽莎被设计成一个虚拟的治疗师,并能够对患者进行智能随访。20世纪60年代末到20世纪80年代,由于媒体的炒作和公众的高期望,以及该领域专家对其结果的错误预测和夸大,人工智能的研究资金大幅削减,其发展也出现了重大停顿。

20世纪80年代初人工智能的发展迎来复兴,人工智能产业也因投资于该领域的大量资金而蓬勃发展。1971年,费根鲍姆创立了启发式编程项目,20世纪70年代中期,Edward Shortliffe为血液感染诊断而开发了MYCIN系统,它的诊断能力与该领域的人类专家相当,并明显优于医学实习生。1980年,福岛提出了第一个卷积神经网络架构"新认知",这项工作实际上被认为是今天的深度卷积神经网络的起源。人工智能产业从1980年的几百万美元蓬勃发展到80年代末的几十亿美元,包括数百家建立专家系统、视觉系统、机器人公司及大量软件和硬件的生产公司。20世纪90年代,微芯片制造技术的巨大进步催生了功能强大的计算机的出现,同时全球互联网的增长产生了大量的数据,大数据时代随之到来。

(三)成熟阶段

1989年,Yann LeCun重新审视了卷积神经网络,并在其训练机制中使用梯度下降法。在经过众多专业人士多年的训练提升后,最终在2012年,Hinton的团队提出了一个具有超高辨别能力的深度卷积神经网络架构AlexNet,这一事件被认为是人工智能的第三次热潮的诞生标志。从此,基于深度学习的方法不断取得卓越的成就,包括在某些任务中具有超越人类专家或与之相媲美的表现。2016年,谷歌发布AlphaGo,其围棋棋力已经超越人类顶级棋手。自2020年年初以来,人工智能技术一直在稳步提升,随着以上所有因素的到位,更好的算法已经被开发出来,计算机的运算速度以每两年翻一番的趋势快速增长。在全球范围内,人工智能正在成为对投资者有吸引力的目标,每年产生数十亿美元的利润。从2010年到2020年,每年全球对基于人工智能的初创公司的投资已经从13亿美元稳步增长到数十亿美元。在学术领域,全球每年经同行评议的人工智能文章数量增长了大约12倍。人工智能初创公司PostEra公司使用基于机器学习的方法加快冠状病毒病相关药物的开发。在如今的日常生活中,人工智能无处不在,正不断为人们的生活带来便利,如自动驾驶汽车、医疗应用等。这些进展表明,我们已正处于人工智能发展较为成熟的阶段。

二、人工智能介绍

(一)符号主义

符号主义又称为逻辑主义、心理学派或计算机学派[1]。主要代表人物有纽厄尔、西蒙和尼尔逊等。符号主义者最先在1956年首次采用"人工智能"这个术语。符号主义AI也称为基于规则的AI,其基本思想是将世界上的所有逻辑和知识转换为计算机编码。在符号主义AI中,每个问题都必须被拆分为一系列的if-else规则或其他形式的高级软件结构。符号主义在多个领域产生了大量成果,如"逻辑理论家"可以证明数十条数学定理,某些解法甚至较人类数学家提出的更为精妙;又如专家系统,对20世纪的人工智能领域繁荣起到过重要作用;知识图谱的构建也是符号主义在图数据库领域的成功应用,为大数据挖掘等场景提供了数据和技术支撑。

(二)连接主义

连接主义又称为仿生学派或生理学派,早期代表人物有霍普菲尔德、皮茨、麦克洛克等。连接主义AI体现在机器学习和深度学习中,其主要原理为神经网络及神经网络间的连接机制与学习算法。其基本思想是,AI模型应该通过统计比较和发现不同信息之间的关联来学习发展自己的行为,即不告诉模型如何找出目标对象,而是给它上千张目标对象的图像,让它自己找出发现目标对象的方法。与符号主义AI相比,属于连接主义AI的神经网络在处理非结构化数据方面要擅长得多,但它也有自己的局限。神经网络的训练依赖大量数据和算力支持,其可解释性相对较弱,使人们对其可靠性提出了一些质疑。虽然神经网络可以解决一些符号主义AI难以解决的问题,但在符号主义AI可以轻易解决的一些简单推理问题上,如高等数学,神经网络可能无能为力。

(三)行为主义

行为主义又称为进化主义或控制论学派,是20世纪末才出现在大众视野中的新人工智能学派。行为主义学派代表人物有约翰·霍兰德,行为主义AI原理为控制论及感知—动作型控制系统。行为主义认为人工智能真正的表现形式在于其感知和行为,人工智能的关键并非是对知识体系的展现和逻辑推理，而是在于其如何适应外界复杂环境及如何应对环境的变化，典型的行为主义代表有进化算法、多智能体等。从本质上来看，行为主义学派与符号学派所追寻的通用人工智能设计不同，行为主义学派通常需要提前设定一个具有明确目标的问题场景，并从这些问题场景中使人工智能通过环境的刺激选择出从外在感知和行为方面具备更强适应能力的与人类相当甚至远超人类水平的算法。

三、人工智能要素

（一）场景

对于人工智能的发展而言，其应用场景是其中的一个重要因素，当某一新的人工智能技术进入人类应用视野时，就应该立即考虑该智能技术被利用的场景领域，以实现该技术的效果最大化，如果没有市场营销和平台领域内的业务支持，那么该人工智能即使被创造也将难以生存。人工智能的应用场景范围广泛，在人脸识别、自动驾驶、智能决策、医疗健康、物流管理等领域产生了巨大的经济社会效益[2]。场景是人工智能的一大关键因素，需要将人工智能技术运用在应用场景，以产生大量对应场景的数据，进而推动人工智能技术保持快速发展。

（二）数据

在如今的高速互联网时代，语音、文本、视频等数据已轻松实现了实时生成，人工智能产业的飞速发展也催生了大量垂直数据需求，数据相当于人工智能技术发展的"养分"。在人工智能机器学习中，数据标注是大部分人工智能得以有效发挥作用的关键，就像算法中的监督学习和半监督学习一样，需要使用被标记的数据进行大量的训练，只有覆盖尽可能多的场景才能建立起好的模型。数据标注是人工智能的上游基础产业，以人工标注为主，机器标注为辅。最常见的数据显示类型有属性标注、框选标注、轮廓标注、描点标注、其他标注五种。

（三）算法

算法支撑着人工智能的发展，是人工智能的核心力量来源，也是 AI 项目的灵魂所在。在人工智能的发展过程中，涌现了大量传统机器学习算法，如线性回归、支持向量机、k-近邻算法等。随着深度学习技术的进步，神经网络算法近年来实现了飞速发展，如前馈神经网络、循环网络、对称连接网络等。人工智能技术环节和系统功能的实现都依赖于算法的精准度，算法的优劣直接决定了人工智能的技术高度，当前常用的人工智能算法包括人工神经网络、决策树、集成算法、回归算法、k-近邻算法、聚类算法、随机森林算法等。

（四）算力

在人工智能技术当中，算力是算法和数据的基础设施，支撑着算法和数据以及人工智能基本的计算能力，进而影响着人工智能的发展，算力的大小代表着对数据处理能力的强弱。算力源于芯片，通过对基础软件的有效组织，最终释放到终端应用上，专用的人工智能芯片作为算力的前沿发展方向，逐渐展现出超越传统通用芯片的巨大潜力，有望实现巨大飞跃。

四、人工智能的分类

（一）弱人工智能

弱人工智能也可称为狭隘人工智能或应用人工智能，是用于完成某项特定任务或解决某特定问题的人工智能。弱人工智能无法用人的思维方式进行问题推理、处理，只能机械地重复地执行命令，且不拥有独立自主的学习意识，只是在应用形式上表现出一定程度的智能特征。弱人工智能的应用场景在生活中较为常见，如新闻机器人、人脸识别和自动驾驶等，为人们的日常生活提供了巨大便利。

（二）强人工智能

强人工智能也可称为通用人工智能或全人工智能，是指能够像人一样具有思维和逻辑且真正能够进行推理和解决问题的智能机器，它们有自己的观念和个性，也有着像人一样的基本生存需求和生物本能，它们并不仅仅依靠输入的程序数据来胜任所分配的任务，而且能够像人类一样拥有独立思考，分析的能力。强人工智能根据与人类思维的相似程度可划分为类人的人工智能与非类人的人工智能。具体地，类人的人工智能的信息处理方式与人类思维相似，而非类人的人工智能，其思考方式和思维深度与人类相比存在很大差异，能够运用和人类思维完全不一样的方案解决问题、完成指令任务。

（三）超人工智能

牛津大学哲学家、未来学家尼克·波斯特洛姆在他的《超级智能》一书中，将超人工智能（artificial super intelligence）定义为"在几乎所有领域都大大超过人类认知表现的任何智力"，超人工智能是超级智能中的一类，它能够让人工智能达到与人类接近乃至超越人类思维能力的水平，或者能够像人类一样进行生物层面的进化过程，能够自身对自身进行反思改进或重置进化。但我们目前还无从得知这种强于人类的智慧形式是怎样的一种存在，也无法准确推断到底计算机程序有没有能力达到这一目标。

五、人工智能技术应用

（一）智能推荐系统

智能推荐系统是人工智能技术的一大应用分支，是为解决生产者与受众或消费者之间信息供需适配问题应运而生的一种数据挖掘技术，它的运作主要包括数据采集、数据处理、推荐计算、模型训练等步骤。智能推荐系统会根据用户的网络情形，以及用户浏览各大平台期间的各种行为数据进行收集和整理，建立用户画像，之后智能推荐系统会根据已建立的用户画像，为用户提供个性化的网络体验。目前我国各大平台主要使用三种智能推荐系统，分别是基于内容的推荐、基于用户协同过滤的推荐及基于关系的推荐。UGC 平台，如今日头条、抖音、小红书、快手等，都在使用智能推荐系统来实现信息与用户的供需适配，在大数据中挖掘用户的属性及信息偏好，并加以应用。

（二）自动驾驶

自动驾驶汽车是人工智能技术在交通领域的一大显著应用。自动驾驶汽车能够感知其行驶过程中的交通环境，并利用智能驾驶系统将所感知数据映射到实时驾驶决策中，从而实现汽车自动稳定驾驶。利用人工智能技术，自动驾驶车辆能够在其操作环境中识别和辨别干扰物体，并融合来自各种传感器的信息，做出实时驾驶决策。目前的自动驾驶汽车可成熟利用基于其车载技术和智能技术的道路网络，具有不同的自动化水平。根据汽车技术和智能能力，国际汽车工程师学会为自动驾驶汽车定义了六个自动驾驶级别，即无自动化、驾驶辅助、部分自动化、有条件自动控制、高度自动化、全自动化。目前已普遍部署的自动驾驶人工智能技术系统包括自适应巡航控制、防抱死制动系统、防碰撞系统、前向碰撞警告和车道偏离警告系统。

（三）AlphaGo

2016年3月，谷歌DeepMind挑战赛是计算机围棋发展史上的一个历史性成就，谷歌旗下的人工智能程序AlphaGo成功击败世界围棋高手李世石，为人工智能技术发展又创立了一个里程碑。AlphaGo之所以能够比其他当代程序有飞跃性的表现，是因为其运用了大量高质量的神经网络，AlphaGo中使用的三个主要神经网络为监督学习（supervised learning, SL）策略网络、强化学习（reinforcement learning, RL）策略网络及价值网络[3]。在未来，像AlphaGo这样强大的计算机人工智能程序有望在各行业与人工智能的实际结合应用方面发挥重要作用。

（四）谷歌GPT-3

GPT（generative pre-trained transformer）可直译为生成型预训练变换器，是由OpenAI公司开发的一种用于自动生成语言设计的语言模型，它在运行过程中使用大量的文本数据，并可以执行广泛地与语言相关的任务。GPT-3是到目前为止最大的语言模型之一，其参数量比GPT-2大100多倍，它在一个包含4 000亿个标记的混合数据集上进行训练，并且有1 750亿个参数。GPT-3可以执行广泛的自然语言处理任务，且不需要进行微调。有学者通过图灵测试GPT-3检验其智能强度，发现几乎任何问题GPT-3都能对答如流，具有高度拟人化及智能化的特质。尽管GPT-3的出现还不能称为人工智能领域新的技术革命，但它大大加强了人工智能的可用性，实现了其在应用上的重大突破。

第二节　人工智能研究方向

人工智能的主要研究方向包括机器学习（aachine learning, ML）、深度学习（Deep learning, DL）、计算机视觉（computer vision, CV）和自然语言处理（natural language processing,NLP)等,在多个领域推动了人工智能迅速发展。

一、机器学习

人类通过以往的学习经验能做出有效的预判,通过对经验的利用就能对新的情况做出有效的决策。那么计算机可以完成对经验的学习和利用吗?简单地说,机器学习正是一门研究关于"学习算法"的学科。机器学习的目的是使用计算机模拟人类的学习活动,它是研究计算机识别现有知识、获取新知识、不断改善性能和实现自身完善的方法[4]。机器学习系统类型繁多,本节主要对是否有人类监督训练这一类别展开讲解。

(一)监督学习

有监督学习是从标签化的训练数据集出发对新数据进行推断的机器学习任务,其训练数据一般包含一套训练示例,监督学习中在给予计算机学习示例的同时,会标记各个示例所属的类别。

监督学习中一项经典的任务是分类任务,网帖评论内容过滤器就是一个很好的案例:通过对大量的评论内容示例及其所属类别(不文明评论或者正常邮件)进行标记训练,然后让计算机学习如何对新评论进行自动分类。

(二)无监督学习

无监督学习(unsupervised learning,UL)顾名思义与监督学习相对应,无监督学习的训练集数据都是未经标记的,其中聚类算法就能很好地体现无监督学习任务。假设你现在拥有关于自己微博账号的大量访客数据,若想了解访客中的属性分布,你可以让计算机使用聚类算法来检测相似访客的分组,而无须对每位访客进行手动划分,算法会自行寻找关联并建立分组。例如,通过计算可能会注意到60%访客是喜欢美食的女性,且通常在晚间时段进入你的微博;30%的访客是来自华北地区的年轻人,且通常在节假日访问;等等。

(三)半监督学习

半监督学习(semi-supervised learning,SSL)使用的数据同时包含大量未标记数据及部分标记数据,用以进行模式识别等工作,大多数半监督学习算法是有监督算法和无监督算法的结合。有些云盘相册中的功能就使用了半监督学习,将大量的人物合照相片上传至云网相册服务器后,它会自动识别出人物A出现在哪几张相片中,人物B出现在哪几张相片中,这一操作是由无监督部分的聚类算法完成的。接下来,你需要识别出人脸特征的人物标记姓名,让计算机知道人物A是谁,这一操作就属于有监督部分的人为标记过程。给人物标签过后,系统就会自动给每张照片中的每个人命名,这对于搜索照片非常重要。

(四)强化学习

强化学习也称为再励学习、评价学习或增强学习[5]。用于描述和解决智能体在与环境的交互过程中,通过学习策略以达成回报最大化或实现特定目标的问题。形象化理解,若将积极回报视为愉悦,将消极回报视为痛苦,智能体在环境中行动,并通过反复试错来学习,最大限度地提高其愉悦并减少其痛苦。

很多计算机系统是通过强化学习算法来规划行走路线的,击败围棋选手李世石的AlphaGo就使用了这一算法。此外,选取最优迷宫路径也是强化学习的案例,智能体可能会在迷宫中四处走动,在每个步骤中都会累计获得不同分数的正负奖励,经过长时间反复训练,智能体会找到最快走出迷宫的路径,此实验也可以应用于火灾逃生中。

二、深度学习

深度学习的概念源自对人工神经网络的研究,如多层感知器就是一种包含了多个隐藏层的深度学习结构[6]。神经网络学习模仿人的神经细胞结构(树突、轴突),用神经元表示数据走向。机器学习极力避免人为介入,深度学习则更能避免这类人为因素,通过直接学习数据本身可以直接从原始输入的数据中获得输出目标结果。

深度学习算法的流行用法包括卷积神经网络、长短期记忆、循环神经网络等。如今,深度学习面临的主要问题是可解释性、通用性和轻量化。可解释性是指人类能理解神经网络在训练中学会了什么,由于深度神经网络非常复杂且存在冗余,研究者难以获知每一层的具体作用;通用性是指一个训练好的神经网络能用于多个领域,如今的网络仍只能输入特定类别的数据,得到特定类别的结果;轻量化是指网络需要的数据规模和计算能力能够大幅下降,这有助于深度学习的进一步推广,并很好地应用于移动设备上。随着这些问题的不断解决,以深度学习为代表的人工智能技术将继续改变人们日常生活的方方面面,《铁臂阿童木》中那个充满着智能机器人的世界也将越来越近。

三、计算机视觉

计算机视觉通过在计算设备使用特定算法对图片或视频进行分析和信息抽取,是一门包含计算机科学与工程、生物学、物理学、应用数学等在内的多门学科交叉融合的学科。计算设备与外界环境的感知交互离不开计算机视觉的支撑,随着人们对人机交互以及设备与环境信息动态处理的需求越发强烈,计算机视觉正成为人工智能领域的重要研究方向。在工业领域,计算机视觉主要应用于处理图像的识别、理解、目标跟踪、检测等问题,创造了巨大的社会、经济效益。

计算机视觉的应用程序优化中包括预处理、分割和物体识别等重要阶段。预处理是将多余的数据从一个画面中去除的过程,所考虑的动态图像的输入尺寸大小不同,因此在应用学习技术之前,输入图像被缩小到预先确定的图像大小,保持一致的输入尺寸是至关重要的。高斯滤波器和背景减除法被用于预处理,以提高图片质量并去除图片中的噪声等杂质。在预处理方法中还包括一个对比度正常化的阶段。基于熵算法的预处理,对输入图像进行分割,以创建前景和背景图像,它有助于将输入图片划分为前景和背景取余,然后可以独立进行归一化,以增加特定区域的对比度。使用混合优化深度卷积神经网络来检测物体,其参数使用软计算方法,如鲸鱼优化、马群优化和救援优化模型进行定制,它可以帮助建议的模型识别检测图像中物体的存在。

四、自然语言处理

自然语言处理是以语言为对象,利用计算机技术来分析、理解和处理自然语言的一门学科,即把计算机作为语言研究的强大工具,在计算机的支持下对语言信息进行定量化的研究,并提供可供人与计算机之间能共同使用的语言描写[7],包含自然语言理解及自然语言生成两部分。自然语言处理主要的应用范畴和子方向有中文自动分词、文本分类、文本情感分析、问题回答、交互对话、信息检索、自动摘要、观点提取、机器翻译等,实际应用中如iPhone 的 Siri、Google 翻译、百度搜索等。

在自然语言处理中的一项关键技术是语音识别技术,即让机器通过识别和理解过程把语音信号转换为相应的文本或命令的技术,也就是让机器听懂人类的语音,其目标是将人类语音中的词汇内容转换为计算机可读的数据[8]。语音识别技术在日常生活中的应用包括即时翻译、语音输入、语音搜索等,如可通过语音识别技术实现对智能家居产品的远程命令控制。

当前,基于循环神经网络、卷积神经网络等深度学习模型的自然语言处理技术应用广泛。相比于传统的机器学习算法,基于深度学习可通过学习来获取更加抽象、更高层次的语言特征,以满足特征不断增加的自然语言处理需求;另外,基于深度学习可以无须依赖专家人工处理的训练集,而是通过神经网络学习获取所需特征。

第三节 元宇宙中人工智能的应用

元宇宙空间内呈现的 AR、VR、MR、XR 等领域会用到众多人工智能技术,如动作捕捉、面部捕捉、物体识别、手势识别、姿态估计等,以满足不同场景下的特定需求,如虚拟形象场景需要用到动作捕捉及面部捕捉技术来实时同步用户的行为。在元宇宙中,可穿戴设备等新型硬件平台与用户之间的人机交互设计也是重要研究对象,通过设计和实现最佳的人机交互方案可大幅提升用户在元宇宙中的使用体验。以上所涉及的人工智能技术又各自有多种实现方式,以下对其中的部分关键技术进行介绍。

一、虚拟形象

元宇宙是一个众多用户同时在线的、开放且实时共享的庞大世界,对应的虚拟形象如同用户在元宇宙中的"身份证",代替用户进行社交、娱乐、经济活动,因此,虚拟形象既是元宇宙中的基本需求,也是构造元宇宙身份系统的关键技术。对虚拟形象的研究离不开动作捕捉、面部捕捉等关键技术。

(一) 动作捕捉

动作捕捉(motion capture, Mocap)又称为运动捕捉,动作捕捉是一种用于准确测量运动物体在三维空间运动状况的前沿技术。动作捕捉基于计算机图形学原理,通过以特定方式布局在运动对象周围空间中的多个照相机,实时记录该对象的位置、速度、形态等信息,并通过计算机对数据进行实时处理,得到随时间变化的物体空间坐标(X,Y,Z)[9]。随着算法的快速发展,依赖单目照相机进行动作捕捉的技术正逐步运用于一些简单场景,如实时姿势跟踪、骨骼动画提取等,进一步拓展了动作捕捉技术的适用范围。

1. 电磁式动作捕捉

电磁式动作捕捉系统一般由发射源、接收器及数据处理单元组成,而依赖的电磁波相比于声波,具有频率高、波长短、波速快等特点,且一般功率更低。发射源通过向环境持续发射电磁波来构造一定时空分布的电磁场,而接收器则被固定在动作捕捉对象身体关键部位,并实时将捕捉到的电磁场变化数据传输到数据处理单元,进行分析得出动作捕捉对象的空间位置和姿态。

2. 光学式动作捕捉

光学式动作捕捉通过光学分析来计算推理捕捉对象的空间位置和运动姿态,具有精度高、设备成本高等特点。一般地,光学式动作捕捉基于计算机视觉技术对环境及动作捕捉对象进行三维重建,根据环绕在动作捕捉对象周围的多个照相机收集光学图像与照相机位置信息,并根据动作捕捉对象身体上关键部位(关节、肘、髋、腕等)上贴合的发光点或标记来分析其动作细节并估计姿态。动作捕捉对象的运动轨迹和姿态将根据时间序列保存下来,并可以根据需求设定拍摄速率,一般而言会达到每秒60帧以上。

(二) 面部捕捉

面部捕捉技术通过对人类面部数据中的特征进行分析和三维构建,还原成具有特定几何结构的面部表征。面部捕捉技术通过机械或照相机等硬件设备及计算机视觉分析等算法分析进行面部特征构建,对人脸的眼、耳、口、鼻、眉等部位分别进行标记并记录空间运动轨迹,通常会和大数据及机器学习方法等结合以提升精度。随着移动设备算力的飞速发展,面部捕捉被大范围使用在游戏角色构建、设备解锁、身份活体认证等场景。主流的面部捕捉技术通常可以根据是否具有标记点划分为标记点式系统和无标记点式系统。

1. 标记点式系统

标记点式系统依赖贴合在面部上的反光式标记点,在摄像机跟踪捕捉演员的面部时,处理单元会记录面部标记点的时间、空间数据,并可在计算机上建立起与虚拟角色面部的对应关系,达到实时面部跟踪和还原。标记点式系统具有精度高、响应快的特点,常用于大制作电影的特型角色面部表情设计,如《星球大战》《阿凡达》等。

2. 无标记点式系统

无标记点式系统可在无干扰、无穿戴外设条件下,对面部表情进行快速捕捉,是一种低成本、高适应性的面部捕捉技术。实现无标记点主要依托高效的计算机视觉技术对人脸关键部位(如鼻孔、眼角、唇部、脸颊等)进行识别与跟踪,更先进的无标记点式系统可对人的瞳孔、牙齿、眼皮等细节进行处理,实现动画精细合成。该技术多用于游戏和动画、影视行业,在诸如《黑客帝国》《阿丽塔:战斗天使》等电影中为角色的表情处理起到了关键性作用。

二、人机交互

(一) 物体识别

物体识别是通过传感器对目标物进行多方位扫描,将扫描得到的数据传输至计算机,在已构建的数据集中完成物体识别。现有技术在识别范围和识别精度方面已经超过人的自身能力,且可以完成程序化识别。物体识别是计算机视觉中较基本也较困难的问题之一,它旨在从大量的既定类别中发现真实图片中的物体实例。物体识别是对目标物提取其物理、化学及生物特征并转换为量化数据,如视觉中的鲜明度、亮度、大小、形状等;听觉中声音的振幅、频率、方位、音素等;触觉包括弹性、硬度、温度等成分因素。

基于深度学习框架的物体识别方法已经迅速成为解释由各种传感器获得的移动图像的一种流行方式,由于其在各种计算机视觉任务中的大量应用,如活动或事件监测、基于内容的图像检索和场景理解。物体识别在一些实时应用中获得了越来越多关注,它用于评估图像中是否存在一个给定的类实例,方法是产生一个与物体实例重叠的边界框,并在部分遮挡、姿势、比例、照明条件、物体位置、照相机位置等情况下获得检测精度。从图片或视频中寻找单类事物实例的方法被称为单物体识别检测,多类物体识别检测是检测图片或视频中多种类型物品的过程。

(二) 手势识别

手势识别是人机交互中一种十分重要的交互方式,它主要由计算机通过视频输入设备(摄像头等)对用户手势进行检测、跟踪与识别,从而理解人的意图[10]。手势识别使人们能够与机器进行通信,并且无须任何机械设备,用户仅使用简单的手势即可控制或与设备自然交互。手势的识别机制是在对手部检测的基础上,对手指等关键部位的识别和分析,实现对手势所传达信息的理解。

基于手势控制的移动设备交互系统,允许用户通过简单的静态和动态手势与设备进行交互,每个手势在系统中触发不同的动作,如对象识别、场景描述或图像缩放。手势识别交互系统,初步对手势进行检测和分类手势,随后根据检测到的手势执行第二阶段相应的行动。为了训练和评估系统,需要一个人工编译和标记过不同类型的手势的达到数万张图像的数据集,涉及背景、距离、照明条件等。这个数据集包含合成手势和使用不同的设备拍摄的真实图像。手势识别有大量的应用,如控制无人机、操纵虚拟现实环境、识别手语和操控3D设计工具中的物体等。

(三) 姿态估计

姿态估计(pose estimation)是一种计算机视觉技术,通过查看目标对象的姿势和方向的组合,可以预测和跟踪人或物体的位置。完成人体姿势估计,需要对人类的主要关节,如腕关节、膝关节、肘关节标记关键点。在识别对象身体部位发生位移时,关键点的位置和角度会随之发生变化,而与身体其他部位的相对位置变化一起重新构建出人体姿态,并结合机器学习等技术可对姿态进行分析预测。

现有技术水平可实现二维和三维的姿态估计。二维姿态估计是估计二维空间中关键点在图像或视频帧中对应的位置,该模型会对每个关键点的 X 轴、Y 轴坐标进行分析和估计。而三维姿态估计通过在预测中增加 Z 轴的方向信息实现对真实的空间信息进行估计,能够预测所描绘人或物体的实际空间定位。二维姿态估计产生二维像素值的输出,三维姿态估计产生三维空间排列的输出。两者承载的数据需求不同,产生的输出也不同,通常用于解决不同的问题。

本章对人工智能共性技术及元宇宙中关键的人工智能相关技术进行了介绍和分析。本章从人工智能的发展历史出发,展现了人工智能技术从萌芽到快速发展并逐渐走向成熟的历史进程。本章介绍了人工智能的三大学派:符号主义、连接主义与行为主义,各学派在推动人工智能发展的过程中起到了各自不可或缺的作用。人工智能主要包括场景、数据、算法和算力四个要素,从类别来看,人工智能又分为了弱人工智能、强人工智能及超人工智能。人工智能的应用十分广泛,在智能推荐系统、自动驾驶、语言模型等方面实现了巨大进展,推动了如百度无人驾驶、AlphaGo、GPT-3 等前沿应用的出现。

本章对人工智能的主要研究方向进行了介绍。人工智能的研究方向主要包括机器学习、深度学习、计算机视觉和自然语言处理等,而机器学习又包括监督学习、无监督学习、半监督学习、强化学习等几类。人工智能在各研究方向产生了大量应用,与元宇宙的结合正当其实。在元宇宙中的大量应用场景离不开人工智能,如虚拟形象、人机交互等,涉及动作捕捉、面部捕捉、物体识别、手势识别、姿态估计等人工智能技术应用。

总之,人工智能与元宇宙相互补充、互相促进发展,二者相辅相成,为科技进步与社会发展不断做出重要贡献。

一、名词解释

强人工智能　强化学习　计算机视觉　自然语言处理　动作捕捉

二、简答题

1. 人工智能发展史包括哪几个阶段?它们在人工智能发展中分别起到了什么作用?
2. 当前人工智能研究中有哪几个学派?各有什么研究方法和观点?
3. 举例说明当前人工智能技术还应用在哪些领域中。
4. 谈谈现实生活中你接触到的元宇宙应用,试着分析支撑它的人工智能技术。
5. 大胆猜想元宇宙在未来发展中的突破点。

主要参考文献

[1] ATAKISHIVEV S,SALAMEH M,YAO H,et al. Explainable artificial intelligence for autonomous driving:An overview and guide for future research directions[EB/OL]. (2022-04-27)[2023-02-16]. https://arxiv.org/abs/2112.1156102.

[2] LEE C S,WANG M H,YEN S J,et al. Human vs. Computer Go:Review and prospect[J]. IEEE Computational Intelligence Magazine,2016,11(3):67-72.

[3] ZHU Q,LUO J. Generative pre-trained transformer for design concept generation:An exploration[J]. (2021-11-16). https://arxiv.org/abs/2111.08489.

[4] TOOSI A,BOTTINO A,SABOURY B,et al. A brief history of AI:How to prevent another winter(a critical review)[J]. PET Clin,2021,16(4):449-469.

[5] 奥雷利安·杰龙. 机器学习实战:基于 Scikit-Learn,Keras 和 TensorFlow[M]. 宋能辉,李娴,译. 2 版. 北京:机械工业出版社,2020.

[6] 孙志军,薛磊,许阳明,等. 深度学习研究综述[J]. 计算机应用研究,2012,29(8):2806-2810.

[7] 奚雪峰,周国栋. 面向自然语言处理的深度学习研究[J]. 自动化学报,2016,42(10):1445-1465.

[8] 李丹,明勇,卢涵宇. 基于 CDHMM 的语音识别程序行为检测方法的研究[J]. 武汉理工大学学报,2012,34(9):1.

[9] 向泽锐,支锦亦,徐伯初,等. 运动捕捉技术及其应用研究综述[J]. 计算机应用研究,2013,30(8):2241-2245.

[10] 李为斌,刘佳. 基于视觉的动态手势识别概述[J]. 计算机应用与软件,2020,37(3):190-197.

第七章　数字孪生

　　数字孪生正日益被探索为通过利用计算技术来提高物理实体性能的一种手段,这些技术本身通过虚拟对等体实现。在2018—2023年,学术界和工业界对数字孪生的兴趣大幅增加,相关出版物、流程、概念和预期收益的数量也随之增加。然而,目前尚缺少一个关于数字孪生是什么的一致的观点,以及该概念如何演变以满足与其相关的许多用例的需求。缺乏一致性导致数字孪生和数字孪生过程的广泛特征和定义,整个行业应用的框架的广泛性,导致了稀释概念的风险,并失去了数字孪生最初设计的优势。

第一节　数字孪生概述

一、数字孪生的发展背景

　　"孪生"概念源于美国国家航空航天局的"阿波罗计划",即构造两个相同的航天飞行器,发射其中一个到太空执行任务,另一个留在地球上用于反馈太空中航天器在执行任务期间的运行情况,以协助工程师对太空中出现的紧急事件进行分析、处理。当然,此处两个航天器都是真实存在的物理实体[1]。

　　2003年左右,数字孪生(digital twins,DTs)的概念最早出现在美国密歇根大学Grieves教授产品全生命周期管理课程中。但是,那时"digital twin"一词尚未被正式引入,Grieves将这一设想称为"Conceptual Ideal for PLM(product lifecycle management)"。尽管如此,数字孪生这一基本概念已反映在这一构想之中,也就是虚拟空间中所构造的数字模型和物理实体之间的交互映射,忠实刻画了物理实体在整个生命周期中的运行轨迹。

　　"digital twin"这一术语是2010年才由美国国家航空航天局技术报告正式引入的,并被定义为"集成了多物理量、多尺度、多概率的系统或飞行器仿真过程"。美国空军于2011年开始研究将数字孪生用于飞行器健康管理,并对数字孪生实现所面临的技术挑战进行了详细探讨。2012年美国国家航空航天局和美国空军共同发表数字孪生方面的文章,指出了数字孪生是推动未来飞行器研制的核心技术之一。此后数年,数字孪生在航空航天领域得到了日益广泛的研究和应用,包括机身的设计和维护、飞行器的能力评估、飞行器故障预测等。

　　数字孪生在最近几年中被日益广泛传播。与此同时,由于新一代信息技术的发展,如物联网、云计算、大数据和人工智能，数字孪生的运用已经逐步实现。目前，数字孪生已经逐步深入工业设计和制造业中，并取得显著成效。在这一阶段除航空航天领域外，数字孪生在电力，船舶，城市管理，农业，建筑，制造，石油和天然气，健康医疗，环境保护及其他产业也得到了广泛运用。数字孪生作为一项新兴技术，已经引起越来越多国家和机构的关注和重视，并将其纳入国家战略中。尤其是智能制造方面，数字孪生是公认的制造信息世界和物理世界交互融合的有效途径。很多知名企业（如空客、洛克希德马丁、西门子）和组织（如 Gartner、德勤、中国科协智能制造协会）都非常重视数字孪生，并着手探索以数字孪生为核心的新型智能生产模式[2]。

二、数字孪生的定义及特征

数字孪生充分利用了物理模型的优势、传感器的更新、运行轨迹等其他信息，仿真过程整合了多学科、多物理量、多尺度、多概率，完成虚拟空间的映射，从而体现了对应实体装备的生命周期全过程。数字孪生技术作为一项新的科学技术，超越了现实概念，它可被看作一种或多种重要、相互倚重的装备系统的数字映射。

数字孪生是一个具有普遍适应性的理论技术体系，可适用于多个领域，在产品设计、产品制造、工程建设、医学分析等领域得到了广泛运用。我国在工程建设领域运用最深，而关注最多、研究最热门的属智能制造领域。实现了现实物理系统向赛博空间数字化模型的反馈，实现物理空间在赛博空间交互映射的通用使能技术。数字孪生是综合运用感知、计算、建模等信息技术，通过软件定义，对物理空间进行描述、诊断、预测、决策，进而实现物理空间与赛博空间的交互映射。

从数字孪生的定义可知，数字孪生具有如下典型特征。

1. 互操作性

数字孪生的物理对象与数字空间之间可以实现双向映射、动态交互、实时连接等，所以，数字孪生有能力用种类繁多的数字模型来映射物理实体，其特点是可以进行不同数字模型间的变换、合并并确立"表达"等同性。

2. 可扩展性

数字孪生技术具有整合、增加与更换数字模型等功能，可面向多尺度、多物理与多层级拓展模型内容。

3. 实时性

数字孪生技术需要数字化的实现，即用计算机能够识别并处理的方法来管理数据，以便在时间轴上刻画物理实体。数字虚拟是通过构建三维数字模型来反映真实物体的形态特征及运动规律。

4. 保真性

数字孪生的保真性是对数字虚体模型与物理实体之间接近性的刻画。由于虚拟物体是由大量离散化了的数据点组成的，其真实值只能通过数值计算得到。要求虚体与实体之间既保持几何结构高度模拟又处于状态，还应在相态与时态方面进行模拟。为了保证真实系统的真实性，需要对虚体做精确建模并进行有效的控制与管理。数字虚体需要具有一定的可信度才能真实反映现实世界的特性,而不像物理虚拟物体那样容易被篡改。

5. 闭环性

数字孪生是数字虚体的一种,用于刻画物理实体及其内在机理的可视化模型,便于物理实体状态数据的监测、分析和推理,对工艺参数及运行参数进行优化,决策功能的实现,也就是给数字虚体、给物理实体以头脑。数字孪生是一种基于物联网技术的复杂系统建模方法,在其内部存在多个相互关联、相互作用的子系统或模块,每个子系统或模块都有自身特定的行为模式与属性特征。所以,数字孪生是闭环的。

三、数字孪生的应用价值

从本质上说,数字孪生就是用数字化的方式动态地展现某个物理实体的过去与现在的行为或进程。它不仅能让人更直观、全面地了解一个真实的世界,还能将其应用于生产制造领域中。数字孪生的目标是多个层次的延续、实时进行的海量物理世界数据检测。在这个过程中,需要使用一系列不同类型的传感器设备和测量工具来获取这些复杂对象的各种参数,并利用相应的数据处理方法完成对它们的分析、处理工作。这类探测可以以数字化方式动态地呈现特定物理实体或过程,从而有效地反映系统的运行状况。同时,可以从这些表现出不同状态和特征的数据中提取有用的数据。企业可以根据掌握的情况,采取切实可行的行动,如对产品设计或生产流程进行调整。

数字孪生不同于传统的计算机辅助设计,也不是基于传感器的物联网解决方案。数字孪生是将物理世界和虚拟对象结合起来,从而使用户能够更加直观地感知到现实世界的真实状态与变化过程。数字孪生比二者具有更高的作用。它通过构建三维模型来实现虚拟物体与现实世界之间的交互,并将物理实体转换为具有相应感知能力的数字化信息,从而使人类可以直接观察到实际事物及其状态。计算机辅助设计仅限于计算机模拟环境,对复杂环境进行建模,并取得一定的效果;与数字孪生相比,物联网系统具有更简单的作用,可用来进行位置检测,并对整个部件进行诊断,但是不能检测不同部件之间的相互作用及生命周期全过程。

数字孪生真正的作用是可以建立起物理世界与数字世界的完全准实时连接,正因为如此,这项技术才具有了价值。根据产品或工艺的现实情况和虚拟情况进行互动,数字孪生可以制造出更多的模型,从而更真实、更全面地发现不可预知的状况。通过使用可视化软件来创建这些数据以获取更多信息。在计算能力不断增强、成本不断下降的今天,我们可以使用大量处理架构及高级算法来对这种交互式检测结果进行解析,然后得到实时的预测反馈,并且进行离线分析。同时,数字孪生还可以通过可视化方式提供更多信息,为用户带来更好的体验。数字孪生所具有的以上功能,将导致设计与过程发生根本性改变,要想达到这一目的,现行办法几乎不可能。

这些物理操作的虚拟"克隆体"可以帮助组织监控操作、执行预测性维护并为资本购买决策提供洞察力。它们还可以帮助组织模拟那些过于耗时或昂贵,而无法使用实物资产进行测试的场景,创建长期业务计划,识别新发现并改进流程。总的来说,数字孪生提供了五个关键优势。

（1）加快风险评估和生产时间：数字孪生可以帮助公司在产品问世之前对其进行虚拟测试和验证。工程师可以使用它们来识别流程故障。

（2）预测性维护：组织可以使用数字孪生主动监控设备和系统，以便在它们发生故障之前安排维护，从而提高生产效率。

（3）实时远程监控：用户可以远程监控和控制系统。

（4）更好的团队协作：流程自动化和对系统信息的 24×7 全天候访问让技术人员可以将更多时间集中在协作上。

（5）更好的财务决策：通过集成财务数据，组织可以使用数字孪生做出更好、更快地调整决策。

第二节　数字孪生技术

一、数字孪生技术体系

数字孪生体是一个物理对象的数字拷贝，模拟该对象在真实环境中的行为，提供产品、制造过程甚至整个工厂的虚拟模拟，目的是了解资产的状态，应对变化，改善业务运营并增加价值。在万物互联的时代，这种软件设计模式的重要性尤为突出。为了实现物理实体和数字实体之间的互动，有许多过程和基础技术需要支持，为了实现物理实体在数字世界中的最佳塑造，需要经历许多阶段的演变。首先，我们需要建立数字世界中的物理实体模型，需要利用知识机制、数字化等技术建立数字模型，并对建立的数字模型结合行业特点进行评级，是否可以投入业务使用；有了模型，还要借助物联网技术，对现实世界中物理实体的元信息进行采集、传递和同步，增强后获得可用于我们业务的通用数据。利用这些数据，可以进行模拟和分析，得到数字世界的虚拟模型，在此基础上，我们可以利用 AR/VR/MR/GIS 等技术在数字世界中进行完整的再现，人们可以与物理实体进行更亲密的互动；在此基础上，人工智能、大数据等技术集成，云计算等技术对数字孪生进行阐述，共同应用于诊断、预警/预测和智能决策，赋能各个垂直行业。

（一）数字孪生关键技术及成熟度

1. 模型构建层

建模"数字化"就是将物理世界进行数字化。从数学到物理学，从简单到复杂，都可以通过建立数字形式来描述它们。这一过程要求把物理对象表示成计算机及网络能够辨识的数字模型。在此基础上构建出一个新的数学框架来描述事物间存在的关联关系并建立相应的数学模型。建模旨在使我们认识物理世界或将问题简单化、模型化。从传统物理学到现代信息技术的发展历程中，"数字化"一直在发挥着重要作用。而数字孪生则以数字化、模型化为宗旨或实质，以信息换取能量，用较少的能量，消除了各类物理实体，尤其在复杂系统中存在的不确定性问题。因此在构建数字化的过程中，首先要从物理世界到虚拟物体再到现实环境,最后达到一个统一的三维场景。因此,构建物理实体数字化模型,即信息建模技术,就是打造数字孪生、成就数字孪生之源,掌握核心技术,也为"数字化"舞台的核心[3]。

2. 数据互动层

物联网的"数字化"还有一层含义,就是将物理世界自身的状态转换为计算机、网络能够感知、确定并分析的状态,其中的状态包含位置、性质、表现、健康状态等,物联网技术从原子化到比特化给出了一个全面的解决思路。从数学到物理学,从简单到复杂,都可以通过建立数字形式来描述它们。与此同时,物联网还提供物理对象与数字对象"互动"的渠道。在物联网时代,"互动"成为一种新的趋势。"互动"是数字孪生的重要特征,主要指物理对象与数字对象动态地相互作用,当然,它还暗含着物理对象与数字对象的交互。数据"互动"由物联网和数字线程完成。数字线程就是一种在虚拟物体交互过程中使用到的相关技术手段,能对多视图模型进行数据融合的一种机制或引擎,在数字线程技术中占据着核心地位[4]。

3. 仿真分析层

仿真预测就是动态地预测物理世界。"万物互联"是对传统工业时代以机器或设备为主实现信息采集与处理的升级,其核心在于利用传感器、通信网络等现代信息技术将人、物体、环境连接起来。这就要求数字对象既要表现物理世界中的几何形状,更多地要求将物理规律与机制纳入数字模型,在仿真世界方面有专长。仿真技术既对物理对象建立了数字化模型,也要看现在的情况,通过物理学的规律与机理进行计算、对物理对象未来的状态进行分析与预测。因此,基于物理对象建模与运行的仿真称为实时仿真。并利用物联网、数字线程等技术获取物理对象当前的状态。这类模拟并不模拟某一阶段、某一现象,应该进行全周期、全领域动态仿真,如产品模拟、虚拟试验、制造模拟、生产模拟、工厂模拟、物流模拟、运行维护模拟、组织模拟、流程模拟、城市模拟、交通模拟、人群模拟、战场模拟等[5]。

如何在大体量的数据中,通过高效的挖掘方法实现价值提炼,是数字孪生重点解决的问题之一。数字孪生信息分析技术,通过 AI 计算模型、算法,结合先进的可视化技术,实现智能化的信息分析和辅助决策,实现对物理实体运行指标的监测与可视化,对模型算法的自动化运行,以及对物理实体未来发展的在线预演,从而优化物理实体运行。

4. 共性应用层

数字孪生之间的映射关系具有双向性,一方面,在大量历史与实时数据的基础上,结合高级算法模型,它能高效率地反映数字世界中物理对象所处的状态与行为;另一方面通过对数字世界进行模拟试验与分析预测,针对实体对象发出命令、流程体系为后续优化提供决策支持,极大地提高了分析决策的效率。数字孪生的概念最早起源于军事领域,随着计算机图形学、虚拟现实等技术的发展,数字孪生已经逐渐渗透到各行各业之中。数字孪生能够为实际业务的决策奠定基础,在可视化决策系统中,最有现实应用价值,是一种数字孪生,能够帮助使用者在现实中构建。因此,研究面向业务需求的数字孪生技术显得尤为必要。在现有的大量数据信息的基础上,以数据可视化的方式构建系列业务决策模型,能达到评价当前状态、诊断以往出现的问题,并对今后走势进行展望,对业务进行综合、准确的决策[6]。同时,通过构建一个分布式的数据仓库和数据挖掘平台,以挖掘大量真实的历史数据,并将其作为基础数据源,辅助决策者进行有效的分析与判断。这样就构成了"知觉—预测—动作"智能决策支持系统。这里介绍一种基于多传感融合技术和深度学习算法构建面向大数据分析的智能决策支持系统的方法:首先,智能决策支持系统使用传感器数据或从其他系统中获得的数据,判断所述目标系统当前所处的状态;其次,该系统利用模型对多种策略可能出现的效果进行预测;再次,当系统处于某种特定情况时,决策人员可以采取某些特殊措施以提高目标的完成程度;最后,决策支持系统利用分析平台搜索能达到预期目的的最优策略。

数字孪生技术确实改变了智能决策支持系统的部署方式。通过分析基础设施中数据及信息的特性,可以构建一种新的面向数字孪生的智能决策框架,该框架在交通等领域具有广阔的应用前景。数字孪生就是将基础设施数字化表达,以此来理解基础设施的运作方式。数字孪生可以被理解为一种全新的概念框架,它提供一种基于物理系统模型来实现的建模能力。在把决策支持系统和数字孪生结合起来的时候,输出了独一无二,能持续学习、持续变通的决策支持系统。这也意味着传统的决策过程可以被重新定义为一种基于数据驱动的主动行为。我们把这一新型模式的变革叫作"智能决策"。在数字孪生中,我们可以使用人工智能、机器视觉等方法,并利用各种传感器获取数据信息,然后分析、处理这些信息以帮助决策者做出正确的决定。

(二) 支撑技术

支撑技术包含大数据、云计算、AI和区块链等技术。通过计算各视图对应位置上观察到的图像与这些视图所包含像素数之间的差值来确定是否存在遮挡问题。以数字孪生为例,孪生数据融合物理感知数据、模型产生数据、虚实融合数据这样一种多来源、多类型的数据高速生成、多结构全要素/业务/流程海量数据。数字孪生可以通过分布式建模方法分解为若干子实体,并由相应的逻辑节点进行描述。大数据可以在数字孪生高速生成的大量数据中挖掘出更多宝贵信息,为了对现实事件发生的后果与过程进行说明与预测;数字孪生可以为人类提供更好的决策支持[7]。数字孪生具有非常大的尺度弹性,单元级的数字孪生也许可以在本地服务器上就能满足计算和操作的需要,但系统级及复杂系统级的数字孪生要求具有更高的计算和存储能力。因此,基于虚拟化技术的云计算是实现大规模异构数字孪生的最佳选择。在云计算中,按需分配利用和分布式共享两种模式可以让数字孪生利用海量云计算资源和数据中心,由此,动态满足了数字孪生不同的计算要求、存储和运行需求;同时也能降低数字孪生的应用成本,提高数字孪生的可维护性,并减少因硬件故障或系统升级导致的经济损失。数字孪生以它的精确和可靠性、高保真虚拟模型具有多源和海量等特点、可信孪生数据,和实时动态虚实交互,对用户进行仿真模拟、诊断预测、可视监控等优化控制和其他应用服务。随着AI技术的不断发展,基于AI技术构建的数字孪生已成为研究热点之一。AI技术是由最佳算法进行智能匹配的,可以不需要数据专家介入,自动完成数据准备、分析、融合等,实现孪生数据的深度知识挖掘,由此产生各种不同的业务;人工智能还可利用大数据分析工具、辅助决策支持及远程培训等功能来协助人类完成各种任务或工作。数字孪生在AI技术的加持下,能够显著提高数据价值,同时提高各业务的响应能力及业务的准确性。数字孪生的发展离不开AI与互联网技术的支持。区块链能够为数字孪生的安全性提供可靠保障，能够保证孪生数据不被篡改、全程留痕、可追踪、可追溯。区块链所具有的去中心化、匿名化、防抵赖性和匿名性等特征，为数字孪生的发展奠定坚实的基础。独立性、不可变、安全性的区块链技术，可以避免数字孪生在被篡改过程中产生的误差与偏差，从而使数字孪生得以维护，激励人们更好地进行创新。在此基础上，区块链能将智能合约应用到数字孪生中，为其构建一个透明的环境。另外，利用区块链构建的信任机制能够保障服务交易安全，由此，用户可以放心地使用数字孪生所提供的多种业务。

（三）安全

基于数字孪生技术的工业智能制造及数字孪生城市，其虚拟空间和物理空间的衔接、流程中各个部件的衔接，均基于网络信息流传递，伴随着数字孪生技术和相关应用融合步伐的加快，从封闭系统过渡到开放系统，已势在必行，系统性网络安全风险会集中反映出来。

工业智能制造中基础设备与控制系统一方面面临着未知网络风险，原基础设备大多是封闭系统环境中长期工作的简易设备，有关硬件芯片、软件控制系统等会出现一些未知的安全漏洞，与此同时，因为没有固有的安全措施来处理互联网环境，很容易受到网络攻击，继而诱发系统紊乱、管理失控，甚至系统致瘫的网络安全。

另一方面工业智能制造系统也面临着数据安全风险。工业生产过程中涉及许多不同类型、不同层次的数据源，且其数据量巨大，使得传统的物理隔离技术难以满足工业智能制造系统的信息安全需求。在目前网络攻击方式不断发生改变的情况下，生产管理数据由工业智能制造系统生成，并储存、大量的生产操作数据和工厂的外部数据，这些数据也许会被储存在一个大数据平台上，还可分布于用户、生产终端等，在服务器和其他各种装置中进行设计，任何设备存在安全问题都会造成数据泄密风险。因此，工业智能制造系统安全防护工作需要从网络层面、主机层面及客户端三个层次来展开。与此同时，在智能制造和大数据的推动下整合云计算，并对第三方协作服务进行深入干预、海量异构平台多层次合作等要素，网络安全的风险点激增，带来了更加丰富的入侵方式与攻击路径，进一步加大了数据安全风险[8]。因此，必须从企业层面到国家层面对信息安全进行整体防护。这对技术应用提出了四个主要要求，包括隐私保护、权限管理、网路接入安全、区块链技术。

二、数字孪生模型

数字孪生模型是在美国国防部提出的信息镜像模型（information mirroring model）的基础上发展起来的，采用数字孪生技术，可以为航空航天飞行器提供健康的维修和保障。具体实现流程如下：首先需建立虚拟空间内真实飞行器各个零部件模型，以及通过对真实飞行器中的各种传感器的布局实现对飞行器的各种数据获取，达到模型状态和真实状态的充分同步，使得飞行器在每一次飞行之后，人们能够基于飞行器结构已有条件及以往载荷，适时对飞行器进行检修的必要性进行分析和评价，评价是否能承受下一次任务载荷等。

信息镜像模型是一个由三部分组成的数字孪生模型概念：①真实环境中的物理实体；②虚拟环境中的虚拟模型；③用于连接虚拟和真实空间的数据和信息。

在该模型概念出现后的十来年,无论是物理产品还是虚拟产品,它们的信息在数量、丰富程度及保真度上都得到了较大的增加。

在虚拟方面,有大量的可用信息增加了大量的行为特征,从而不仅可以虚拟化、可视化产品,而且可以对其性能进行测试,同时也具有创建轻量化虚拟模型的能力,这意味着我们可以选择所需要的模型的几何形状、特征及性能而去除不需要的细节。这大大减小了模型尺寸,从而加快了处理过程。这些轻量化模型使得今天的仿真产品可以虚拟化并实时地以合适的计算成本来仿真复杂系统及系统的物理行为。这些轻量化模型同时也意味着与它们通信的时间和成本也大大地减少。更重要的是,我们可以仿真产品的制造环境,包括构成制造过程的大部分自动和手动操作,这些操作包括装配、机器人焊接、成型、铣削等。

在物理方面,现在可以收集更多关于物理产品特征的信息,可以从自动质量控制工位获取所有类型的物理测量数据,如三坐标测量仪,也可以从对物理零部件实际操作的机器上收集数据,以便更加精确地理解各个操作流程,如所使用的速度和力等。

数字孪生模型并非一项新技术,其特征在于已有虚拟制造、数字样机及其他技术特点,并且是在上述技术的基础上被开发出来的。虚拟制造技术(virtual manufacturing technology, VMT)是在虚拟现实技术和仿真技术的基础上发展起来的,进行产品设计、对生产过程进行统一建模,实现了计算机中的产品从设计、加工与组装、检查、利用与回收全生命周期仿真,这样就不需要制造样品,在产品设计阶段可以对产品及性能、制造流程等进行模拟,从而达到优化产品设计质量、改善制造流程的目的,优化生产管理,优化资源规划,实现了产品开发周期最短化、成本最小化、产品设计质量最优化、生产效率最高化等,由此构成了企业在市场竞争中的优势。目前国外航空领域已经开始应用这种新技术。例如,波音777,其整机设计、零部件测试,整机装配和多种环境试飞都在计算机中进行,它的研制周期由过去的8年缩短为5年;Chrycler公司和IBM共同致力于虚拟制造环境下的新型车开发,以及样车制作前,你会发现它的定位系统及很多其他的设计都存在着缺陷,从而使研制周期得以缩短。虚拟制造技术可以大大提高产品开发速度和产品质量,降低产品成本。这表明虚拟制造的运用将对制造业今后的发展有着深远的意义[9]。

所谓数字样机,就是用计算机表示的产品整机或子系统数字化的模型,其与真实物理产品的比值为1∶1,尺寸表达准确,作用在于利用数字样机对物理样机进行功能与性能验证。数字样机技术包括建模方法、数据采集、分析处理、可视化等方面。它可以分为几何原型、功能样机与性能样机等。数字样机实现了产品整机或独立功能子系统的数字化描述,该描述既体现产品对象的几何属性,至少从某一方面来说,它也体现着产品对象所具有的作用与性能。数字样机能直观地再现产品的结构特性及工作过程,为产品方案的制定提供依据。产品在产品设计阶段就已经形成了数字样机,本实用新型可以用于产品全生命周期,具体地说,它涉及工程设计、制造、组装、检测、营销、使用、售后和回收。其设计过程可以采用模块化方法,也可用基于特征的建模技术来完成。数字样机从功能方面可以实现对产品的干涉检查、运动分析、性能模拟、加工制造模拟、培训宣传及维修规划等。

现有的数字样机建立的目的就是描述产品设计者对这一产品的理想定义,用于指导产品的制造、功能性能/分析(理想状态下的),而真实产品在制造中由于加工、装配误差和使用、维护、修理等因素,并不能与数字样机保持完全一致。虚拟制造主要强调的是模拟仿真技术,因而将数字样机应用于虚拟制造中,然而在这些数字化模型上进行仿真分析,并不能反映真实产品系统的准确情况,其有效性受到了明显的限制。

虚拟产品和物理产品的信息数量和质量均在快速进步,但真实空间和虚拟空间的双向沟通却是落后的。目前通用的方式是先构建一个全标记的 3D 模型,随后创建一个制造流程来实现这个模型,具体是通过一个工艺清单(bill of process,BOP)及制造物料清单(manifacturing bill of materials,MBOM)来实现。更加复杂和先进的制造商将对生产过程进行数字化仿真。但在这个阶段,只是简单地将 BOP 和 MBOM 传递给制造而不是虚拟模型。在目前大多数情形下,甚至淡化了模型的作用,仅仅只是使用模型生成制造现场的 2D 蓝图。

然而,数字孪生模型更加强调了物理世界和虚拟世界的连接作用,从而做到虚拟世界和真实世界的统一,实现生产和设计之间的闭环。可通过 3D 模型连接物理产品与虚拟产品,而不只是在屏幕上进行显示,3D 模型中还包括从物理产品获得的实际尺寸,这些信息可以与虚拟产品重合并将不同点高亮,以便于人们观察、对比。

第三节 数字孪生与元宇宙

近年来,互联网和数字通信的快速发展使得基于数字家庭的远程工作越来越受欢迎。也由于互联网通信的增加,黑客和恶意用户有动机对普通用户进行欺诈。因此,对网络安全和隐私的需求在过去的 20 年中有所增加。网络传播中的视觉效果使其更具吸引力和效率。网上商店和虚拟会议使人们可以在家里高效、快速、低成本地开展户外业务,人性化、易用的服务吸引着顾客。服务提供商试图提高他们的服务,提供更好的视觉效果和用户友好的设计。高水平和准确的模拟为用户创造了自然的感觉,极大地帮助了技术,并使设计师能够预测产品的未来效果,防止可能的风险。数字孪生(以下简称 DTs)以一种能够准确指示和预测计算机所有物理输出的方式提供了最真实的物理对象模拟。高精度的 DTs 能极大地帮助行业和保护物理对象[10]。元宇宙作为 1992 年提出的一个概念,在 Facebook 重命名为 Meta 后,已成为一种流行的基于区块链的概念/技术。然而,它有许多需要解决的监管、安全和隐私漏洞。人们相信,在元宇宙中应用 DT 设计思想可以为用户在基于元宇宙的数字事物中创建自然/实际填充,并使元宇宙更具吸引力和用户友好性。VR 头显和 AR 是两种将用户连接到数字世界的著名工具和技术。除了虚拟现实和增强现实之外,人工智能和机器学习是两个极大发展元宇宙和虚拟空间的科学技术领域的科学技术。

一、元宇宙 DTs 应用优势

(1)DTs 事务的不变性和透明度:DTs 交易中提供了不变性和透明度,包括购买、出售或所有权转让,可以使用户受到保护,免受网络欺诈。

(2)自动化:区块链支持自治,因此没有权威或特权内部人士可以干预 DTs 结果。因此,基于元宇宙的 DTs 结果是可靠的。

(3) DTs 身份和合法性:基于元宇宙的分散管理,所有允许的身份,尤其是 DT 的身份,都是合法的,都是在一个共识协议下被接受的。

(4) 安全性和可靠性:区块链解决了一些安全性挑战。因此,基于元宇宙的 dt 比中心化的 DTs 更安全可靠。

(5) 高精度的 DTs 全局跟踪:区块链属性,包括链接块、透明度和不可变性,为 DTs 和相关的通信提供了全局跟踪。

(6) 维护产品生命周期:与前一项一样,每个基于元宇宙的 DT 及其关联的现实世界产品生命周期都很容易控制。

(7) 对等通信:元宇宙中的 P2P 通信保证使用 DTs 直接进行机器到用户或用户到机器的通信,无须中介。

(8) 访问权限和受信任的 DTs 数据协调:区块链作为元宇宙基础设施,提供了 DTs 数据的可访问性,便于公司协调员管理。

(9) 加强 DTs 数据的透明度和可靠性:透明度是元宇宙中最受欢迎的区块链特性和用户友好属性之一。此外,问责制可以缓解 DT 合法性和使用方面的监管问题。

(10) 去中心化的基础架构:元宇宙为 DTs 提供去中心化的基础架构,所有区块链属性均受支持。因此,在元宇宙中应用 DTs 是一个很好的、可靠的选择。

二、元宇宙 DTs 应用挑战

(一) 安全问题

数据安全通常定义为数据的机密性、完整性和可用性。下面将讨论安全性的三个主要方面和一些其他安全属性。

1. 机密性

正如在现实世界中一样,人们希望拥有安全和机密的交易/通信。机密性是用户要求的安全功能,因此应根据用户的需求作为可选功能提供支持。类似地,对于要求使用 DTs 的用户来说,元宇宙中的机密性作为可选或强制性功能更好。

2. 完整性

提交的数据,尤其是 DTs,不应在提交过程中和提交后被更改。使用的数据传输协议应与之前创建/提交的数据传输协议相同,没有任何更改,因为数据传输协议细节对其至关重要,每次更改后可能会发生许多损坏。

3. 可用性

用户(在真实或数字世界中)要求其 DTs 在任何时间和地点都可用或可访问。此外,公司所有者或服务提供商不想失去服务。这些事实表明,可用性是数字电视扮演重要角色的数字世界中所有类型用户所要求的关键特性。

4. 身份验证

从过去到现在,人们/用户都希望完全了解对方或验证其有效性。在元宇宙中也是如此,数字世界中的人们/用户希望确保基于元宇宙的服务和所用 DTs 的有效性。因此,应提供证明 DT 有效性的机制。

5. 中央管理

去中心化是元宇宙的一个普遍和基本特征。然而,在大多数基于元宇宙的服务的后台都有一个人或一组集中的权威来管理元宇宙中的用户和组件。因此,在没有中央权限的情况下提供基于元宇宙的服务是一个关键挑战。

6. 身份管理

与当前使用的社交网络一样,元宇宙可以成为罪犯和行为不端的用户的合适基础设施。因此,身份管理(包括注册、撤销和更新)在元宇宙中是一个挑战(应该注意,短语身份并不只分配给用户。它被假设为 DTs、NFT 或其他数字实体的数字身份)。

7. 重复数据

独特性是 DTs 有价值的特性。拷贝或伪造的 DTs 可能会被误认为是同样有价值的 DTs。这个问题(将 DTs 复制到伪造版本)对 DTs 所有者来说是一个挑战,可能会降低其 DTs 的价值和有效性。因此,应提供机制来防止元宇宙中的 DT 重复。

8. 网络攻击

尽管区块链技术为其应用提供了一些安全功能(如防御 DoS 和 DDoS 攻击的安全性、不变性等),但网络攻击可以在元宇宙中的 DTs 上实施。防御常见攻击是 DTs 和数字世界的首要需求。

(二)隐私问题

在数字孪生中,隐私问题是一个重要的关注点。由于数字孪生涉及对个体、设备或系统的实时监测和数据收集,可能会涉及个人隐私的泄露和滥用。下面描述了有关在元宇宙中使用 DTs 的一些隐私问题。

1. 用户隐私

用户希望在物理世界和数字世界中都安全并拥有隐私。如上所述,隐私没有一定的界限。然而,本书假设匿名性和不可追踪性是隐私的两个方面。匿名性是指拥有安全的假名,不可追踪性是指没有人能找到用户活动之间的链接。为了安全起见,在元宇宙中使用 DTs 的用户需要此功能。

2. 信任

有效性、身份验证和相互身份验证是创建用户信任所必需的。然而,在不存在可信第三方或判断机制的分散环境中提供它们是一个挑战。换言之,不受信任的各方很难或几乎无法提供信任。因此,在元宇宙中使用 DTs 的用户需要根据自己的喜好,在对不受信任方的信任和他们的隐私之间进行逻辑权衡。

3. 资产所有权证明和安全性

基于 DT 及其应用程序的价值,黑客和罪犯想要窃取其所有权。因此,必须有一个可靠和安全的机制来证明其所有权是可公开证明的,任何人都不能伪造。

4. 所有权转移

与讨论的隐私因素一样,DTs 的所有权转移需要基于用户需求的安全和隐私方面(如机密性、匿名性、不可追踪性等)的支持。

5. 洗钱

如果为用户提供隐私并为金融交易保密,则与在元宇宙上买卖 DTs 相关的交易可能是洗钱的案件。

6. 有条件的隐私和政府监控

对于想要控制社区的政府和当局来说,有条件的隐私是一个突出的特征。这意味着他们作为当局或法官,可以破坏用户的隐私。然而,对于无效用户(如对手、恶意用户或黑客)来说,计算是困难的。在这种情况下,隐私是指 DTs 所有权、通信,以及与之相关的金融交易。

本章小结

元宇宙中的数字孪生模型将使用从多个遥感器获得的信息进行开发。数字双模型精度受用于创建模型的数据质量的影响。换言之,信息来源提供的数据必须真实,质量符合标准。不同虚拟世界中的数字孪生之间的协作应该是可能的。数字孪生需要与从医疗保健到金融市场的其他数字孪生进行互动和链接。虚拟世界在不断变化,元宇宙中的数字孪生应该检测并响应这些变化。数字孪生能够识别和修复错误,从而实现更准确和一致的通信。当各种设备和传感器结合在一起,利用实时数据开发出数字孪生模型时,如何确保数据安全不受僵尸网络和其他恶意软件的影响是将来需要面对的挑战。

虽然最近人们对数字孪生的兴趣有所增长,但各行各业和学术界使用的各种定义仍然存在。有必要巩固研究,以保持对该主题的共同理解,并确保未来的研究工作建立在坚实的基础上。

习 题

一、名词解释

数字孪生　数字孪生模型　虚拟制造技术

二、简答题

1. 简述数字孪生的定义。
2. 数字孪生的基础技术是什么?
3. 数字孪生可以分为哪些类型?各有什么特点?
4. 数字孪生在元宇宙中有哪些实际运用?
5. 目前数字孪生在元宇宙的应用中有哪些难点?

主要参考文献

[1] 吴冬升.从全息路口到数字孪生路口技术演进[J].智能网联汽车,2023(1):12-16.

[2] 张新长,廖曦,阮永俭.智慧城市建设中的数字孪生与元宇宙探讨[J].测绘通报,2023(1):1-7,13.

[3] 石珵,刘朋矩,杜治钢,等.数字孪生辅助的智能楼宇多模态通信资源管理方法[J].电信科学,2023,39(1):60-71.

[4] 许继平,孔德政,王昭洋,等.基于工业互联网的大米供应链数字孪生系统构建[J].农业机械学报,2023(3):372-381.

[5] 黄华,李嘉然,赵秋舸,等.基于混合驱动的进给系统数字孪生模型自适应更新法[J].计算机集成制造系统,2023,29(6):1840-1851.

[6] IWATA K,ONOSATO M,TERAMOTO K,et al. A Modelling and simulation architecture for virtual manufacturing systems[J]. CIRP Annals-Manufacturing Technology,1995,44(1):399-402.

[7] 陶飞,刘蔚然,张萌,等.数字孪生五维模型及十大领域应用[J].计算机集成制造系统,2019,25(1):1-18.

[8] 陶飞,刘蔚然,刘检华,等.数字孪生及其应用探索[J].计算机集成制造系统,2018,24(1):1-18.

[9] 刘大同,郭凯,王本宽,等.数字孪生技术综述与展望[J].仪器仪表学报,2018,39(11):1-10.

[10] 庄存波,刘检华,熊辉,等.产品数字孪生体的内涵、体系结构及其发展趋势[J].计算机集成制造系统,2017,23(4):753-768.

第八章 通信网络与计算平台

元宇宙包含了现实—虚拟连续体,并允许用户在两者之间进行无缝体验,因此需要在物理和虚拟世界中提供连续、无处不在和通用的信息接口。迄今为止,最具吸引力和被广泛采用的元宇宙接口是移动和可穿戴设备,如 AR 眼镜、头显和智能手机,因为它们允许用户便捷地移动。然而,元宇宙所需的密集计算任务对于移动设备来说通常过于繁重,保证应用及时处理和用户体验是必要的[1,2]。在本章中,我们将介绍元宇宙所依赖的通信网络技术和计算解决方案。

第一节 无线移动通信

一、蜂窝网体系发展

在蜂窝移动通信的发展过程中,大约每十年就经历一次标志性的技术革新。模拟电话系统成为蜂窝网络的开端,开始于 20 世纪 80 年代初。蜂窝网络的概念在第一代(1st generation,1G)移动通信系统首次出现,它采用频分多址接入技术实现了频谱资源的空分复用,提高了通信系统的容量。它支持语音业务,采用模拟信号传输数据。1G 移动通信系统虽然在商业上取得了巨大的成功,但是它的语音质量差、电池寿命短、手机体积大。1G 蜂窝网不需要安全保护,也不能提供全球漫游服务。它没有将语音转换为数字信号的数据服务。

第一个数字电话系统作为第二代蜂窝网络开始于 20 世纪 90 年代初。第二代(2nd generation,2G)移动通信系统采用了时分多址接入或码分多址接入技术。2G 移动通信系统采用数字调制技术,大幅提升了系统容量、语音通话质量和保密性,因而在商业上取得了巨大成功。由于 2G 移动通信系统主要的目标是传输语音和低速率数据业务,所以它属于窄带数字通信系统。2G 的局限性在于需要强大的数字信号来帮助手机工作,如果在任何特定区域没有网络覆盖,数字信号就会很弱。

第三代(3rd generation,3G)移动通信系统在 2000 年初开始进入商用化阶段,主要是为了满足数字多媒体移动通信,使用更大的带宽在更高的频段上利用宽带码分多址技术传输数据,因而其数据传输速率得到了进一步提升。3G 网络是智能手机普及的主要原因之一,有了 3G 就可以更快地查看电子邮件、浏览流媒体视频和社交媒体共享。

智能手机系统作为第四代(4th generation,4G)系统开始于2010年左右,第三代合作伙伴计划(3rd generation partnership project,3GPP)在2011年发布了4G移动通信系统,是一种移动互联网宽带数据通信技术。4G移动通信系统是在3G的长期演化(long term evolution,LTE)基础上进行升级的,采用了扁平化网络架构设计。4G技术的主要目标是通过IP为语音和数据服务、多媒体和互联网提供高速、高质量、高容量、安全和低成本的服务。向全IP过渡的原因是要为迄今为止开发的所有技术提供一个通用平台。

近年来,随着各类新型业务的发展、物联网的广泛使用及智能终端的普及,对蜂窝移动通信系统的性能提出了更高的要求——能够满足应用高速率、低时延、高可靠性、支持大规模连接的需求。第五代(5th generation,5G)移动通信系统旨在提供更好的连接和覆盖水平,几乎没有限制的完整无线通信,以及增强服务质量。5G通信网络将涉及社会生活中的各个领域,为我们构建一个以用户为中心、全方位的信息生态系统。同时能超百倍地提升整个网络的效能和降低成本,实现"信息随心至,万物触手及"的美好愿景。

无线移动通信网络的发展历程如图8-1所示。

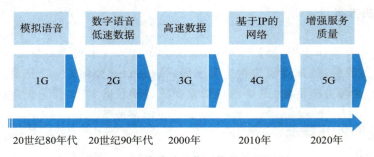

图8-1 无线移动通信网络的发展历程

二、5G架构和关键技术

(一)5G架构介绍

5G是取代4G的移动网络技术,从2020年开始在许多国家部署。5G将在移动技术方面提供革命性的创新,这些创新将为用户和企业实现各种高层目标。为了从5G网络服务中获益,全球正朝着5G迅速成长。

1. 基于服务的5G架构

2017年底3GPP 5G系统架构被定义。两年内,3GPP 5G架构工作从2016年的研究阶段发展到交付一套完整的第2阶段级别规范。通过在3GPP第15版中实现这一里程碑,定义了5G系统架构。3GPP 5G系统架构是基于服务的,这意味着在适当的情况下,架构元素被定义为通过公共框架的接口向允许使用这些提供的服务的任何网络功能提供其服务。网络存储库功能(network repository function,NRF)使每个网络功能发现其他网络功能提供的服务。该服务体系结构模型进一步采用了模块化、可重用性和网络功能的自包含性等原则,便于利用最新的虚拟化和软件技术实施部署。该架构更具体地表示网络功能之间的交互。

图 8-2 中显示了一个基于服务的 5G 体系架构,该架构适用于具有本地分支的漫游场景,即漫游用户设备与访问公共陆地移动网络(visited public land Mobile network,VPLMN)中的数据网络(data network,DN)对接,而本地公共陆地移动网络(home public land mobile network,HPLMN)使其能够使用来自统一数据管理(unified data management,UDM)的订阅信息、身份验证服务器功能(authentication server function,AUSF),以及策略控制功能(policy control function,PCF)中特定于用户设备的策略。网络切片选择功能(network slice selection function,NSSF)、访问控制和移动性管理功能(access control and mobility management function,AMF)、会话管理功能(session management function,SMF)和应用程序功能(application function,AF)由 VPLMN 提供。通过用户平面功能(user plane functions,UPF)提供的用户平面按照与最新 3GPP 4G 版本中引入的类似的控制和用户平面分离模型进行管理。安全边缘保护代理(security edge protection proxies,SEPP)保护公共陆地移动网络(public land mobile network,PLMN)之间的交互。

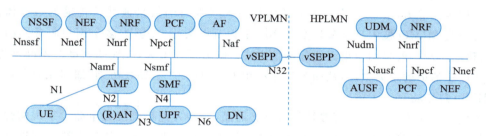

图 8-2 基于服务的 5G 体系架构

2. 公共核心网络

功能的通用设计和前向兼容的接入网—核心网接口使 5G 公共核心网能够与不同的接入网一起运行。在 3GPP 版本 15 中,这些是 3GPP 定义的 5G 无线接入网和 3GPP 定义的不受信任的无线局域网(wireless local area networks,WLAN)访问。对未来版本中可能使用的其他接入系统的研究已经开始。5G 系统架构允许通过相同的 AMF 为两个接入网络提供服务,从而也允许这些 3GPP 和非 3GPP 接入之间的无缝移动。分离的身份验证功能和统一的身份验证框架用于根据不同使用场景的需要定制用户身份验证,如每个网络片使用不同的身份验证过程。大多数其他 5G 系统架构功能对于不同的接入网络是通用的。

3. 网络切片

网络切片是 5G 系统架构的一个显著关键特征。上一代通过专用核心网络支持网络切片的某些方面的功能,5G 网络切片是一个更强大的概念,它包括整个 PLMN。在 3GPP 5G 系统架构的范围内,网络切片指的是一组 3GPP 定义的特征和功能,这些特征和功能共同构成一个完整的 PLMN,用于向用户设备提供服务。网络切片允许从指定的网络功能及其特定内容和特定使用场景所需的提供的服务中控制 PLMN 的组成。早期的系统架构通常支持 PLMN 的单一部署,以提供所有想要的使用场景所需的特性、功能和服务。事实上,单一、通用部署提供的许多功能和特性只需要 PLMN 的一部分用户。网络切片使网络运营商能够部署多个独立的PLMN，其中每个PLMN都是通过仅实例化所需的功能、能力和服务来定制的，以满足所服务用户或相关业务客户的子集需求。

（二）5G关键技术

稀疏码多址接入技术是5G的关键技术之一。通过使用这种技术，当字符串的长度变化不大时，可以大大增加信息量。信息是分层的，例如，在视频通话中，声音和图像在不同的通信频带中传输，以达到提高速度和稳定性的目的。随着物联网的发展，未来对信息传输的需求将大大增加。通过稀疏码多址接入技术增加频谱复用，可以提高单位串的利用率[3-4]。

多输入多输出（multiple-input multiple-output，MIMO）是5G移动通信系统的另一项关键技术。MIMO系统是指在发射和接收两端都使用多个天线来发送和接收信号，从而提高通信的性能。MIMO系统的性能和复杂性取决于发射方和接收方对信道情况的了解。由于传统的MIMO技术受到终端设备功耗、尺寸大小等因素的影响，为进一步提高系统的数据传输能力，最常用的方法是增加基站天线端口的数量或并行传输的数据流的数量。大规模MIMO技术是指基站配备100至数百根天线，能够为多个用户服务同时提供服务，移动终端一般采用单根天线的通信方式。随着规模增大，天线的密度会不断增加，从而导致传输信道的距离太近，从而容易显示相关性，也会产生导频污染，如何充分利用大规模MIMO技术将是一大难题。

手机已经成为现代人不可或缺的日常必需品，一些人把手机视为生命。手机的强大功能是基于移动网络的，人类对移动电话和通信的需求将大大增加，4G将无法完成这项艰巨的任务。5G使用毫米波，网络通信速度提高100倍甚至1 000倍以上。虽然毫米波也有很明显的弱穿透缺陷，但解决方案很简单。例如，缩小基站的大小，在城市的每个角落都建立一个类似路灯的微型基站，并通过数字弥补距离的不足。

三、走向6G

5G网络通过为用户提供增强的移动宽带连接，数字化所有各种大大小小的事物，有效支持工业4.0。在边缘云中创建的各种数字孪生对象将构成未来数字世界的基本基础。物理实体和生物实体的数字孪生世界将是未来新数字服务的重要平台。为了将物理世界完整、迅速地呈现在一个全面的数字世界中，需要一个容量巨大并且能够保障低时延的网络来支撑。数字化技术为创造新的虚拟世界铺平道路，数字孪生世界可以融入虚拟空间中的各种虚拟对象，从而创造一个混合现实的超级物理世界。随着智能手表和心率监测器进一步发展成为用于皮肤修补、可植入身体的护甲骨骼和大脑活动探测器的设备，人类的生物学将随时准确地映射并集成到数字和虚拟世界中，实现新的超人能力。增强现实用户界面将使人类能够高效、直观地控制所有世界，无论是物理的、虚拟的还是生物的。

因此，未来的连通性是关于实现这些不同世界的无缝集成，为人类创造统一的体验，或者我们应该说创造一个电子人的互联网。在考虑这样的未来时，除了新的通信需求外，还出现了以下主要的新主题：①终端设备从单一实体扩展到多个本地实体的集合，以创建新的人机界面;②分布在多个本地设备和云之间的无处不在的通用计算;③存储、处理数据并将其转换为可操作知识的知识系统;④精确传感和驱动,以控制物理世界。

基于万物互联网络(internet of everything,IoE)的智能应用的迅猛发展为现有无线网络的发展铺平了道路。IoE 一词是指通过新兴技术将事物、数据、人员和流程结合在一起,以提供各种各样的智能服务。新兴的 IoE 服务包括自动连接车辆、脑机接口、扩展现实、飞行器和触觉。这些服务主要基于超高可靠性、高数据率、无人移动管理和远程通信。预计 5G 无线网络将支持多种基于智能 IoE 的服务。5G 目标触觉网络通过不同的方式接入,如同时使用未授权和授权频段、智能频谱管理和 5G 新无线电,以实现不同的智能应用。然而,到目前为止,5G 在完全实现其目标方面存在一些固有的局限性和困难。事实证明,不同的以数据为中心的自动化流程的开发超过了 5G 关键性能指标定义的能力。例如,触觉、远程医疗和连接的自动驾驶车辆,旨在使用具有超高可靠性和高数据速率的长数据包。此类应用违反了 5G 中通常使用短数据包进行超可靠低延迟通信的概念。

像全息隐形传态等下一代基于虚拟现实、增强现实的应用,将需要 Tb/t/s 级的数据传输速率及微秒级的时延。5G 网络将很难满足性能的要求。此外,5G 连接密度也会无法满足下一代智能产业不断增长的需求。第六代(6th generation,6G)无线系统将融合人工智能技术优化解决各种无线网络的问题[5]。

新一代的最终目标是形成通信系统的大量新颖的关键技术,真正基础性的新技术通常需要十年或更长时间才能在实践中实现。按照应用的需求,6G 需要在以下新技术上不断发展:①AI/ML 驱动的空中接口设计与优化;②扩展到新的频段和新的认知频谱共享方法;③将本地化和传感能力集成到系统定义中;④在延迟和可靠性方面达到极端性能要求;⑤涉及子网和无线接入网(radio access network,RAN)核心融合的新网络架构范例;⑥新的安全和隐私方案。

第二节 物 联 网

物联网[6]主要是利用信息传感设备将全部物品,按照事先约定的协议通信,实现智能化信息交换、跟踪和定位的网络。在物联网中主要采用了无线射频识别(radio frequency identification,RFID)技术。RFID 主要是采用光敏和热敏等原材料的无线传感设备,可以被看作电子标签。RFID 设备中的核心是智能化原件,将信息用电子的方法进行存储,将物体连接到互联网。然后,物体通过自主感知将信息反馈到网络中。RFID 能够存储大量的信息,从而实现智能化识别和管理的最终目标。

一、物联网应用与服务

由于物联网可以感知环境,因此它在各个领域都有巨大的发展潜力,能提高人们的工作效率和日常生活质量,将对经济和社会产生深远的影响。例如,物联网可以收集自然参数、医疗参数或用户习惯等信息,可以提供量身定制的服务。物联网的应用主要可分为工业、智慧城市、健康三个领域。由于有些应用程序是共享的,所以每个领域并不是独立的,而是部分重叠的。例如,在卫生和物流行业,产品跟踪可用于商品或食品的全流程监测,也可用于监测药品的分销。

物联网可广泛应用于制造、物流、监管流程、服务等各种工业活动,还包括企业间的商业交易、金融支付、组织和其他实体。物联网通过使用传感器网络、嵌入式设备、互联网协议和应用、普适计算等基础技术将生产活动中的传统对象转换为智能对象。智能对象及其所需完成的任务构成了其特定领域的应用程序,而泛在的计算和分析功能提供了独立于不同应用领域的服务。物联网中所有特定领域的应用程序与独立的服务交互工作。

二、物联网信息感知与应用

(一) 信息感知

物联网的层次结构自下向上分为三层,依次是感知层、网络层和应用层。感知层类似于人体结构中的感知系统,主要通过传感设备进行数据采集和物体识别,处于物联网三层结构中的最底层,是物联网的核心。感知层包括二维码标签和识读器、RFID 标签和读写器、摄像头、全球定位系统(global positioning system,GPS)、传感器、机器对机器(machine to machine,M2M)终端、传感器网关等。

(二) 信息感知应用

1. 传感器技术

传感器是物联网中获取信息的主要设备,它的主要作用是实现对物体的自动检测和自动控制。常见的传感器主要有温度传感器、湿度传感器、压力传感器及光电传感器等。目前,传感器及其相关技术已经比较成熟,被广泛应用于安全工程、地质勘探、商品质检、智慧农业、医疗诊断等领域。

2. RFID 技术

RFID 技术也称为电子标签技术,是一种使用无线非接触式的自动识别技术。它的主要作用是为物联网中的每个物品建立一个可区分的、唯一的身份标识。RFID 技术通过无线电信号来识别特定的目标,然后对相关的数据进行读写。

3. 二维码技术

二维码也称为二维条形码,是一种利用黑白相间的图形来实现信息识别的技术。二维码中黑白相间的图形是按照某种特定的规律分布在平面上的,通过使用对应的光电识别设备就能将二维码输入计算机,并把图形中包含的信息转换为二进制进行处理。

三、物联网服务技术

随着时间的推移,物联网无论在家庭生活还是商业中都有广泛的应用,为生活质量的提高和世界经济的发展做出了重要贡献。智能家居能够远程控制、声音控制家中的智能设施,包括智能电视、智能冰箱和其他智能电器。商业界为了满足客户随时随地可用的要求,而不断在技术上创新,服务需求也按比例增长。不同的厂家需要开发新的设备和设计新的协议,并且能够兼容其他厂家异构的设施。架构标准化能够为不同公司的优质产品创造一个良好的竞争环境,可以被视为物联网的支柱。为了应对物联网的发展和挑战,还要考虑与传统互联网的兼容。2010年,互联网连接物体的数量超过了地球上的人口数量。因此,为了满足客户对智能对象的需求,有必要利用有较大的寻址空间的IPv6来应对一系列挑战。由于物联网连接的对象具有异构性,以及网络中监控和控制物理对象的能力不同,安全和隐私也是物联网的重要要求。为确保以划算的成本向客户提供高质量的服务,需要对物联网提供的技术和服务进行管理和监控。

第三节 云 计 算

一、基本概念与类型

(一) 云计算的基本概念

云计算[7]是一种基于互联网的计算,其中涉及资源、软件和信息的共享,并根据计算机设备的需求提供相应的服务,通过网络作为服务交付的计算资源。云计算允许使用用户的数据、软件和计算实现远程服务,在没有新的基础设施的情况下增加网络的容量。

(二) 云计算的类型

1. 私有云

私有云的核心特征是云端资源只面向一个机构或组织中的内部人员使用,其他的人和机构都无权租赁和使用云端计算资源。部署在机构内部的称为本地私有云,托管在别处的称为托管私有云。企业私有办公云现在被很多大中型单位组织采用,用云终端替换传统的办公计算机,程序和数据全部放在云端,相比传统的计算机办公,有利于保护公司文档资料,方便维护、降低成本、稳定性高,易于监控病毒、流氓软件和黑客入侵。

2. 社区云

社区云的核心特征是云端资源只给两个或两个以上的特定机构或组织内的人员使用,除此之外的人和机构都无权租赁和使用云端计算资源。参与社区云的机构和组织具有共同的要求,包括云服务的模式、安全级别等。为了共享业务信息和降低各自的成本,具有隶属关系或具备业务相关性的组织机构更倾向于建设社区云。

3. 公共云

公共云的核心特征是云端资源面向社会大众开放,符合条件的任何个人或机构与组织都可以租赁并使用云端资源。公共云的管理比私有云的管理要复杂得多,尤其是安全防范,要求更高。例如百度云、阿里云、亚马逊、微软的Azure等。

4. 混合云

混合云由两个或两个以上不同类型的云组成，它其实不是一种特定类型的单个云，其对外呈现出来的计算资源来自两个或两个以上的云，在单模式上增加了一个混合云管理层。混合云能够根据数据的重要性来分配最适合的资源，架构更加灵活。例如，本地云端保存内部重要数据，而公共云区域存储非机密数据。混合云具备私有云的保密性和公共云的抗灾性等特点。

二、云计算架构

（一）基础设施即服务

基础设施即服务（infrastructure as a service，IaaS）是将信息技术基础设施作为一种服务提供给用户。这些基础设施主要根据用户的需求来提供计算资源、存储资源或网络通信资源，主要包括服务器、网络存储设备、网络通信设备等。如图 8-3 所示，IaaS 使用虚拟化技术可以将各种类型的服务器虚拟化为统一的计算资源，将不同的网络存储设备虚拟化为统一的存储资源，将各种类型的通信设备虚拟化为统一的网络资源。当用户需要这些计算、存储和通信资源时，基础设施的管理者能够按照用户订购的份额，将资源以服务的形式提供给用户。

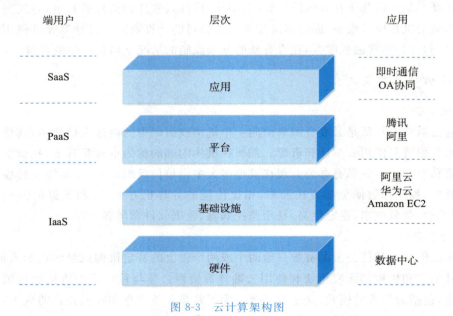

图 8-3　云计算架构图

（二）平台即服务

平台即服务（platform as a service，PaaS）是将完整的开发环境作为平台提供给用户，其资源使机构能够提供从简单的基于云的应用到复杂的支持云的企业应用程序的所有内容。云服务商为应用开发者提供开发应用、运行应用、测试应用的平台。用户不用自己搭建环境,不用自己去管理操作系统、网络等配置,只需要关注自己的业务逻辑。

(三) 软件即服务

软件即服务(software as a service,SaaS)是直接通过网络为用户提供软件使用的应用模式。在 SaaS 中,用户不需要单独花费大量的投资来购买软件和相应的硬件、建立软件开发团队,只需要向软件服务商支付一定的租赁费用后就可以通过互联网来使用需要的软件及享受到相应的服务,而且可以减少对整个软件系统的维护。在云上运行服务供应商开发的应用,用户通过简单的 Web 页面或其他客户端来访问这些应用,享受其提供的服务。

三、元宇宙与云服务

云计算因其高度可扩展的计算能力和存储容量而广受认可。云计算稳定的基础设施和全面的功能来补充现有的本地基础设施,并将使用其他云计算的计算、存储、数据库和安全服务来提高隐私、安全性、可靠性和可扩展性。元宇宙是云计算发挥重要作用的领域,是一个云计算可能得到极大扩展的领域。元宇宙需要计算、存储、机器学习和其他与云计算紧密相连的服务。

云计算作为元宇宙的主要技术,无论是在数字世界中建模还是与之交互,机器学习都是密不可分的。同时,元宇宙环境将不可避免地创建大量数据,这些数据与底层平台有着千丝万缕的联系。不可否认,VR 和 AR 在未来有着巨大的应用空间,但元宇宙将这些概念提升到了一个全新的水平。同样重要的是,数据位于元宇宙要执行的所有操作的底部。随着越来越多的人和企业参与并利用这个虚拟世界,元宇宙对数据处理和计算的需求越来越大。

元宇宙才刚刚起步,它需要一个庞大的基础设施来改造和发展这项技术,其中将包括更多的处理能力、3D 图像、VR 技术、互联网连接和其他功能。随着越来越多的企业迁移到虚拟世界,大量计算工作的负载将转移到云端实现,大量创新业务也将在云端展开,云产业将通过元宇宙应用展现其无限的潜力。

第四节 边缘计算

边缘计算[8-9]将计算数据、应用程序和服务从云服务器迁移到网络边缘。服务提供商可以通过边缘计算系统在离用户更近的位置来提供计算和存储服务,以超低时延满足用户各种应用程序的实时性要求。

一、元宇宙应用与边缘计算

边缘计算能够为各类应用提供强大的算力基础[10]。在元宇宙中,必须保证用户的沉浸感,以提供与现实相同的体验水平。影响沉浸感最关键的因素之一是时延。在许多业内人士看来,边缘计算在减少虚拟世界延迟方面的卓越性能使其成为元宇宙创作中的重要支柱。例如,使用带有 VR 头显的计算机来支持 360°VR 渲染。凭借功能强大的芯片组,在不连接个人计算机的情况下自行提供 VR 体验。然而,与功能强大的个人计算机相比,其容量仍然有限,因此独立的 VR 体验是以较低的帧率为代价,因此 VR 场景的细节也较少。一些产品通过卸载到边缘服务器,用户可以在不牺牲细节的情况下以更高的帧速率享受更具交互性和沉浸式的体验。例如,可以通过家庭 Wi-Fi 网络以高速卸载到边缘,实现无延迟 VR 体验和更好的移动性。然而,这些产品仅限于室内环境,用户移动性有限。

在需要实时数据处理的场景中,例如,与物理世界的实时 AR 交互、AR 手术、元宇宙中的实时用户交互、VR 中的多人交互展示或竞技游戏中的多人对抗,元宇宙通常需要对移动设备进行非常密集的计算,从而进一步增加了时延。为了补偿 AR 眼镜和 VR 头显等设备的移动接口中图形和芯片组的有限容量,通常使用卸载来减轻计算和内存负担,但代价是增加网络时延。因此,性能的平衡对虚拟世界中的用户体验透明至关重要,但具体的实现并不容易。例如,需要渲染一个大于头显视野的本地可导航视区,以平衡卸载期间的网络时延。但是,所需的视区大小和网络时延之间存在紧密关系:时延越大,需要的视区越大,流式传输的内容越多,时延越长。因此,改进物理部署的解决方案可能比纯资源的分配更加现实和有效。

二、边缘计算的主要特征

(一)密集的地理分布

边缘计算通过在网络边缘部署大量计算服务平台,使计算服务更加靠近用户。在地理位置密集地提供基础设施有助于以下几个方面:①网络管理员可以促进基于位置的移动服务,而不需要穿越整个广域网;②可以更加迅速和准确地执行大数据分析;③大规模的实时分析在边缘系统中实现。移动边缘计算(mobile edge computing,MEC)在不同位置的多个边缘网络上提供云计算服务和相应的信息技术。密集的地理位置和分散的基础设施在很多方面都起到了作用,可以基于用户移动性提供服务,而无须穿越整个广域网。

(二)移动支持

随着各种类型的移动设备数量的迅猛增长,边缘计算使用定位器 ID 分离协议(locator ID separation protocol,LISP)直接与移动设备进行通信来支持移动性。LISP 协议用一个分布式目录系统实现主机标识与位置标识分离,这种主机身份和位置身份的分离构成了边缘计算中支持移动性的关键原则。

(三)低时延

边缘计算范式使计算资源和服务更接近用户,从而减少了访问服务的时延。边缘计算的低时延使用户能够在资源丰富的边缘设备(如路由器、接入点、基站或专用服务器)上执行资源密集型和延迟敏感型应用程序。

MEC 的目标之一是减少访问核心云的时延。在 MEC 中，应用程序和服务都在位于边缘网络的边缘服务器上提供。由于边缘网络距离用户更近，并且带宽比核心网络大，因此访问网络的平均时延降低。

（四）位置感知

边缘计算允许使用位置感知属性让移动用户选择距离其物理位置最近的边缘服务器来访问服务。用户可以使用基站、无线接入点或 GPS 等各种技术来查找对应电子设备的物理位置。这种位置感知已广泛应用在多种边缘计算系统中，如基于边缘计算的灾难管理、基于雾计算的车辆安全应用等。

由于用户的移动设备靠近边缘网络，基站能够收集设备的位置信息来发现用户的移动模式并预测网络未来的状态。应用程序开发人员能够方便地使用位置信息为用户提供上下文感知服务。

（五）隐私与安全性

MEC 与移动云计算（mobile cloud computing，MCC）相比，一个非常具有吸引力的优势就是能够增强移动应用程序的隐私和提升安全性。在 MCC 中，云计算平台是一种公共的、提供远程访问的大规模数据中心，高度集中了用户信息资源，容易受到网络恶意的攻击。此外，MCC 用户虽然拥有数据的所有权，但需要交付给第三方来管理，这有可能导致私有数据的泄露或丢失的问题。为了避免这些问题，使用网络边缘靠近用户的服务器成为一个有前景的解决方案。一方面，有价值的信息采用分布式的部署方式而不是集中式，并且规模比较小，大大降低了边缘服务器成为黑客攻击目标的可能性。另一方面，许多边缘服务器是私有的朵云（cloudlet），将减少信息泄露到公共网络的风险，涉及在用户和服务器之间传送敏感信息的应用将从 MEC 中受益。例如，企业使用 MEC 不需要将受限的或机密的数据和资料传输到远程数据中心，企业的系统管理员能够针对不同级别的服务请求按照不同类别来管理授权和访问控制，而不需要外部单位的参与。

（六）邻近性

在 MEC 中，移动设备使用 RAN 访问边缘网络。便携式移动设备还可以采用设备对设备（device-to-device，D2D）的通信方式使附近的设备直接相互连接，同时移动设备也可以访问部署在移动基站的边缘服务器。边缘服务器也能利用靠近移动设备的优势来获取移动设备信息，并用来分析用户行为，从而改进服务。

在边缘计算中，计算资源和服务都在用户的附近可用，可以改善他们的体验。本地附近计算资源和服务的可用性允许用户使用网络上下文信息做出服务使用决策和卸载决策。同时，服务提供商也可以通过获取邻近设备的信息并分析用户的行为，从而改进他们对资源和服务的分配。

（七）上下文感知

移动设备的一个非常重要的特征就是能够实现上下文感知，可以根据位置感知进行定义。边缘计算中的卸载决策和边缘服务访问都可以利用移动设备的上下文信息。用户位置和网络负载等实时网络信息可以为边缘用户提供上下文感知服务。由于用户设备靠近边缘网络,基站收集用户设备的位置信息来分析用户的移动模式并预测网络未来可能存在的状态。服务提供商可以利用上下文感知信息来改善用户满意度和提升用户体验质量。应用程序开发者也可以使用用户位置为用户提供上下文感知服务。

三、边缘计算技术架构

MEC 系统中的关键组件包括移动设备和 MEC 服务器,如图 8-4 所示。移动设备也称为终端用户、客户端、服务订购者。MEC 服务器通常是由电信运营商部署在靠近终端用户的小型数据中心和计算中心,可以与无线接入点共用。服务器经过网关,通过互联网连接到数据中心。移动设备和服务器通过先进的无线通信和网络技术,可以在空中建立可靠的无线链路。

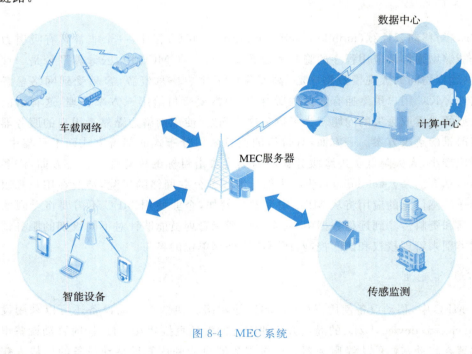

图 8-4 MEC 系统

元宇宙预计将成为一个全球数字平台,用户可以在其中实时交互体验,无缝融合物理现实和数字虚拟。在元宇宙中,除了 Web、视频流、内容检索和分发之外,用户体验还来自实时聚合、处理、合成和交付多个实时流和数字资产。更关键的是元宇宙应用对端到端的时延有很高的要求,为了实现实时交互,大多数元宇宙应用程序将施加端到端的时延限制。

在虚拟现实应用中,超过这些严格的时延要求不仅会导致反应滞后,还会导致不适,如头晕和恶心。虽然最初的 VR/AR 应用程序由本地计算平台支持,但涉及分布式远程源、分散用户和多种服务功能的全方位元宇宙应用程序需要更强大的全球规模基础设施,这就要求其达到满足本章所述的通信网络和计算资源的需求水平。

一、名词解释

MIMO　物联网　RFID　云计算　边缘计算

二、简答题

1. 简述移动蜂窝网络的发展过程。
2. 列举物联网的主要应用。
3. 简述主要的云计算类型。
4. 简述边缘计算的主要特征。
5. 边缘计算相对于云计算具有哪些优点?

[1] MYSTAKIDIS S. Metaverse[J]. Encyclopedia,2022(2):486-497.
[2] CAI Y,LLORCA J,TULINO A M,et al. Compute-and Data-Intensive Networks:The Key to the Metaverse[C]//1st International Conference on 6G Networking(6GNet),2022:1-8.
[3] 马红兵,聂昌,冯毅,等. 移动通信频谱技术与 5G 频率部署[M]. 北京:电子工业出版社,2020.
[4] 陈鹏. 5G 移动通信网络:从标准到实践[M]. 北京:机械工业出版社,2020.
[5] VISWANATHAN H,MOGENSEN P. Communications in the 6G Era[J]. IEEE Access,2020(8):57063-57074.
[6] 高泽华,孙文生. 物联网:体系结构、协议标准与无线通信[M]. 北京:清华大学出版社,2020.
[7] 丹·C. 马里恩斯库. 云计算:原理、应用、管理与安全[M]. 余堃,蔺立凡,等译. 2 版. 北京:机械工业出版社,2021.
[8] 施巍松,刘芳,孙辉,等. 边缘计算[M]. 2 版. 北京:科学出版社,2021.
[9] SHI W,JIE C,QUAN Z,et al. Edge computing:vision and challenges[J]. IEEE Internet of Things Journal,2016,3(5):637-646.
[10] 雷波,陈运清,等. 边缘计算与算力网络:5G+AI 时代的新型算力平台与网络连接[M]. 北京:电子工业出版社,2020.

第三篇
元宇宙与数字经济

第九章　元宇宙数据要素市场

数据要素在未来数字经济的发展中起到支撑作用，同时也是未来发展的必然趋势。中国信息通信研究院的数据显示，近十年来我国数字经济的规模正在飞速发展，数字经济占GDP比重由14.2％提升至38.6％，规模总量由6万亿元增长到39.2万亿元。可以说数据对提高生产力的作用是非常关键的，提高生产效率的重要手段是运用数字技术体现并释放数据生产要素的价值，当下市场经济除了要对数据要素进行配置，至关重要的一点是对数据要素市场进行配置。那么从数据要素的产生到数据要素市场的构建具体是怎样的呢？数据要素市场的运行机制及其发展面临的挑战又有哪些呢？本章将进行系统讲述。

第一节　现代数据要素

一、数据要素是社会生产力发展的产物

数据要素同其他生产要素一样是社会生产力的构成要素，也是生产要素发展的结果。科学技术的发展会不断催生新的生产要素替代旧的生产要素从而促进社会生产力的发展。

劳动力和生产资料是人类社会生产劳动的基本要素，人的素质和能力的提升可以促进劳动力的升级，生产资料的改善及其他自然资源的开发和利用则可以提高和维护生产要素。马克思认为："机器的使用会使机器生产的商品的价格便宜，所有造成这种结果的情况总是会减少单个商品所吸收的劳动量。"[1]这是基于工业革命生产力的大幅度提高而必然出现的现象。随着科学技术的不断发展，新一代工业、技术革新已经到来，数据作为工业时代知识进程和数字化的核心要素，与现代社会的经济、生活密不可分。资金流入、技术革新、设备改良等虽然是重要的生成条件，但数据要素作为数字技术的基础，也正在潜移默化地融入生产过程，个性化技术和设备正在逐步实现数字化、信息化和智能化，数据的应用进一步提高和解放了社会生产力。正如"数据开始渗透进入人类社会生产生活的方方面面，推动人类价值创造能力发生新的飞跃。由网络所承载的数据、由数据所萃取的信息、由信息所升华的知识，正在成为企业经营决策的新驱动、商品服务贸易的新内容、社会全面治理的新手段，带来了新的价值"[2]。

随着工业社会和数字经济时代的降临，作为新兴生产要素的数据则成为了生产力和生产资料的重要组成部分，这是发展数字经济的必然趋势和客观需求。传统的生产要素是时

代的发展决定的,其中劳动力和实物用品(工具和设备)是重要的生产要素。企业和当局根据市场信号、技术和经济等信息进行决策和调整,生产成本中信息的占比较低或几乎不作为成本考虑,但随着信息数据的标准化和有偿化,信息交易已经形成了庞大的市场,如常用的知网,需要付费获取的数据资料等。随着数字经济的发展,数据将融入经济和社会生产的方方面面,扮演着日渐明确的角色,为市场繁荣和经济发展做出重要贡献。同时数字经济的发展也离不开数据技术的支持,数据作为数字经济发展不可或缺的要素和基础,将有助于传统生产要素的转变和升级。人类社会已经从传统农业社会向现代工业社会转变,转向了智能工业社会和数字经济时代。其中资本流入,技术支撑,劳动效率提高以及数据技术应用已成为数字经济时代的四大生产要素,其中数据是数字经济的基础,更是数据技术的核心。

数据的系统化和专业化应用离不开信息技术和互联网的普及发展,同时各行各业的发展、连接和融合也是数据要素交易的过程,这是数据要素融入市场作为生产力的重要环节。

二、数据要素价值源于劳动

数据要素的价值在于重建了人类对客观世界理解、预测、控制的新体系新模式。尤其是《"十四五"大数据产业发展规划》的出台,提出了坚持数据要素观,将释放数据要素价值作为导向,大力推进衡量、交换和分配数据要素价值的要求,激发产业链各环节潜能,以价值链引领产业链、创新链,推动产业高质量发展。

数据既是生产要素,又是生产劳动成果。因此数据的价值同样来源于劳动,例如,通过数字技术、计算机和互联网技术创造价值,这也是一种复杂劳动,而马克思则认为"复杂劳动等价于简单劳动的累积",所以复杂劳动在同样的时间里通常也可以带来比简单劳动更多的价值。

通过数字计算机技术生产数据产品有以下几个过程。

(1) 挖掘与处理数据,根据目标领域采集原始数据信息,通过将文字、图像、声音等数字形式转换为计算机语言,统计、归类和整理,最终能够建立一种规范化的和可格式化处理的数据形式和数据资产,这一步就是数据劳动专业工作的一个基础环节,该基础环节便可以迅速产出阶段性数据产品。

(2) 数据规范化与结构化,基于挖掘和整理的数据,提取有效信息,条分缕析,归类命名,遵循数据的内在规律进行排列组合和储存以便修改、查询。通过数据规范化与结构化的过程,达到数据结构清晰和规范表述,对于后续数据分析处理和产业应用具有重要意义。

(3) 联通和集成数据,把数据系统中封闭、独立的信息互通互联,进而准确地服务于人们的分析决策,"数据集成是一个数据整合的过程。通过综合各数据源,将拥有不同结构、不同属性的数据整合归纳在一起,为外部提供统一的访问结构,进而实现全面的数据共享。"联通和集成数据是数据共享和数据分析的基础。

(4) 分析与储存数据,作为生产要素的数据需要进一步分析、储存与处理,通过对数据识别、归档、规律分析,为国民经济产业应用提供便捷、实用和真实的数据信息。同时也为企业决策和政府部门精准调控提供了依据和基础,这是数据要素价值化的关键环节。

(5) 数据库与数据软件，借助计算机，在处理、储存数据的基础上形成可传输、共享和统一管理的文件库，并进一步封装为数据服务软件，为各行各业提供基础的数据服务。

三、数据资产与数据分类

中国信通院专家指出，数据资产都是直接由公司内部管理运营和掌握的，可以为公司提供未来经济收益的，采用物理和电子方法记录的数据资料，如电子数据、文档资料等。数据资产的定义概念目前缺乏完全统一完整的概念理论，其中朱扬勇、叶雅珍的观点为数据资产即在具备了数据权属特征（所有权、勘探权、使用权）的，可进行测量、可提供阅读、具有重大实用价值的信息网络空间领域中构成的一种数据集。光大银行 & 瞭望智库认为，企业能够合法有效掌握的或可控制，并且能预计会在未来某一定经济时期框架内继续为其企业自身创造实际经济利益并通过电子方式记录下的资产为数据资产。

数据可以视为资产，是生产要素中的一部分。数据拥有原始和共享的价值，这里涉及数据的所有权，生产经营数据具有独立性和营利性，既构成了企业的经营成本与价值，又免费服务于政府部门和公共事业。数据分类是数据资产管理的第一步，无论是对数据资产进行编目、标准化，还是数据的确权、管理，抑或是提供数据资产服务，有效的数据分类都是主要任务。能够以数据产权、数据性质数据功能和数据产品四个方面进行分类，包括社会管理数据和生产经营数据、公共数据和私人数据、专业数据和综合数据基础技术类和分析管理类产品。

四、数据要素的功能和特点

数据要素是数字经济最关键的资源，具备可复制、可共享、可无限供给等特点，这些特点突破了土地、资本等传统生产要素有限供给对经济发展促进作用的限制。因此数据要素在现代经济社会的关键作用已成为共识。数据要素在经过市场配置之后，融入了民生经济的各个方面，在经济活动中发挥了独有的作用，分别是：①数据有利于提高经济活动的科学性；②数据有利于经济活动的规划性；③数据有利于企业精细化管理和政府部门精准决策；④数据赋能实体经济。

加快培育发展数据要素市场，需要首先认清数据作为一种新的生产要素所呈现出的独特特征。从本质来看，与资本、劳动、技术等传统生产要素相比，数据生产要素的独特特征有五个：虚拟性、通用性、即时性、共享性和外部性。

(1) 虚拟性。数据在互联网中传输、储存与运行需要识别真伪和防止数据泡沫。

(2) 通用性。数据在同行业内具有普适性，能够反映一个行业的整体特征，一定程度上能够反应相似的行业，便捷的同时又节约成本。

(3) 即时性。基于云计算和云空间，数据通过互联网传递，很大程度上避免了传统生产要素的滞后性和盲目性。

(4) 共享性。数据可复制可传递，突破和克服了行业之间的局限和壁垒。

(5) 外部性。因为数据信息外溢只是为某些其他新经济主体提供出了一个新形式的新经济利益,可能无法让数据产权主题所有者获得应有的价值回报。同时数据市场的"搭便车"行为与有偿开放使用也存在许多问题。数据公开使用中的外部性问题是数据市场建设规范化、标准化的一个内在客观道德要求。

第二节 数据要素市场及其运行

当今世界,数据在全球经济运转中的价值日益凸显,国际间抢夺数字经济制高点的竞争日趋激烈。中国正准备建立一个高标准的数据要素市场,所谓高标准就是要在全球对标的水准上提出数据要素市场建设的中国方案。《建设高标准市场体系行动方案》提出要基本建成统一开放、竞争有序、制度完备、治理完善的高标准市场体系。其中深化要素市场化配置体制机制改革是建设高标准市场体系的重点和难点。高标准的数据要素市场建设更应该创造性地符合这样的高标准要求,突出开放对接、数据全球流动,彰显对全球数字经济的有序竞争规则的示范引导,健全对数据要素交易的监管保护和法律保障,以及完善交易市场体系和中介服务产业[5]。因此了解和掌握数据要素市场的概念及其运行机制,对于高标准数据要素市场的建立至关重要。

一、数据要素市场的概念及类别

数据在流动中产生价值,数据要素市场就是将尚未完全由市场配置的数据要素转向由市场配置的动态过程,其目的是形成以市场为根本调配机制。可以从以下几个方面加深对数据要素市场的理解。

(1) 数据要素价值:从数据要素价值的角度,数据产业化和价值化过程中的交易买卖关系,以及数据交易买卖的场所和领域共同构成数据要素市场。

(2) 金融和经济:数据要素市场类似于金融和经济领域的直接融资模式,属于分布式的整体架构,具有分散和非标准化的属性,能够适应多方面的需求和多领域的外部市场,只有部分标准较高的数据要素才能满足集中交易。

(3) 保障和场所:数据要素市场是保障交易双方实现高效、有序、安全的数据产品交易和提供场所的关键。

《中国数据要素市场发展报告(2020—2021)》将我国数据要素市场归结为七大模块:数据采集、数据存储、数据加工、数据流通、数据分析、数据应用、生态保障七大模块,覆盖数据要素从产生到发生要素作用的全过程[3]。

二、数据要素市场运行机制

我国社会主义市场经济是建立在全社会人身自由基础上的,劳动力实现商品化的工商业私有经济,是商品经济的升级版,通过社会资源配置实现商品价值。实践证明,通过市场配置这一经济活动，我国的经济取得了长足的进步和发展。基于此，数据要素的配置同样需要依靠市场配置。

（1）价格机制：市场定价的基础是价值，而数据产品具有虚拟性，因此其价值难以直观确定，往往需要交易双方磋商直至满意的价格，不统一的价格增大了市场定价的难度。这一点可以参考通过成本法、收益法和市场法对数据产品和数据资产进行估值。

（2）供求机制：数据产品是社会劳动和生产力发展的产物，是一种稀缺的新兴生产要素。在买卖双方的交易中，为了保障社会生产经营的健康发展，数据产品需要通过社会主义市场按照一定比例配置到各个领域。作为社会供求关系中的重要一环，数据产品的供求状况不仅给市场配置的效率带来影响，还影响了数据产品的定价和竞争。

（3）竞争机制：数据产物的良性市场竞争可以优化市场配置，有利于提高市场经济的效率和降低成本，防止部分企业垄断市场经济，因此数据产品的创新竞争赋予经济社会发展新动能。

三、数据要素市场运行成果

数字经济社会下，数据要素能够加快企业和组织的转型发展，从信息媒介、信用媒介和创新媒介三个方面发挥主要作用。从价值点复用模式、价值链整合模式、价值网络多样化模式和价值生态开放共创模式四个模型实现产业增值、提升效益和网络化、数字化转型。

（1）赋能现代农业发展：数据要素市场为现代农业提供了技术基础，计算机和互联网技术融入农业生产，对拓展农业市场、预测农产品市场、集约化农业经营具有推动作用，进一步加快了农业科技的应用与更新换代。换言之，数据要素赋能农业，加快了我国农业智能化、工业化和现代化的进程。

（2）赋能现代工业：数据要素为现代工业和制造业向智能化、数字化提供了数据基础，也为工业制造设备的创新升级提供了技术基础，在航空航天、生物医药、钢铁化工等工业领域的发展提供了数据技术基础，助力我国成为技术创新型国家。

（3）赋能现代基础建设：矿业、交通、建筑、通信等产业基于数据要素市场的发展，取得了长足的进步，推进了基础建设的信息化、数字化和智能化。

（4）赋能现代服务业：数据要素实现了现代服务业的数字化转型升级，万物互通互联，城市交通、家电产品、医疗养老等融入数据要素后，改善了人们的生活。

第三节 规范化数据要素市场

《2022年国务院政府工作报告》提出："完善数字经济治理，要加强经济治理，加强体制机制建设，健全法律法规和政策制度。"中共中央、国务院发布的《关于构建更加完善的要素市场化配置体制机制的意见》也进一步提出，要加快培育数字要素市场的速度、推进数据要素的市场化配置、充分挖掘数据要素价值、提高数据要素配置效率、充分发挥数据作为关键生产要素的作用,不仅是党和政府审时度势的精准研判,更是广大市场微观主体的迫切愿望[4]。

当前,我国数据要素市场培育还面临着国内法律监管规则缺位、公共数据开放共享不足、数字标准体系建设滞后、新基建新场景存在差距、多层次市场体系和中介服务业培育滞后等突出问题。因此,在了解生产要素演变规律的基础上,对数据生产要素进行充分的认知,致力培育规范的数据要素市场,采取一系列有针对性的措施,对推动数据生产要素市场的有效发展具有重大意义。

一、培育规范的数据要素市场

数据要素市场还存在诸多的问题:①数据交易还未得到妥善监管,还处于行业自治状态,定价不规范,缺乏统一标准,有部分企业垄断的不良趋势。②现行数据具有短期性,市场发育不成熟,交易程序不健康不稳定,平台缺失,易发生欺诈行为。③数据确权界定不清晰,公共数据与私人数据没有标准去划定,市场应用时期较短,价值确定存在困难。④缺乏诚信的数据市场交易机制和良性互动的数据交易系统。易发生数据缺漏,盗窃与滥用。

因此培育规范的数据要素市场需要从以下几个方面入手。

(1) 高标准完善数据要素全生命周期的法律保障体系。一是加快制定和完善覆盖数据要素"生产、交易、应用、标准、安全"各方面的市场法律体系,突破确权和流转使用中的法律难题。二是构建全国一体化的数据市场监管体系。全国层面筹建国家数据市场监管部门,地方设立各层级的大数据局和大数据交易所(中心),明确市场监管主体。

(2) 高标准构建数据要素交易前沿技术生态群。包括充分发挥数字技术应用场景丰富的优势,突破区块链、5G、大数据、云计算等领域的数据要素交易前沿技术,构建自主可控的核心专利生态群。汇集私募股权/风险投资等产业资本进入数据要素领域的重大新基建,集聚一批全球顶级数据要素交易领域的专业人才,推进数据要素交易市场和周边产业发展。

(3) 高标准推进数据要素市场化配套改革。建议试点"数字要素跨境自贸区"建设,依托国内庞大的数据要素市场以及数字经济与数字技术优势,大力发展跨境数据交易、处理、流转等新兴业态,为全球数字经济提供安全、流畅、高效的全球化数据服务,为我国数字企业安全可控走向国际市场提供保障。自贸区可以为来华的国际数字企业提供数据托管服务,大力发展数据外包产业,同时保障中国本土敏感数据的安全可控和国外敏感数据在华的安全流转。

(4) 高标准开放公共共享数据,迅速扩大数据市场基数锁定全球数据要素流动的规模锚定效应。市场流动规模和核心技术一样是确立全球话语权的重要因素,当前迅速扩大我国数据要素市场流量规模的增长点在于海量公共数据的市场化流转使用。一是建议推动各地、各部门制定《数据资源目录》《数据要素上市负面清单》《公共数据上市前处理规范》,按"非限制即共享、非特例即共享"原则,加快政府公共数据利用和开发。二是建议建立"公共数据开发"招标制度,引导合规企业参与公共数据挖掘和市场化数据产品创新。持续扩大公共数据应用场景,以市场需求促进企业数据要素生产与上市。

（5）高标准开发数据要素技术标准体系。在立法基础上，建立确权、分级、转化、上市标准规范，构建数据采集、存储、传输、处理、使用和分配等各流通环节操作标准，建立国家标准、地方标准、行业标准三级体系。同时积极参与国际规则制定和中国标准的国际化推广，依托国内市场规模，拼抢国际标准的话语权。

（6）高标准建设数据要素交易的基础设施。重点实施一批数据要素交易领域的重大新基建项目，推进数据要素交易基础设施的互联汇通。加强多层次、多元化数据要素市场的顶层设计，加快分布式要素交易所（中心）的培育。引入数据资源头部企业、市场活跃创新企业和科研院所科技力量，共同推进数据交易平台建设[5]。

二、数据市场规范化的制度保障

当前，我国数据要素市场培育还面临着国内法律监管规则缺位、公共数据开放共享不足、数字标准体系建设滞后、新基建新场景存在差距、多层次市场体系和中介服务业培育滞后等突出问题。

（1）法律监管规制建设滞后，有可能削弱我国的立法话语权。将数据要素作为基础性战略资源配置的前提，是立法确立数据要素市场交易的合法性。目前，数据要素市场还缺乏针对数据采集、数据确权、共享开发、流通交易、应用场景的国家法律保障，监管规则也滞后于要素流转实践。数据要素全生命周期和全交易链监管规则缺位。高频、海量数据要素的流转交易缺少与之相适应的监管体制与监管技术。数据资源的国家安全利益时常面临威胁。我国在全球数字经济竞争中面临着如何影响国际立法规则的巨大挑战。

（2）公共数据开放共享面临两大瓶颈，制约我国的市场话语权。市场规模决定市场地位，数据流量决定话语分量。海量的公共数据资源依然滞留于各部门、各地方的信息孤岛中。关键瓶颈在于：一是公共数据脱敏脱密的标准规范不清晰、不一致、难协调，导致公共数据难以完全符合开放共享要求；二是负责公共数据清洗、分级分类、脱敏脱密、共享交换的专业服务机构和市场培育不足。

（3）数字标准体系建设迟缓，影响我国的规则话语权。一是数据采集、开放、分级、质量、安全等关键共性技术领域的标准制定滞后，导致数据要素交易只能采取粗放式管理，影响数据价值释放。尤其是涉及传统产业的工业大数据、工业互联网等重点领域。二是数据要素交易和中介服务的应用标准滞后，制约企业数据要素资源的价值转换，加大中小企业参与数据要素市场的难度。

（4）数字基础设施和产业应用发展不平衡，制约我国的发展话语权。数据交易基础设施建设存在东部沿海与中西部间的地区差距、数字产业与传统产业间的行业差异、智慧城市与数字农村的城乡落差，制约全国统一的数据要素市场的高标准培育。政务、金融、商务、贸易等领域应用场景持续丰富，但在两化融合、实体转型、公共安全、生命健康、城市管理等方面的应用场景面临瓶颈。一是结构性融合问题，消费、流通类数据要素与产业融合较为领先，工业数据要素与实体产业融合相对滞后；二是标准性融合问题，传统产业中小企业居多，在无共性技术方案支持下，工业数据入网水平低、关键工序数控率低、作业标准化低、数字采集难度高、大数据汇集难度高。

（5）多层次交易市场和中介服务培育滞后，约束我国的交易话语权。一是缺少安全、高效、便捷的大数据交易系统及交易管理模式。二是支撑数据要素采集、交易与使用的"网边云端心"基础设施的全国网络布局尚未形成。需要加强顶层设计，加快工业互联网、边缘计算、云上平台、存储服务交易终端、超算中心等布局建设。三是数据中介服务业培育不足。现有数据开发服务业的规模和能力与数字要素交易服务的巨大需求不相适应。

第四节　构建数据要素市场的必要性和意义

培育数据要素市场是时代新要求。目前我国数据要素市场建设总体滞后于现实需求，加快推进数据要素市场化、价值化进程，构建安全高效、统一完备的数据要素市场体系，是新时代我国经济发展和统一大市场建设的本质要求。

数据要素作为现代产业体系的核心要素之一，不仅在全球数字竞争中扮演重要角色，也是数字经济新引擎的原动力。高标准推进数据要素市场化配置这一牵引性的重大改革，不仅关系到我国数字经济的蓬勃发展和数字化改革的深入推进，而且关系到我国在数字经济和数字治理中的全球话语权，影响深远。2020年4月，中共中央、国务院发布《关于构建更加完善的要素市场化配置体制机制的意见》，将数据作为与土地、劳动力、资本、技术等传统要素并列的第五大生产要素，指出要加快数据要素市场的培育[6]。2021年1月中共中央办公厅、国务院办公厅印发的《建设高标准市场体系行动方案》提出要"推进要素资源高效配置"。2022年3月，提请十三届全国人大五次会议审查的计划报告中再次提出要加快培育数据要素市场。随着数字经济时代的到来，数据成为模拟土地和能源的核心战略资源，在提高全要素生产率方面发挥着异乎寻常的作用。数据要素不仅可以在供给侧降低市场调研、交通运输等生产成本，避免原有经济活动中难以避免的资源消耗，也可以在需求侧减小信息不对称影响，以降低消费者的搜寻成本。同时，数据要素可以依托数字技术与传统产业深度融合，实现数字赋能下信息的实时传输与处理，提高经济运行效率。

当前推进数据要素大市场建设正当其时。目前我国数字经济规模占GDP比重近四成，贡献率近七成，预计"十四五"期间年均增速将达11.3%，是经济发展的重要引擎。同时，全国各地积极探索创新数据要素市场培育模式：北京提出建设数据专区，积极培育数据服务企业；浙江聚焦数字应用牵引，提升数据要素供给质量；广东推进建设公共数据的"一级市场"，鼓励发展数据交易"二级市场"。因此，加速经济高质量转型升级的关键措施是建立新的数据要素市场分配制度。数据要素大市场建设已成为各级政府、市场主体和社会各界的共同期盼，亟待推进。

一、有效解放数字化生产力

数据在提高经济生产力、经济增长、促进新产品和服务的创造方面发挥着重要作用。数据作为参与分配的因素参与了经济结构的变化，替代了如土地、资本、技术、劳动力等生产要素。这两个方面体现了数据作为生产要素的重要性。生产的分配会被要素和经济结构的变化所影响，从而影响收入的分配。将数据要素重新配置到生产系统中，就如同将资本要素的供应的是来自于资本积累一样，形成了生产的闭环。同时，通信基础设施的完善性也决定了数据要素的供应程度。最后，目前仅仅停留在产品表面的供给侧结构性改革是不够的，还需要在逐渐完善互联网设施的基础上，优化各种生产要素之间的组合。目前我国的数据资源流通还存在很多瓶颈，尚未形成作为生产要素的类资产商业化机制。数据的流通和共享机制得到了工业界和学术界的广泛关注，其中数据的所有权界定、定价机制、流通可靠性以及数据的质量评估问题亟待解决。

数据要素流通缓慢的根本原因在于数据资源碎片化严重，无法自由流通。市场配置数据资源要素的自由流通可以使现有的数据滥用、非法交易、数据垄断等现象得到有效清除，才能有效改善数字生产关系，解放和发展数字生产力，以适应供需结构的变化。

二、推动经济高质量发展

现在数据要素的价格同劳动力、技术、资本等生产要素相同需要经过市场这双无形的手来决定，从而实现需求决定价格，配置高效而公平，数据要素可以高效合规流动使用。

纵观人类发展，生产要素经过几轮经济周期的转型，从小农时代的土地要素到工业时代的机械和能源要素，再到现代的以数据和知识要素为内核的数字经济时代，发生了巨大的转变。在康德拉季耶夫的长波理论和其他理论所代表的工业革命进程中，数据在推动工业智能和催生新的生产组织形式方面的作用不断涌现，再次成为工业革命的一部分。

数据资源与数据对人类社会商业模式有着深远的影响，有学者对其做出了深刻探讨，维克托·迈尔-舍恩伯格和史蒂夫·洛尔等人将其概括为三个基本特征：第一，生产方式的规模化角度，数据要素可以用来表征新的劳动数据形式的规模，大数据的生产与计算机网络相连可以扩大生产规模；第二，生产方式的自动化角度，在面临商业智能问题时，可以利用数据要素的自动化和智能化特征进行解决。第三，劳动资料的生产形式角度，与第一次和第二次工业革命相比，经济的发展离不开机器与工业体系的相互匹配，而物联网体系对于大数据而言，有着巨大的作用，只有两者相互联系，才能体现其经济价值，当两者相辅相成时，数据才能成为劳动资料。数据是当前时代发展的重中之重，并且在未来，数字经济时代对于数据的需求日益增高，其作为生产要素的职能显得越发重要，时至今日，数据已成为与土地、能源并肩的核心战略资源，因此，在数字经济时代浪潮的带动下，分配关系必然要随着新的趋势进行转变，这就表明，探索建立新的数据要素市场配置机制，是促进经济转型升级、实现高质量发展的重要措施。

社会主义市场经济体制的主要内容之一，就是完善数据要素的市场化程度。在党的十九届四中全会中，首次将以按劳分配为主体、多种分配方式并存和社会主义市场经济体制纳入我国社会主义基本经济制度，其中解决好按生产要素参与分配是"多种分配方式并存"关键。数据作为生产要素参与收入分配是数字经济时代分配制度与时俱进的关键之一和重大理论创新。数据要素市场化是促进数据要素参与收入分配、完善要素分配制度的重要措施。通过数据要素市场化，可以加快形成兼顾开放性、发展性和包容性的数据产权制度,形成科学合理的数据要素价格形成机制。科学量化多元数据主体的要素贡献,有利于完善数据要素贡献的市场评价和数据要素收益的确定机制,保证数据要素收益高效、公平的初次分配,让企业和个人有更多的活力和空间利用数据要素创造财富、发展经济。

(一)推动我国区域协调发展的新纽带

数据要素对经济地理会造成巨大的改革和影响,原因是其拥有超越时间和空间的特殊性质。有学者认为,聚焦于电话号码、卫星追踪和互联网选址的新地理学正逐渐替代传统的基于国家和海岸线的地理学,因而新地理学将被用于解释和描述新的空间,具有更为广阔的应用价值。如今,国家立足重点区域协同发展战略,包括围绕"一带一路"、京津冀协同发展、长江经济带、粤港澳大湾区等,正在开展规模化和体系化数据应用,同时兼顾促进科技创新与成果转化试点。由此,实现数字成果的惠及民生,为人民创造价值。跨越时间和空间作为数据的一大重要特点,已经成为数字经济时代人才、资金、技术、产业等资源跨区域流通的重要纽带。目前,国家正在推动的一些地区统筹发展策略中,将大数据资源的跨地域流动视为关键线索。从国内层面来看,当前中国的数字经济的社会发展过程中不同地区之间浮现出许多结构性失衡的问题,尤其是中西部和东部地区,东部区域存在整体能力强但计算机基础设施与资源紧张的问题,而中西部地区则处于能源与算力资源丰富,配套产业发展水平低,能源调配不均衡的状态。因此通过以国家为基础的大规模数据要素流通大市场,有助于加快推进区域协调发展战略,在中西部构建新的数字经济增长端,最终完成东中西部区域协同发展的新愿景[7]。

(二)成为规模收益增长的经济发展模式

数据是数字经济的核心生产要素,数据要素的集成与流动是实现产业数字化、网络化和智能化转型的动力源。数据要素市场化有效地提高了数据供应能力,控制了数据应用成本,促进了从源头到数据利润的最大化。数据要素市场化促进了要素质量的提高。通过数据要素市场与其他要素市场的协同互动,实现劳动力、技术、资本等生产要素流的全面数字化、智能化转化,提高实体经济要素的投入量和质量。数据要素市场化推动实体经济向精细布局、精准服务、灵活生产方向转型升级。例如,设计阶段的大规模定制、生产阶段的智能制造、营销阶段的正确推进,不断提升行业生产力和增值水平。数据要素市场化促进了实体经济动能的转化。通过市场化配置,可以发挥数据低成本流通和规模收益增长的优势,克服传统要素资源总量限制,形成规模收益增长的经济发展模式[8]。

三、夺取未来全球竞争的顶峰

数据在当前世界经济运行和信息革命的大浪潮中属于关键要素之一,蕴含的能量越来越突出。数据在数字经济时代的地位可以与石油资源在工业经济时代的地位相媲美,被认为是当今最重要的战略资源。通过海量的数据搜集处理与分析,分布式计算、高性能计算、量子计算、智能计算等计算框架不断涌现,"计算力"系统极大地推动了经济发展。随着数字经济时代的发展,数据俨然成为该时代的核心生产要素,同时也是信息革命的重要成果。换言之,未来世界工业化和智能化进程的重要影响因素为数据。一方面,目前,数据在世界经济运行中的价值越来越突出,数字经济的国际竞争也越发激烈与残酷,根据各国和国际组织的规划部署,数据要素将进一步渗透,促进制造领域的改革更新,推动生产组织变革,同时与新兴制造技术深度融合,推动市场发生重大变化。另一方面,世界老龄化趋势日益明显,经济金融周期面临调整,这些变化将给经济增长带来一定压力,可以预见中国的经济结构必将发生转型和变化。过去几十年,我国主要通过投资、消费、出口三驾马车拉动经济增长并参与全球竞争,在未来经济发展中,需要加速数据要素市场的建设步伐,重点把握和引导数据和创新产生的红利,为数字经济时代在全球竞争中取得新优势[7]。

在当前时代,科技革命已经成为获得全球科技的非对称竞争优势的突破口之一。一些核心领域技术与大数据的交叉融合创新成为新一轮科技革命的显著特点,如生命科学领域,目前每年全球产生的数据总量已经高达 EB 级,国际公开的生物数据也已经高达 450TB,此外在空间科学领域,全球卫星等系统日均产生的对地观测数据也已到达 TB 级。当前大数据科学与技术从某种意义上已经包含生物、能源、环境等许多领域,以数据驱动为主的创新模式已成为这些领域的创新范式。在我国,一些高价值的科技数据在未完全利用的情况下已被国外相关组织与个人使用,也说明我国在利用与共享数据资源的能力方面仍需加快提升。自 1980 年起,在生命科学领域出现了三大垄断性的生物数据中心:美国国家生物技术信息中心(NCBI);欧洲生物信息研究所(EBI);日本 DNA 数据库(DDBJ)。而我国的生物数据中心目前还无法满足国内科研所需,据统计,每年的国际生物数据有 55% 的下载属地为国内,也说明了我国的生物科研数据还较依赖国外引进。在未来的发展中,国家科学数据的收集共享以及以大数据为基础的产学研协同创新都会成为数据要素化市场机制建立的关键点,AI、5G、区块链等关键技术的良好发展也会成为新科技革命中获得非对称竞争优势的增长点。

四、构建"双循环"新发展格局

"双循环"新发展格局即国内国际双循环相互促进发展的新发展格局,其重点是打通国内主要流通渠道,开放生产、流通、消费等环节,同时加快国内外双循环。新发展格局有效地塑造了我国国际合作和竞争的新优势,在数据市场中,新发展格局促进了我国企业数字化转型和产业结构转型升级,解决了分配过程中的信息不对称问题,提高了资源配置与经济运行效率,能快速实现高水平的自立自强。"双循环"新发展格局在实现信息的交流与共享、数据平台的构建、打破流通环节壁垒等方面具有巨大的作用,从而将资源的比较优势转化为经济优势,提高了我国资源流通质量,减轻了产业转移压力。数据元素市场化在消费环节也能够提高传统元素的价值转换率。智能消费、信息消费等新型消费方式的发展也促进了数字贸易的发展,促进了国内外双循环良性发展。

五、国内外数据要素市场的发展

数字经济时代下,数据作为生产要素智能,具有外部性、非结构化、非标准性、资源标记可变性、边际成本递减、规模报酬递增等特征,其特征使得数据的开发与利用环节产生了很多问题。新时代大数据技术发展需要致力于解决这些问题。

(一) 外部性问题的复杂性

(1) 很难平衡数据的充分利用、数据相关主体的权益和数据安全,需要考虑三者的平衡。

(2) 隐私成本的异质性和不确定性导致科斯定理的失败。科斯定理认为,只要产权定义明确,产权的初始分配并不重要。如果市场环境完善,这样的初始定义不会带来任何效率损失,因为市场会自发地对这一权利进行交易,最终形成最优的资源配置结果。但现实更为复杂。例如,隐私成本具有多样性和不确定性,不同年龄、性别和教育水平的人对隐私保护的偏好差异很大。此外,《中华人民共和国民法典》区分了隐私和个人信息这两个概念,个人信息和隐私的敏感性将在不同的情况下发生变化。因此,隐私的成本不是固定的。此外,个人可能很难完全了解数据使用的后果,因此人们无法评估数据授权对自己的影响。

(3) 它实际上可能会加强企业的数据垄断,因为当个人数据收集是基于知情同意的前提下,在互联网大平台和小平台之间,用户通常会更加信任前者,从而增强此类企业在数据市场上的市场力。

(4) 隐私和安全法规效果的不确定性。这种不确定性主要来自两个方面。首先,企业和平台可能会战略性地"打包"隐私条款,例如增加隐私条款的长度,消费者没有精力阅读或根本无法理解这些条款。

(5) 商业秘密的保护不能有效满足数据生产和使用的需要。目前,商业数据的产权没有明确的定义,主要受版权法或反不正当竞争法的保护。在不利产权保护情况下,企业将以商业秘密的形式保护其最有价值的信息,这显然不利于知识的社会传播。非公共、半公共和公共数据场景之间也存在巨大差异。

(二) 数据垄断成因、行为与后果的复杂性

数据垄断的核心在于数据是否具有排他性。数据垄断的原因和后果是复杂的。以下是一些可以加强或削弱数据垄断的因素。

第一个促成因素是数据接口和通道的竞争。第二个加强因素是结合数据和网络效应的新的正反馈机制。借助大数据,平台可以通过个性化推荐和产品排名,提高用户之间的匹配效率,改善用户体验,形成新的正面反馈。用户体验好,所以更多的用户加入,他们的行为会产生更多的大数据,这进一步增强了平台的数据能力。第三个加强因素是"非此即彼"的独家合同,其中可以捆绑计算机和操作系统。第四个强化因素是数据的规模经济和范围经济。第五个强化因素是其他市场的集中度。在许多情况下,数据是行为的副产品。在其他市场具有垄断地位的公司具有强大的市场实力,并控制相应的数据采集接口。

然而,也有许多因素会削弱数据集中度。第一个弱化因素是用户的多重所有权,第二个弱化因素是用户偏好的异质性。这两个因素的结合可以为平台的差异化发展提供空间。第三个弱化因素是数据的多样性和替代性。第四个弱化因素是数据的及时性,这意味着现有数据会随着时间的推移而失去价值。还可以讨论隐私法规的潜在影响。隐私法规可能会增加市场的垄断程度,并可能限制这些公司在数据收集方面的行为。因此,它对数据垄

断的影响可能是双重的。垄断的结果不一定是反效率和反福利的。许多平台基于大数据进行个性化匹配,有利于促进市场繁荣,降低市场交易成本。当企业的数据行为和数据集中度受到干扰时,可能会相应地失去效率。

此外,数据垄断的来源是什么?是消除竞争还是培养企业自身的创新和数据能力?如果一个企业因为能力更强而被垄断,例如,它的算法发展得更好、效率更高,那么对数据集中的干预将阻止企业进行技术创新。基于大数据功能的平台的行为影响也很复杂。一方面,大数据可以用来改善用户体验,这是一个积极的效果。然而,现实中存在"大数据杀戮"和"算法歧视",可能带来负面影响。

一、名词解释
大数据杀戮　算法歧视　数据要素　数据垄断　数据要素市场

二、简答题
1. 简述数据要素市场的产生和发展过程。
2. 简述数据要素市场的作用和意义。
3. 简述国内数据要素市场的发展现状。
4. 简述国外数据要素市场的优势。
5. 简述规划化数据要素市场的意义。

[1] 卡尔·马克思.资本论[M].中共中央马克思恩格斯列宁斯大林著作编译局,译.北京:人民出版社,1975.

[2] 维克托·迈尔-舍恩伯格.大数据时代:生活、工作与思维的大变革[M].盛杨燕,周涛,译.杭州:浙江人民出版社,2013.

[3] 何小龙.中国数据要素市场发展报告(2020—2021)[J].软件和集成电路,2021(5):57-58.

[4] 欧阳日辉.我国多层次数据要素交易市场体系建设机制与路径[J].江西社会科学,2022,42(3):64-75,206,207.

[5] 徐欧露,陈晓红.拼抢数字经济全球话语权[J].瞭望,2019(19):22-24.

[6] 鲁泽霖,陈岩.数据要素市场化的理论内涵、现实挑战和实践路径[J].信息通信技术与政策,2022(1):11-18.

[7] 于施洋,王建冬,郭巧敏.我国构建数据新型要素市场体系面临的挑战与对策[J].电子政务,2020(3):2-12.

第十章　元宇宙数字经济系统

2020—2023年，突发公共卫生事件的蔓延导致世界经济下行，在诸多不确定因素的冲击下，国际发展形势严峻，然而突发公共卫生事件却成为数字化转型催化剂，长期形成的工业化生活方式、管理方式、经济体系等，由于突发公共卫生事件带来的变化而加速变革，演化出新的形式。

面对国际格局重塑、经济形势严峻等挑战，各国纷纷调整发展策略，提出自己的解决方案，主要聚焦于技术创新、数字基础设施建设，特别是中小企业数字化转型、数字化促进绿色化发展。目前全球数字经济正加速向全面化、绿色化、智能化的方向转变。

第一节　数字经济新生态

"数字经济"一词最早由加拿大商业总监和战略家 Don Tapscott 于 1995 年在书籍《数字经济：网络情报时代的承诺与危险》中提出，预言了互联网将会给人们的生活带来重大的变化。数字经济在技术层面上，包括物联网（IoT）、云计算、大数据分析、区块链、人工智能等新兴技术。在应用层面上，相较传统经济形式，数字经济通过数字网络和通信基础设施为全球提供了一个可交互、交流、协作的信息平台，打破了行业间的壁垒，典型的应用包括"电子商务""智能制造"等。数字经济的概念其实很宽泛，作为经济学概念的数字经济是指人类通过数据进行识别—选择—过滤—存储—使用，引导这一系列流程，从而实现资源优化配置与再生的目的，最终实现高质量发展的经济形态。这种经济形态是指以数字基础设施为载体，通过数据与数字技术作为其生产过程的体系。也就是说，凡是利用数据推动生产力发展、引导资源优化配置、降本提效的经济形态都可以纳入其范畴。

一、数字经济新技术

随着数字经济的蓬勃发展、技术的进步以及信息通信技术的成本持续下降，信息通信技术（ICT）已成为数字经济的主要驱动力，它已嵌入并成为整个经济体企业商业模式的核心，许多新技术也应运而生，最突出的是：①先进制造业；②物联网；③云计算；④大数据分析；⑤人工智能。只有当这些技术成熟，能够更好地集成、更具互操作性并且广泛使用时，数字经济的变革潜力才能逐渐被挖掘。这是一个困难，充满争议且缓慢的过程，其中会夹杂着各种可能减缓甚至破坏数字经济发展的社会和技术因素,例如数据安全风险以及各种数字鸿沟。上述新技术的最终形态和应用还难以知晓,发展情况也是未知的。然而,正如McAfee和Brynjolfsson所说,任何革命性技术的影响往往在短期内被高估,而在长期内却被低估。

(一) 先进制造业

自工业革命以来,机器更新导致的制造业革命屡见不鲜。曾经的机器工作既费时又费钱,并且可操作范围受到严重限制。20世纪初的机械化大规模生产革命带来了可重复操作的专用生产设备。在20世纪80年代和90年代,某些计算机数控(CNC)生产设备因其可以通过编程和重新编程来增加产品种类并在三维空间中执行一系列操作而获得了"机器人"的标签。随着时间的推移,工业机器人和其他数控机械在成本下降的同时,灵活性和速度得到了提高。目前,工厂已经可以依靠相对简单的统计过程控制在算法超出公差时自动关闭或调整生产过程。然而,随着计算能力的提高和低成本传感器技术的出现,在工厂内部甚至工厂之间已经可以通过收集和共享操作数据进行"预测性维护",以防止机器加工错误,或在磨损前发生故障,或其他可预测的问题超过了临界阈值。

随着机器人对周围环境的感知变得更加敏捷,工业机器人也变得更加智能。它们与人类安全地并肩工作,以提高生产效率。这样的"协作机器人"能感知人类的动作并通过机器学习,智能地调整程序。微电子技术的不断进步和小型化意味着机器人正在变得体积更小、成本更低、功能更强大。一些新型小型机器人手臂可以执行不同的任务,如制造固体物体(3D打印)、雕刻、组装和分类等。这些小型机器人通过预编程以执行各种操作,有些还可以通过智能手机实时控制。性能的不断升级使低成本机器人也能适用于小型、小批量制造商。

尽管工业机器人可能是"智能工厂"中最知名的部分,但库存控制和自动工业车辆的进步工厂的生产力和质量的提升也不容小觑。专家通过结合图像识别和增强现实(AR)技术,能够远程查看操作员所看到的内容,同时操作员能够实时接收来自另一个地点的专家的输入,在进行复杂或多变的装配步骤时得到指导。

(二) 物联网

从20世纪初Frederick Winslow Taylor对工人的时间和行为进行研究,到20世纪70年代和80年代日本持续改进和全面质量管理的"精益生产"原则,90年代美国向"零缺陷"迈进的"六西格玛"运动。以测量的改进来说,从工人从箱子中取出零件所需的时间,到给定零件的尺寸,到来自特定供应商的缺陷数量,再到空气过滤水平或湿度与半导体工厂产量之间的关系。如今,低成本传感器技术扩大了工厂测量的范围。传感器不仅嵌入在机器人和生产设备中,还嵌入在可穿戴设备、工业车辆、建筑物和管道中。这得益于传感器成本的下降,使这些传感器可以以非常低的功率和带宽连续、定期地自动传输数据。无线传输允许远程设备与集中式系统连接,在传感器的实用性方面引入了新的活力。设备可以从多个来源和系统中的多个点持续收集数据,因此可以随着时间的推移积累大量数据。

制造业确实是数据驱动生产力提高的主要创新来源。但如今,数字化的变革和互联网的出现意味着数据已经出现在工业和社会的各个角落,无论是生产线内置的传感器,还是电表、安全摄像头、客户服务通话记录、在线活动的点击量、社交网络状态更新,等等。

物联网(IoT)对于消费者来说,仍然是一种新奇的技术。然而,这种技术的用途却很广泛,从电视到汽车越来越多的设备都可以连接网络将数据存储在"云"上。这些数据同样蕴含巨大的价值,比如可以向消费者推送针对性的营销广告,其中一些云平台公司甚至相较硬件设备的销售利润,更加关心收集到的用户的详细信息。这些技术目前还没有太多的限制,无时无刻不在收集数据,例如,最新型号的Roomba机器人吸尘器会对房间内容和平面图数据进行映射和潜在共享。用户和监管机构可能认为这些技术侵犯隐私,但即使是无法识别特定用户的数据也带有"元数据":活动和交易的内容、地点和时间,如果能够有效利用它们,就可以得到来源于云计算新的知识、创新和利润。

(三)云计算

云计算并不意味着计算架构向集中化转变。UNCTAD(联合国贸易和发展会议)将云计算描述为"使用户在需要时能够通过互联网或其他数字网络访问的可扩展和弹性数据存储和计算资源池"。与20世纪70年代大型机时代最显著的区别在于,远程计算和存储不再集中在企业内部,而是分布在网络上,任何获得授权和支付访问费用的人都可以访问。

世界最大的PC软件供应商微软现在一半以上的收入来自云软件。也反应出浏览器的功能不再是下载程序并将其安装在PC上,而是变成了一种操纵在线软件和数据的手段,存储空间、应用程序和平台都可以租用,并由供应商保持更新。

对于普通消费者而言,云服务主要存在于在线存储、备份和跨设备同步。相比之下,在企业中云提供了巨大的优势:首先,云可以提供在规模、位置和能力方面灵活的计算基础设施;其次,存储、软件和服务可以租用,并通过网络从任何地方访问;并且硬件与软件程序可以在用户群组中共享维护。因此,很少有大公司仍然拥有自己所有的计算资源。如果有的话,那就是云计算资源和数据的外部化和聚合。

虽然数据完整性和安全性存在明显风险,但作为可以分析大量数据的地方,每天进入云的新数据流量依旧在不断增加。数据科学和大数据分析领域部分回答了如何利用云数据的问题。

(四)大数据分析

云不仅是存储数据和运行程序的场所,也是物联网自主流入大量数据的容器。如果构成物联网的传感器和设备自动将数据输入云端,并适当地标记有细粒度的元数据(关于其来源、位置等),则可以"挖掘"它们以获取洞察力,从而使企业、政府机构以及任何有权访问数据的个人或组织能够进行"数据驱动的决策",并提供进行进一步分析的手段。大样本量增加了分析的稳健性,同时也带来了风险。分析大数据的主要挑战之一是开发方法,从低质量数据(包括不正确的元数据标签)中筛选出"噪声",并对来自不同来源和不同类型的数据进行加权和解释。使用大数据进行决策的最大挑战之一是数据完整性。决策者如何知道数据没有从原始数据中改变?"区块链"是一种强大的编码和数据共享方法,它对数据进行加密,例如使用时间和位置标记,因此值不能在事后更改。

数据完整性不同于数据准确性。例如,有缺陷的传感器可能会提供错误的数据,这种传感器无法正确判断机器或过程运行是否超出范围。数据的准确性一直是通过分析来确定的,但是当数据池变得非常大,尤其是当数据被汇集并公开时,数据完整性的重要性就会上升。区块链系统可以在当数据不可更改并且在完全透明的"公共账本"中进行监控时(如那些底层的"加密货币"),实现数据共享。区块链技术为共享数据层创造了潜力,该层将支持自动执行合同和版税支付系统、分布式文件存储、点对点零售、透明投票和公司治理等。通过比较物联网中多个传感器的数据,也可以得到类似的验证。虽然数据所有者在数字经济中拥有绝对权力,但区块链技术和其他透明的数据验证方法可以将云计算的重点从数据所有权转移到数据分析。换言之,如果每个人都可以访问相同的数据,那么竞争性能就会转向分析的速度、质量和准确性。

(五)人工智能

如果说云包含大量数据,并且可以更深入地了解数据来源(人类和机器)以及它们所代表的社会和商业动态,那么人工智能或机器学习算法,则以越来越自动化的方式进行大规模的预测和决策。自2008年以来,人工智能技术一直是公开的,并且大部分是开源和免费的。然而迄今为止,它们进入主流应用的进程仍比较缓慢。微电子技术尤其是图形处理芯片(GPU)的进步,意味着大量数据可以在图形矩阵中以数学方式表示,从而机器学习可以在没有深入了解领域知识的情况下进行。

人工智能有着悠久的历史,部分原因在于两种相互竞争的方法,即基于规则的决策与机器学习。计算机擅长根据逻辑规则做出决策,同时复制大脑的"神经网络"以允许机器"学习"并创建新的程序以响应刺激,从数学和计算机硬件的角度来看,这极具挑战性。然而,随着问题的升级,基于规则的决策方法遇到了程序员在事前了解和明确定义规则方面的限制。与此同时,大数据正在提供将机器学习代入实际应用所需的计算能力和丰富的示例。当计算机根据数据分析改变其编程时,机器学习就会发生,就像人类学习创造新的神经通路一样,称为"前向传播"。机器学习通过更改现有代码("反向传播")改进了人类学习,同时创建了新代码,以更快速和彻底的方式提高了系统性能。因此,IBM的Watson和类似的人工智能程序已经从研究和演示工具转移到SaaS领域,在SaaS领域,它们可以为企业提供第三方人工智能服务。此外,IBM正在将Watson的市场重点从专注于为大型组织提供基于云的大数据分析发展为企业家和产品设计师提供更易于整合的平台。

二、数字经济新态势

从2020年开始,突发公共卫生事件席卷世界,深刻转变了经济发展方式,对全球经济贸易格局形成产生了广泛的影响。为了适应宏观经济的下行压力,中国数字经济正在正向全面化、智能化、绿色化的方向发展。在我国,数字经济正在正向持续发展的大道上前行。

数字技术在大流行预防、恢复和扩大消费方面发挥了关键作用。后公共卫生事件时代,数字技术赋能新产品、新服务、新业态、新商业模式,医疗保健和智能家居领域将成为影响一个国家经济增长和促进循环经济的重要因素。数字经济将成为推动这种可持续经济复苏、促进生产活动颠覆性变革、加速数字技术应用从消费端向生产端的转变的重要力量[1]。为推动消费品领域新变革,我国将充分利用数字经济拉动国内消费。时至今日,数字技术应用的新场景确实创造了令人难以置信的需求量,消费互联网上的消费已经从商品消费扩展到生态消费和场景消费[1]。该研究还表明,利用数字技术工业物联网(IIoT)作为整体自动化、业务信息和制造执行架构的前景,通过跨公司边界整合生产和商业的各个方面来提高行业效率,那么制造业和服务业也将带动各自的数字化产业转型,相互融合。5G、人工智能、工业物联网等新技术的发展正在为数字经济创造越来越多的增长机会。中国将完善制度,鼓励数字经济政策,培育有利于创新创业的生态系统,以挖掘数字经济巨大的增长潜力。政府还将为数字经济提供更多应用场景,完善公共服务,为数字经济持续健康发展奠定坚实基础。

(一)数字技术在中国应对突发公共卫生事件中的作用

数字技术在应对突发公共卫生事件下的社会生活方面发挥了重要作用,主要贡献在医疗诊疗、突发公共卫生事件地图、群体溯源和不同人群差异化管理四个方面。阿里巴巴、腾讯和华为等大型科技公司作为这些技术的主要供应商也在进行积极运作。

在诊疗方面,智能医疗机器人和医学影像分析技术已大规模投入使用,使诊断速度和准确性提高的同时,有效降低了医护人员的工作压力和交叉感染的风险。在5G等新兴ICT技术的支持下,医疗实现了实时远程会诊,解决了突发公共卫生事件地区医疗资源不均和专家安全等问题。突发公共卫生事件地图直观地展示了全球新确诊病例的实时分布和轨迹。通过群体溯源,可以快速准确地追踪到确诊病例的密切接触者。通过对不同患者群体进行差异化管理(如健康二维码),从而控制人们的行动,有效应对突发公共卫生事件。

在突发公共卫生事件下的社会生活方面,数字技术在在线教育、餐饮配送、共享办公、电商等领域提供了巨大的技术支撑。除了上述技术,科技公司也在不断创新新技术。例如,在旅游业方面,美团与中国旅游景点协会、中国酒店业协会合作,在其移动应用程序上引入了线上线下一体化特色功能,通过提示"安全景点"和"安全酒店",联合提出了突发公共卫生事件预防指南[1]。

(二)新技术、新需求、新发展空间

虽然数字经济在突发公共卫生事件之前的整体表现呈现增长趋势,但增速已经开始放缓。从市场上看,移动互联网用户数量和上网时长停滞不前。从供给端看,几乎没有推出新的互联网产品,例如,自动驾驶、量子计算、3D打印和机器人技术在规模和商业应用方面尚未取得突破。在全球范围内,大多数互联网公司及其股票的表现也都很平庸。

原因也显而易见,从技术上看,4G技术支撑的互联网产品需求已经完全饱和,而新产品引领的新需求缺乏赋能技术。革命性数字产品的创新需要什么样的技术支持作为基础是急需考虑的问题,基本要求是部署拥有高密度分布式的传感器,从而支撑移动互联网大规模和海量的实时通信要求。其次,提升低延时通信能力,满足更高的生产运营要求,如高精度加工操作、远程手术、自动驾驶等。例如,随着5G技术的快速发展,将出现更多的数字消费机会,首先,移动互联网和IIoT等新技术将成为经济增长的"双轮驱动"[2];其次,在线

学习、在线会议、在线医疗、远程办公等领域形成了新的消费习惯;最后,与突发公共卫生事件前相比,政府对数字技术创新的政策支持力度更大,对数字技术新应用场景的接受度更高。

从技术需求来看,工业互联网的发展赋予了5G技术广阔的未来前景。"新基建——数字经济"、5G和"5G＋产业"在我国具有基础设施的发展优势。这是因为我国拥有超前部署和加速实施带来的强大5G能力,我国市场广阔,产业基础发达,可以支撑多个互联网巨头平台的存在,同时保持大规模的经济和竞争。例如,高度专业化的平台可以连接大量行业、公司和设备,使IIoT平台成为公司在成本效率和盈利能力方面的可行选择。大产业也可以支撑高度专业化、数字化的生产服务的发展,主要是能够提供相当数量的用户。

数字经济总结下来有两种形式,分别是5G相关产业和"产业＋5G"。相比之下,"产业＋5G"应用领域在数字经济时代更为广泛,基于新一代技术,我们可以对数字经济的发展有一个乐观的预测。5G技术带来的"产业＋5G"发展空间巨大,为生产性服务业与制造业、工业物联网、公共服务的融合提供了新的前景。

(三) 中国经济中长期发展中的数字经济趋势

数字平台、数字营销、数字交易和数字物流是工业物联网和消费互联网共有的四大特征。最显著的区别在于数字平台本身。工业物联网对云计算和通信量的需求远远超过消费互联网。如果没有新一代通信技术(如5G技术)的支持,就不可能完成海量计算,也不可能建立工业物联网的全链条智能平台。

发展数字技术和数字经济早已是中国长远的战略考虑。在2018年12月中央经济工作会议上,中国政府就提出加快5G业务发展步伐,加强人工智能、工业物联网等新型基础设施建设。2019年政府工作报告中提到,要深化大数据和人工智能的研发和应用,培育新一代科技产业。2020年,鼓励国家大力发展先进制造业,出台基础设施建设扶持政策。加快5G商用,加强人工智能、工业物联网等新型基础设施建设,出台相关投资扶持政策,是中国未来经济发展和数字技术创新的重大任务。

随着下一代通信技术的引入,许多企业开始向综合型企业转型,同时成为服务型制造商和生产性服务商。以更高效的开发和更快的迭代促进了制造业与服务业的数字化融合,平台化生产服务商和云生产服务商也应运而生。例如全球最大的平台型生产性服务公司——ZBJ.com,为制造企业提供全生命周期(启动—生产—运营)的专业生产服务,缺乏资金聘请专业人员的中小型企业在自己提供这些服务时通常面临质量低下的问题,专门的平台可以帮助中小企业解决各种问题,支持他们的发展。另一个例子是云服务INDICS,它为小型企业提供各种云工具,用于开发软件和智能系统。

(四) 国家和市场在数字经济发展中的作用

数字经济新时代的发展十分迅速,政府难以提前谋划。市场机制和市场本身必须发挥主导作用。中国拥有众多实力雄厚、具有全球视野的世界级数字公司,在竞争激烈的市场中脱颖而出,这些公司当然也会在数字经济的下一轮发展中发挥重要作用。

那么在这种情况下,政府如何弥补市场失灵?第一,政府必须了解数字经济时代治理的必要性,并增加采用新的经济指标和新的统计方法;第二,万物互联时代是制造业与服务业融合发展的时代，政府需要研究出支持制造业与服务业融合发展的中立政策；第三，政府可以在适当的监管下为企业开放更多的应用场景；第四，大企业规模效应与监管的平衡是新的挑战，也是政府应尽的职务；第五，政府部门应提供或购买开发 IIoT 所需的可用产品（如 IIoT 组件的标签系统）；第六，政府需要提供更好的数字技术治理，以避免对技术的不当使用，例如人脸识别技术为应对突发公共卫生事件提供支持，同时也可用于制造微精准攻击武器。此外，突发公共卫生事件中个人数据的免费使用是否应该常态化，也是政府需要立即考虑的问题。

第二节 元宇宙新经济学原理

独立于物理世界、进军虚拟世界的元宇宙不会再经历现实世界的农耕社会和工业社会的更迭，也不会再有传统的产业升级，而是直接进入数字社会，因此元宇宙世界的发展速度与人类社会是不同的。人类社会每 20~30 年更新一代，但元宇宙更多依赖于算力的发展，也就是信息技术的进步，应遵循摩尔定律，这也是元宇宙世界的一个潜力。与此同时，有些适用于传统经济学的理论必将在元宇宙经济中受到挑战。

一、稀缺性与边际规律

人们在元宇宙中主要进行体验、创造、交流和交换等活动，因此把数字产品的创造、交换、消费等所有在数字世界中进行的经济活动称为元宇宙经济。元宇宙世界中所有的物品、关系和规则最终都体现为 0 和 1 的排列组合，并且在元宇宙中进行生产最主要的成本来自对物理世界中电的消耗，因而元宇宙中的资源不再具有稀缺性，元宇宙经济体系中的物品的价值也不再由稀缺性决定，价格变化的核心点也不再是凝结在商品中的无差别的人类劳动，数字商品的价值将由社区的共识决定。正如物理世界中的艺术品，这些满足人类精神层面的产品大多不会遵循劳动决定价值的理论，不同画家画作的价格天差地别。这在物理世界中仅占极小的一部分，但在元宇宙中，所有的商品都具有了艺术品的特征，独一无二、不可替代，这些元宇宙中商品的价值将由共识决定。

传统经济体系中的边际效应表现为边际成本递增和边际收益递减。正因如此，单个企业在通过市场竞争追求利润最大化的同时，需要面对"规模"这个难以逾越的边界。但在元宇宙中，以上的效应有相反的表现，即边际成本递减和边际收益递增。这是因为元宇宙中所有的原材料由代码组成，是 0 和 1 的一系列排列组合，而这意味着没有原材料的采购过程，没有工人劳务，没有生产线和没有仓储和物流，生产过程可以根据实际情况随时开启或暂停。并且生产出的产品永远有效且不会磨损。因此，元宇宙经济体系中的生产成本几乎为零。此外，在目前最常见的元宇宙游戏中，玩家越多越有趣，游戏时间越长则玩家获得的激励和快感越多。也就是说，向游戏中投入的成本越多，每单位投入产生的收益越大。

二、元宇宙新经济原理的新特性

(一) 需求驱动

由于数字资源的无限性,数字对象可以在很大程度上不受任何限制地创建。因此,元宇宙的基础设施和内容很可能是按需创建的。虚拟游戏社区为元宇宙进化需求的了解提供了很好的视角。全球游戏市场研究与数据分析机构 Newzoo 发布的 *Introduction to the Metaverse Report* 指出,超过三分之一的人出于社交而非游戏目的加入游戏世界,这一比例在 18 岁以下的人中是 35 岁以上的人的两倍。受访者对元宇宙最感兴趣的功能是自由选择和定制虚拟身份外表。

(二) 交易成本和搜索成本

元宇宙可以提高社会和经济互动的效率。虚拟身份将能够瞬间在不同地点之间移动,增加生产时间。用户能够拥有一个以上的虚拟身份,使得多个虚拟身份可以同时执行多个任务。重要的是,元宇宙的底层技术(即区块链、智能合约和去中心化金融)显著降低了数字资产交换和所有权证明的交易成本。由于技术促进了去中心化市场,用户可能会节省中介成本。

元宇宙是一个超专业化、去中心化的虚拟世界,区块链技术降低了其门槛。因此,元宇宙将以细粒度市场为特色,因为市场参与度和复杂性很高。高市场参与度源于低进入壁垒,例如,因为低工资国家的劳动力供应可以满足高工资国家的劳动需求,交易成本可以忽略不计。市场的完成源于高市场参与度,以及虚拟世界中无限的数字资源和机会。原则上每个对象都可以在虚拟世界中使用,所以在产品和服务供应方面会出现过度专业化。例如,在一个有 10 名玩家提供独特产品的游戏中,找到拥有完美匹配的独特产品的交易对手比在一个只有 100 名玩家提供唯一产品的游戏更容易(在其他条件相同的情况下,两个市场中搜索和匹配的概率分别为 10% 和 1%)。此外,单个用户可以同时向不同的虚拟世界发送多个虚拟身份,因此搜索摩擦预计将发挥巨大作用,似乎会降低虚拟世界经济的效率。去中心化市场中的不对称信息加剧了搜索摩擦问题,而在无边界、跨司法管辖的元宇宙中,这些问题没有简单的补救措施,其中法律规则很难执行,并且具有复杂的溢出效应。

(三) 资源分配和价格竞争

元宇宙经济中的平衡发展中可能会出现资源分配不当的情况。已有研究发现,作为元宇宙的推动者,NFT 的定价相对低效。元宇宙资产市场的低效可能反映了一个更深层次的问题,至少在早期阶段元宇宙中数字商品的定价很困难。原则上,无限的数字资源会将价格推至零。这就是元宇宙开发者人为限制区块链上数字商品供应的原因。然而,目前尚不清楚什么机制会阻止竞争对手模仿虚拟产品或服务,并将供应限制在略低的水平,以超过现有产品或服务的定价。在博弈论正向归纳的逻辑中,这也会将价格推向零。因此,元宇宙可能会发展出强大的网络和锁定效应,就像物理世界中现有的技术一样。然而,这可能会导致难以解决的反竞争效应,而在无边界、跨管辖权的虚拟世界中更难解决。所有这些悬而未决的问题和突发事件将最终决定元宇宙对社会的净增值。

(四)社会、经济和环境可持续性的积极影响

元宇宙会对社会包容性产生积极影响。例如,虚拟身份并不与其物理身份的残疾有关。例如,AR/VR硬件可以补偿视力差,这样,视力不够好的人就可以在虚拟世界中享受他们在物理世界中无法享受的活动。此外,元宇宙提供了一种有效的方式来处理社会偏见,因为与物理世界相比,人们可以在不受性别、种族、性取向等影响的情况下活动。元宇宙将促进经济增长与环境可持续性相结合。追求经济增长可能会导致物理世界中的自然资源枯竭,但在元宇宙中却不会,在元宇宙里,健康的数字海洋、绿色的数字森林和清洁的数字空气是无限的资源。因此,一些在物理世界中环境不可持续的活动在虚拟世界中可能是环境可持续的。这要求这种活动转移到元宇宙,并且为元宇宙提供动力的能源消耗不会对环境产生有害的净影响。

三、元宇宙新经济的发展

终极的元宇宙新经济区别于数字经济,在于其联通物理世界和数字虚拟世界。

(一)元宇宙新经济的逻辑链条

元宇宙新经济区别于前期的数字经济,是虚实相融的网络经济综合体。元宇宙新经济的思维方式,或者说是经济要素关联逻辑链条,是以数字孪生技术为基础起点开始裂变,其裂变脉络遵循着从数字孪生技术的再发展到数字孪生城市,最终演变为数字孪生社会。数字孪生技术是指通过物理模型以及传感器更新、历史数据等多学科、多物理量、多概率的一种仿真过程。数字孪生是由多个重要的、彼此依赖的装备系统的数字系统。某一物理实验可以通过数字孪生模拟,推而广之,一座城市各项事物的管理内容都可以数字化模拟。比如,道路交通的智能化管理、无人驾驶智能导航、智能管控、重大集会人员流量的智能管控等,都是孪生城市需要数字虚拟智能算法管理的问题和市场应用,再推而广之,全世界、全社会、大千世界所有生活内容均有数字化模拟的需求和可能,并在孪生体系中创新内容,即裂变为元宇宙新经济庞大的市场。

(二)元宇宙新经济的渗透路径

元宇宙新经济拓展市场的基本渗透路径和实现方式将从两个方面展开。

(1)在元宇宙信息技术方面的基础建设和研发创新。元宇宙新经济是将大量离散的单点创新聚合形成新事物的系统创新,由此带来长期超越想象的潜力和机会。有专家预测,在未来3~5年,元宇宙将进入雏形探索期,VR/AR、XR、NFT、AI、云、PUGC游戏平台、数字机器人、数字孪生城市等领域渐进式技术创新的突破将层出不穷。从中长期看,元宇宙的投资机会包括:GPU、3D图形引擎、云计算和IDC、高速无线通信、互联网和游戏公司平台、数字孪生城市、产业元宇宙化、元宇宙新能源利用等可持续能源开发等。按技术领域分类:基础设施建设包括5G、WiFi 6、半导体、MEMS(微型电子机械系统)、电池等;算法

算力方面包括云计算、边缘计算、GPU（图形处理器）等；软件及技术支持方面包括区块链、人工智能、物联网、空间计算、分布式存储、系统安全、隐私计算、SaaS（平台服务）等；实现形式包括NFT（非同质化货币）、XR设备、脑机连接等。从现实来看，很多经济领域都存在基础建设和技术研发创新，越是新兴技术领域，越是需要大量的资金投入开展基础研发，这本身就是一个很大的投资市场。

（2）在元宇宙服务与应用层面。资本市场的投资，终极目标都是要通过投资成果的应用实现投资的不断增值。元宇宙新经济不只是VR/AR和全真互联网体系，其真正的价值更多的是共创未来人类美好生活的基本方式。过去20年互联网深刻改变着人们的日常生活和经济结构；展望未来，元宇宙新经济也将深远地影响人类社会，重塑数字经济体系。元宇宙联通了虚拟世界，具有提升效率、发挥人的创造力、提高效率和无限的可能性，是人类数字化生存的载体。数字世界从真实世界复刻、模拟，逐渐孪生变为真实世界的延伸，数字资产的生产和消费，数字孪生的推演和优化将显著反作用于真实世界。元宇宙经济渗透于具体经济应用领域，包括文化休闲娱乐沉浸式体验、孪生城市情景装饰与城市治理、数字资产金融化、金融体系去中心化、沉浸式消费购物、基于区块链token积分式SaaS个性化系统工作创业、在线智能教练体感设备和监测指导的运动健身、区块链验伪艺术品交易与收藏、艺术品NFT投资、XR技术扫描患者数据问诊治疗、沉浸式体验教育培训、异地虚拟工作场景或社交聚会及其他自媒体文化娱乐等，应有尽有、无所不包。

第三节　元宇宙数字经济系统

在数字经济体系中，数字技术的广泛使用带来了经济环境和活动的巨大转变。数字经济也是一个数字化的全新社会政治经济系统。元宇宙作为一个新概念，发展形势将随技术创新和实践而不断演化变得更加多样化，学界已提出"元宇宙经济学"的概念，就研究对象和使用范围而言，元宇宙经济是数字经济的最活跃、最具革命性的一个子集。

一、元宇宙经济系统与实体经济系统

元宇宙数字经济系统可以看作是与实体经济系统相对应的虚拟经济系统。通过计算经济实验方法，可以将实体经济系统中的小经济数据转换为元宇宙经济系统中的大虚拟经济数据，然后使用机器学习、深度学习和强化学习等人工智能算法将虚拟经济大数据转换为深度智能[3]。通过元宇宙经济系统和实体经济系统之间的虚实交互、闭环反馈和并行执行，可以实现"供给创造自己的需求"和"需求创造自己的供给"之间矛盾的统一。

元宇宙经济系统与实体经济系统平行运行，这些虚拟和实体的经济系统可以被视为一个平行的经济系统[4]。通过并行经济系统的并行管理，可以实现实体经济系统的最优经济运行。元宇宙经济系统可以为实体经济系统提供其所需知识的详细说明，以及经济理论、程序、过程和相关操作。通过虚拟经济系统和实体经济系统的并行执行和闭环，可以实现

对实体经济系统的监控和管理。元宇宙经济依赖于实体经济的成功运作。从本质上讲，所有元宇宙的融资和取款都与实体经济挂钩——法定货币被用来支付虚拟资产，而虚拟资产只有在用户手中或银行账户中"兑现"硬通货时才会变成现实世界的价值。

二、元宇宙数字经济要素

元宇宙作为一个新的生态，就像现实世界一样需要有相应的经济系统作为其动力及运作支撑。在这个生态中，需要有商品，有商品就会有价值，有价值就需要有衡量价值的尺度以及基于价值的交换。而元宇宙世界里的商品都是虚拟的，是数字商品。其商品的定义，价值衡量标准，价值交换方式等都不同于现实世界。元宇宙世界经济体系的构建包括数字创造、数字资产、数字市场和数字货币四个方面，即元宇宙数字经济的四个要素。

（一）数字创造

元宇宙经济同样存在供需两端。需求端需要满足用户的体验和精神层面的需求，精神需求是多层次、多维度的，是丰富多彩的。这就需要供应端提供多种多样的数字产品，才能满足人们的无止境的精神需求。数字创造者和数字消费者足够多，元宇宙才能运转和繁荣。

作为经济体系基础的商品，如何创造出数字化商品，是元宇宙的首要难题。没有创造就没有可供交易的商品，因此可以说数字创造是元宇宙经济的开端。在物理世界，人们"创造"的都是实物或者服务。我们会用"产品"对其进行描述，当其进入市场进行流通时，就会被称为"商品"。而在元宇宙中，商品都是虚拟的、数字化的，人们进行的是"数字创造"，创造的是"数字产品"，是通过程序创造的一些代码数据的集合。

元宇宙是否繁荣，第一个重要的指标就是数字创造者的数量和活跃度。元宇宙的缔造者们，需要提供越来越简便的创作工具，降低用户的创作门槛。像如今的 Roblox，通过游戏开发平台，可以让用户简单通过鼠标拖曳的方式实现创造，而不需要通过专业化的复杂的代码化实现，这样就大大降低了用户创作门槛。用户在游戏里可以建造楼房、创造城市，在短视频 App 中、在各种平台上可以发布拍摄和制作的短视频，通过微信公众号可以发布各式各样的图文。这些其实都是数字化产品。这种数字创造的过程是客观存在的，是元宇宙经济的第一个要素。如何支持简单便捷的数字创造，是元宇宙所构建经济系统的第一个核心问题。

（二）数字资产

资产隐含产权属性，并且是交易的前提。比如游戏中的"皮肤"产权属于游戏公司，想得到就得付钱购买。玩家购买的"皮肤"属于玩家的私人装备，不可以转让，但是拥有这个皮肤的游戏账号可以转让并出售获利。这样一来，"皮肤"就具备了资产属性。显然，"皮肤"是在游戏中创造的，也只能在游戏中进行购买。这些虚拟商品不能脱离游戏平台存在，换言之，就是不同平台的虚拟产品没有通用性，不能构成严格意义上的数字资产。这也就限制了跨平台、跨游戏的数字资产的流通。

Roblox 在提供了游戏开发平台后,玩家可以自己开发游戏,在游戏中创造出各式各样的数字产品。这些数字产品,只要在 Roblox 的平台上,就可以跨游戏使用。这是一个相当大的突破。Roblox 公司上市不久,市值就突破了 400 亿美元,足见资本市场对于 Roblox 数字资产跨平台流通模式的追捧。如果想把 Roblox 平台上玩家购买的数字产品(虚拟物品)拿到其他游戏中使用,目前是做不到的。其他游戏的平台和 Roblox 平台没有打通。这就限制了数字资产的流通。

无论是其他游戏中的皮肤,还是 Roblox 中用户创造的建筑,都还不是严格意义上的数字资产。数字资产的形成,还需要一个低层的平台,在资产层面提供严格的版权保护和跨平台的流通机制。这样来,真正的元宇宙经济才会形成。

1. 数字资产的生产方式

通过数字创造,所产生的数字化的内容,可以作为数字资产,通过数字资产的产权属性,为未来的数字交易提供基础支撑。元宇宙中的数字资产与现实资产类似,以可交易为前提,且隐含产权属性。基于生产方式划分,元宇宙数字资产包括专业生产资产(PGA)、用户生产资产(UGA)、人工智能生产资产(AIGA)。

对于 PGA 而言,通过专业的公司或者团队进行创作,有一定的进入及创造门槛。同时 PGA 作为数字资产,往往是通过人为设置稀缺性来保证其价值的稳定性的。UGA 是用户创造的资产,在元宇宙世界里就更加普遍,例如用户可以在游戏中自己创造相应的内容。理论上,这些资产也可以进入市场进行交易流通。但是,一旦这些资产被其他用户无限复制,那么它的价值就会陷入不稳定的波动。在这种情况下,就需要创建一个针对 UGA 的确权机制,把人们在数字世界里面创造的产品变成一个受保护的资产。

2. 数字资产确权

在现实世界中,人们确权的方式往往是通过登记,如房主可以对房屋进行登记。如果产生交易行为,也需要对这个行为进行登记,明确房屋的所有权原本属于哪方,转移给了哪方,如此完成资产的交易。换言之,在现实世界中的很多情况下,"证件"就是确权的标志。

值得注意的是,这样的证件往往具有一种权威性,只有由人们普遍信任的、不会质疑其公正与权威性的机构进行确权,才能避免确权发生混乱局面。很多情况下,这类机构都隶属一个国家的中央政府。而在元宇宙的数字世界中,没有中央政府的概念。元宇宙是一个开放的、公平的、完全自治的世界,在这样的世界中,人们对数字资产的确权和区块链提供的加密体系是密不可分的。通过加密,可以把数据资产化,人们可以通过共识机制对交易进行验证和确认,建立起不可篡改的交易记录。只有建立起这样一套的完整的机制,元宇宙的参与者才能完成对数字产品的确权,建立起数字资产。数字创造和数字资产,是数字市场交易的前提,数字资产是数字市场进行交换的内容,如果资产不存在市场也就不存在了。

(三)数字市场

数字市场是整个数字经济的核心,也是元宇宙得以繁荣的基础设施。有了数字资产,明晰了产权,就可以通过构建数字市场作为数字资产的交易平台,满足各个不同用户的交易诉求。只有构建了相应的市场交易体系,才可以将元宇宙的数字资产进行盘活,没有市场,就没有了交易,那么所谓的资产就不会进行流动,没有流动,经济就会是一潭死水进而影响到整个元宇宙生态,这样元宇宙本身就可能没有存在的意义了。

(四)数字货币

有了数据市场,就需要有一种媒介来进行交换。如果没有媒介,可以选择以物易物,但这种方式对于价值的衡量没有一个固定的标准,无法确定其合理的比率,需要有一个中间的介质作为衡量尺度,这种就是数字货币。而为了方便用户交易,基于区块链锁构建的数字货币,为元宇宙平台的交易,提供了去中心化的便捷的交易介质。因为在游戏中,用户可能不具有传统现实社会中的银行账号等内容,通过数字货币,就可以非常便捷地进行交易。

如此,通过数字创造,形成数字资产,通过数字资产的产权,建立数字市场进行数字产权交易转移,交易转移过程通过数字货币来进行。这样,基于如上的四个核心要素,就可以完整构建一个可持续发展的良好的元宇宙经济体系。

三、元宇宙数字经济系统的特征

与实体经济系统一样,元宇宙经济系统也是一个复杂的经济系统,由大规模的异质适应性个体主体(消费者、生产者、投资者等)组成,他们的相互作用共同创造了涌现的聚合行为。然而,在元宇宙的不同发展阶段,其虚拟经济系统呈现出不同的特征。

(一)从元宇宙经济发展阶段看其特征

向虚拟和现实融合的元宇宙的发展需要经历三个渐进的阶段:数字孪生、数字原生代以及物理—虚拟现实的共存[5]。与第一阶段的数字孪生经济,即实体经济的复制不同,第二阶段的数字原生经济,以及第三阶段的物理和虚拟融合的经济表现出独有的特征[6]。

(1) 经济主体不仅指遵守计算机行为规则的计算机主体,而且指作为化身同时出现在元宇宙中的真实人类主体。

(2) 元宇宙中的商品既包括在实体经济中有对应物的有价值的商品,也包括在虚拟世界中创造的商品,例如通过不可伪造的代币(NFTs)验证的数字资产。

(3) 元宇宙中的加密货币(注意,加密货币不是法定货币,其基本货币功能,即价值尺度,支付手段,流通手段,囤积手段和国际货币,不一定受到其所属国家法律的保护,甚至被法律的明确禁止或限制),如比特币和以太坊,并不是由我们所处的当前世界中的中央政府或银行发行或支持的,而是由社区中所有用户支持的点对点、去中心化的区块链在技术上支持的。

此外,与中央银行和金融机构可以自由控制和调整的货币供应量不同,加密货币供应稳定且增长缓慢。因此,元宇宙经济系统更接近自由市场经济体系。

(二)元宇宙经济特征与传统经济的区别

元宇宙的数字市场既不同于传统资本主义社会中两极分化、贫富悬殊的"自由"市场,也不同于导致"平均主义"的僵化计划经济。它充分吸收了两者的优点,摒弃了它们的缺点。数字市场具有"整体性"的特点。元宇宙经济系统的特征与传统经济系统表现出明显区别[7]。

1. 计划和市场统一

在元宇宙中,生产资料只有数字,而数字几乎是无限的,仅有无限的资源是无法形成市场的。形成数字市场的秘诀就在于"限量供应"。在元宇宙中,数据是丰富的,玩家是透明的。海量的数据加上精妙的算法,可以计算出一个最佳的上限,甚至可以计算出一个最合适的价格。在这个市场中,数据绝对充分但信息并不透明。数字市场中的商品总量控制会受到计划的影响,但资源的配置则是由市场自由竞争所完成。

2. 生产和消费统一

在物理世界的传统市场中,商品从生产者到消费者之间要经过数个环节,从生产环节到主干物流、大仓储、支线物流、小区附近,再到消费者手中,中间任何一个环节都有可能由于主观或客观原因出现信息不通畅的现象,最后造成库存量和消费成本的增加。把传统市场映射到数字市场,企业能够整体地洞察需求端,有多少用户、有多少需求、有多少潜在需求都能够被呈现。因此,当企业能够匹配到每个人的需求的时候,就可以将资源匹配到市场需要的地方,企业将更有针对性、定制化、细粒度地按需生产。这样不仅会大幅减少资源的浪费,企业之间的恶意竞争也将下降,从而腾出关注竞争"内耗"的手去满足暗藏在市场中的长尾需求。

这一环节还可以通过技术决策或交由更加高效、更低成本和更精准的计算机来完成。剥离了"人"的因素,也就大幅削弱了由于"人"造成的不确定性、不稳定性以及认知的局限性。更进一步来看,在元宇宙中,原来传统市场的商品到消费者手中要经过的数个环节都不存在。没有物流环节,没有仓储环节这样就不存在任何一个环节的信息不畅的问题。在从生产到消费的宏观链条中,物理世界需要流通环节,数字技术则把流通环节数字化,提高了效率。元宇宙中根本没有流通环节,生产和消费自然而然是统一的。物理世界中,通过数字化进程,它们也正在趋向统一。

3. 监管和自由统一

实现良好的数字市场治理既需要监管也需要一定的自由。至于监管是通过社区自治、独立第三方监管还是由政府来监管,则是在实践中取得平衡的问题。监管的初衷在于确定边界、维持稳定的环境、明确参与各方的义务与责任。无论在什么市场中,道德风险、投机行为都是难免的。在数字市场中,如果没有监管,用户的自由是得不到保障的,平台有可能通过数据优势、技术优势人为地制造信息不对称而造成垄断,限制市场参与者的经济自由。

因此,需要监管作为"方向锁""惩戒棒"来保障市场运行。市场中的自由则是指参与市场的各方在市场中的活动不会受到任何干预,自由竞争、自由市场、自由选择、自由贸易及私有财产能够得以保障。市场的自由并不是无限的自由,而是保障市场有效运行的自由。

就数字市场而言,监管科技的滞后已经明显影响产业的发展。产业发展存在监管盲区、监管缺位、监管失当三大问题。所谓监管盲区,就是看不到,不知道应该监管什么;监管缺位,是看到了管不到;监管失当,则是缺乏精细的监管手段,而造成实践中"一刀切"的现象。因此,必须尽快发展监管科技,解决监管体系中的三大问题。

4. 行为和信用统一

在数字市场中,行为主体的信息、数据、操作都会形成行为主体在数字空间中的痕迹。一切行为都是被记录的,可以被追溯。在数字市场中,任何行为都将直接与行为人的信用挂钩,因此行为就构成了信用。信用就是数字化行为的总和。一切规则都是由软件来定义的,交易的逻辑、安全性、行为步骤都必须经过技术手段的确认。例如,区块链技术中的智能合约、代码设计成为各参与主体共同确认的形式。一旦写成,任何人在设定的节点之外,根本无法篡改信息,一切行为都是被设定好的,只能被完整执行。在这种共识机制下,行为人如果要进行交易,就必须根据软件定义的规则行动。

在这样的数字市场中,交易行为不再需要传统银行的介入,甚至连第三方支付平台都成了"累赘",如图 10-1 所示。从交易规则这个层面来看,过去的第三方监管被自组织、自管理、自监管取代。因此,交易行为必须符合软件定义的信用,"强制"性地让参与各方的信用得到保障,使数字市场中的行为与信用得到统一。

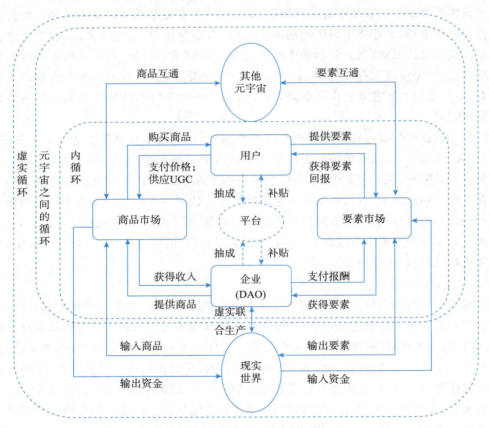

图 10-1 元宇宙的经济循环图

(资料来源:陈永伟,吕琳媛.元宇宙漫游指南[M].上海:上海人民出版社,2022.)

正如前面所提到的,元宇宙经济是数字经济的特例,是子集,但也是一种最活跃、最彻底的数字经济。元宇宙经济的特征,在一定程度上反映了数字经济的特征和趋势,从而对于数字经济的发展具有借鉴意义。

四、国外元宇宙数字经济发展现状

元宇宙的技术概念最早由 Web 3.0 社区提出并启动实践,因此 Web 3.0 社区与加密货币之间紧密联系、息息相关。从比特币出现在人们视野中开始,依靠于区块链技术的加密数字货币及其交易市场已经成为国际金融市场中不容小觑的力量。2021 年的国外加密货币市场依托于去中心化金融技术的深入发展而空前繁盛,具体事例详见图 10-2。然而,尽管加密货币市场繁荣发展,世界上多数国家的监管机构仍对其保持警惕态度。除了监管困难以致诈骗横行、工作量证明(proof of work,PoW)挖矿消耗大量能源等弊端,加密货币行业最为人诟病的就是其在庞氏骗局炒作币价之外无法落地实业,哪怕是在去中心化金融蓬勃发展的 2020 年,主要的创新发展也仅停留在金融层面,如质押挖矿,控制数字货币的流动性、人为制造稀缺性以提高币价等[8]。基于以上情况,多数理性研究者认为加密货币庞大的市值除算力之外并无其他标的资产能与之相称,只是人为构建的"空中楼阁"。

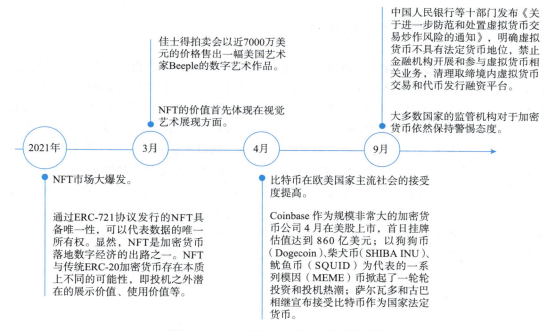

图 10-2　2021 年元宇宙数字经济发展现状

2021 年加密货币市场繁荣发展,与此同时,这一年也是 NFT 市场大爆发的一年。图 10-2 对 NFT 进行了相关介绍,NFT 的出现使得价值沉淀存在于元宇宙中成为现实,让数字内容形式的生产与消费得以实现,并使金融活动在虚拟世界中产生闭环。换言之,NFT 所搭建的元宇宙世界为加密货币行业带来了自我革命与升级。若想解决各种加密货币空转的问题,就需要识别出消费对象是谁,需要搭建一个包含丰富消费内容的元宇宙环境,该元宇宙就由 NFT 构成。总而言之,元宇宙是加密货币落地实体经济至关重要的环节,也是最终举措,经济流通以加密货币为媒介,NFT 是虚拟世界的实体。

由于Web 3.0在经济方面强烈影响,越来越多的个人独立IP服务器在全球范围内被建立起来,部分前卫数字内容创作者基于Discord平台直接向人们提供如NFT加密艺术品等内容服务。另一方面,人们分别以数字内容创作者、组织者和学习者三个身份加入到去中心化自治组织(decentralized autonomous organization,DAO)中,并在Web 3.0平台上大展拳脚。以加密货币作为价值流通手段为代表,元宇宙数字经济的蓬勃发展已初露头角。

第四节 元宇宙的经济规则

随着元宇宙领域和传统行业的发展,两者经济模式存在差异的同时,其经济规则也出现了不同。由于元宇宙模式崭露头角,目前先从传统经济的八种角度来阐述现二者的区别。

一、产权制度和资本收益分配制度方面

将之前经济粗略地划分为三种模式,工业经济模式、制造业经济模式和信息经济模式。工业经济模式或制造业经济模式为"主街模式",主街原本对应华尔街的金融资本,将其看作工业资本、产业资本,"主街模式"从产权股权角度看是集中的,同时资本的收益也是独享的,比如福特、卡耐基、洛克菲勒等主街的大资本家。但是进入信息经济模式,又称硅谷模式,产权其实是分散的,如创始人经过A、B、C轮融资,同时很多股权以员工期权的方式分配给员工,由此硅谷模式下很难出现大资本家的形式,大部分都是职业经理人(创始人+职业经理人)。因此,从资本收益角度来说,即从独享成为分享,产生了分散的资本结构和分享的资本收益。然而,在元宇宙经济体系里面,所谓的股权制度就被消散了,或者,即使存在,它的价值也被大幅度消减。从资本收益角度来看,它是共享的模式。所有的贡献者、参与者,通过智能合约实现大规模协作,从而共享元宇宙所实现的价值。

二、价值创造方面

制造业经济、互联网经济和元宇宙经济同样存在差异。制造业经济的价值创造定律是最大化实现公司商业价值,互联网经济则是最大化实现公司网络价值。

元宇宙是一个空间概念,包括数字空间、虚拟世界。可以实现在网络价值最大化的基础上继续追求整体空间价值上的最大化。尤其不受很多物理规则的限制,可以有更大发展空间,即在数字空间和虚拟世界中创造出更多价值。

三、价值分布方面

传统制造业的特征存在高固定成本和边际成本递增规律。每额外多制造一个产品的

边际成本都在增加,同时也是按照成本和利润来定价产品费用,可以称为"收费模式"。相反,由于互联网经济的高固定成本和边际成本基本上为零的特征,所以"免费模式"是互联网经济的核心模式。元宇宙由于资本收益共享,所有参与者共享的形式,在元宇宙中是产销者结合一起,"X to Earn"边玩边赚、边运动边赚等,即为"Player to Earn"玩家、参与者或"利益相关者"赚取回报,共同分配元宇宙的价值。

四、利益相关者方面

Player 为元宇宙经济里面的利益相关者,包括开发者、创造者、贡献者、消费者、投资者,所有的参与者都是元宇宙的 Player,NFT 是元宇宙所有资产的标志物(一般等价物)。当在元宇宙里面创造、发行、经营、运用、交易 NFT 的时候,实际就是 Player 在元宇宙里面经营这块资产,即 Player 创造、经营、运用元宇宙资产来赚取以代币的格式的回报 Token,整个元宇宙的基本商业逻辑是"Player NFT",然后赚取 Token,区块链作为分布式账本,为 Play to earn 记账所用的。

五、元宇宙资本市场方面

元宇宙的资本市场和现在所熟悉的资本市场存在两套资本市场体系。之前的资本市场是以工业经济和互联网经济的股权制度和资本收益分配机制的股东资本主义,基于股东资本主义,以股份制来分配自己的股权。在元宇宙利益相关者资本制度下,基于区块链分布式账本、数字钱包、智能合约、NFT、Token,以可编程货币、可编程资产的方式共享产权、资本收益,需要建立另外能够适配元宇宙的资本市场"DeFi"。

六、公司组织架构方面

公司的组织架构在逐渐走向元宇宙去中心化自治组织 DAO。企业组织的去中心化是一个趋势,把外部市场功能内置到商业机构内部,降低交易成本,交易成本包括搜索成本、匹配成本、物流成本、支付成本等。比如最早公司组织 U 型的结构,自上而下集中决策,逐渐多元化出现事业部。同时,全球化出现地区总部。事业部、地区总部慢慢分权,成就 M 型企业组织。DAO 通过智能合约建立商业机构,从事商业活动,最后走向去中心化结构,目的是把外部市场功能内部化。DAO 除了把市场商品交换的功能被内置到 DAO 内部,还通过数字货币、数字资产,内置货币系统、金融交易,价值结算、清算系统等,因此使得其摩擦系数更小。

七、决策机制方面

将中心化和去中心化相结合的决策机制是有效率的。自上而下或由一个中心做出决策是有效率的,而去中心化的决策机制更强调民主、公平,强调要共识决策。在元宇宙中更多的商业场景应该是在极端的效率和极端的民主、公平的中间地带,在中心化和去中心化中间找到一个平衡点,来适配具体的商业场景,也会是中心化与去中心化好的结合。

八、产品与服务方面

元宇宙与互联网也有所不同。互联网是协议层堆起的TCP/IP模型,由于互联网开源或开放无法捕捉价值,由此也被戏称为"瘦协议、胖应用"。"瘦协议"指开源、开放、无须许可的TCP、IP、HTTP、SMTP协议,"胖应用"指应用层非常具有价值的软件应用等,所以互联网是在"瘦协议"的基础上做出许多"胖应用"。区块链与互联网一样,也是一个协议栈,但区块链的协议栈,内置了货币系统、价值系统,变成了"胖协议,瘦应用"。而元宇宙经济,目前可能体现的结果是"胖协议、胖应用"。由于元宇宙的底层基础设施协议,也是内置了货币系统、金融体系在其中,表现为"胖协议",在协议层实现更多"胖应用"的价值以及变现。

本 章 小 结

元宇宙吸收了各种数字技术,从Web 3.0社区、加密货币到NFT平台,以加密货币的形式作为自己的价值载体,逐渐成为一种新型的网络应用及社会形态,同时映射到社会生活的各个方面。国内合理治理的元宇宙产业将会推动新的经济增长点,有助于打破传统产业的封路使之快速升级,同时也为了能建立起一个更加繁荣和自由发展的多元的宇宙生态系统,还会采用一些区块链技术,如联盟链技术等,来实现确权数字经济。总之,随着元宇宙自身的演变,其经济学也在不断地发展。

一、名词解释
元宇宙经济系统　Web 3.0　NFT　数字孪生经济　数字原生经济

二、简答题
1. 数字经济新技术最突出的有哪些?
2. 数字技术在应对突发公共卫生事件下的社会生活方面发挥了哪些重要作用?
3. 元宇宙新经济学与传统经济学中的"稀缺性"和"边际规律"有什么区别?
4. 元宇宙经济中的市场有哪些特征,是否与物理世界的市场不同?
5. 简述元宇宙经济系统的四个要素。

主要参考文献

[1] 中国信息通信研究院. 全球数字经济白皮书[R]. (2022-12-06)[2023-07-12]. http://lib.hbfu.edu.cn/res/upload/file/20230621/16873356334402067011.pdf.

[2] 马骏,司晓,袁东明. 数字化转型与制度变革[M]. 北京:中国发展出版社,2020.

[3] WANG F Y,QIN R,WANG X,et al. Metasocieties in metaverse:Metaeconomics and metamanagement for metaenterprises and metacities[J]. IEEE Transactions on Computational Social Systems,2022,9(1):2-7.

[4] DING W,YUAN Y,LI X R. Artificial societies,computational experiments,and parallel systems:An investigation on a computational theory for complex socioeconomic systems[J]. IEEE Transactions on Services Computing,2013,6(2):177-185.

[5] LEE L H,BRAUD T,ZHOU P,et al. All one needs to know about metaverse:A complete survey on technological singularity,virtual ecosystem,and research agenda[EB/OL]. [2023-07-01]. https://arxiv.org/abs/2110.05352v2.

[6] WANG J G,WANG T S,SHI Y N,et al. Metaverse,SED Model,and New Theory of Value[J]. Complexity,2022,477(5):1-26.

[7] 赵国栋,易欢欢,徐远重. 元宇宙[M]. 北京:中译出版社,2021.

[8] 王陈慧子,蔡玮. 元宇宙数字经济:现状、特征与发展建议[J]. 大数据,2022,8(3):140-150.

第十一章　元宇宙个性化产品与服务

美国传播学者约书亚·梅罗维茨曾提出"媒介情境理论"（Media Situation Theory），认为媒介除了是人类沟通的物质中介和手段，本身更是传播环境的重要组成部分。媒介构建了一个情境信息系统，并在其中形成了特定的传播场景，在场景中的社会角色、社会行为和传播结构、秩序等都会发生变化。元宇宙世界在构建了新的信息传播系统和传播场景的同时，也使得人类的行为模式发生了变化。在允许用户进行自由的内容生产和编辑的元宇宙世界中，用户作为内容生产的主体，不仅是平台的消费者，更是平台的服务者、生产者。元宇宙会从诸多维度拓展新型社会形态，增强边界模糊的时空拓展性、高度沉浸的感官延伸性、人机融合的思想迭代性，从而构成一个"虚实相融"的新型社会形态。

第一节　元宇宙时空拓展性产品及服务

一、元宇宙给时空带来的变化

康德曾经说过："时空只有在被应用到被知觉的事物、表象或现象之时才具有有效性，应用于物自体或独立于我们的知觉的事物之时，就是无效的。我们不能超出经验世界来运用它们。"时空拓展性是元宇宙世界的根本属性，即在时间和空间两个维度实现元宇宙的拓展和延伸。

在时间维度方面，元宇宙通过给人们带来的沉浸式感受来改变人们对于时间的认知。人们将"直觉"作为把握真实时间的根本方式，在虚拟现实世界中重新认识意识与存在。在元宇宙中，时间不再局限于机械化度量分秒，还可以是一种纯粹、不可逆的作为"绵延"的时间。

二、元宇宙的空间拓展性

元宇宙会令空间维度上的虚拟与现实边界变得模糊，体现出一种空间上的"无边界性"。从绘画、电影再到电视，人们都是通过一块屏幕介质来区分虚拟空间与现实世界，借由观看一个距离身体有一定距离的屏幕，体验虚实空间的转换、身体任意漫游的幻觉。AR、MR、VR等元宇宙相关沉浸式技术的出现则让屏幕渐渐消逝，元宇宙成为通往另一空间的通道。

元宇宙不是现实世界物理秩序的体现,某种程度未来将是反物理体验的典型集中存在。元宇宙空间是赛博空间的某种高级形式,而赛博空间是一种存在人体验思想中的心理表现,本身是物理空间的延伸。在元宇宙世界中,静态空间与动态空间,对应现实空间中的静止空间与移动空间,可以拓展主体更多元的体验。元宇宙突破线性时间与有限空间,各类信息均可在异度空间和同度异构空间之间相互映射,实现任意穿梭虚拟时空。人类物理世界、精神世界、客观知识世界将在元宇宙中相互融合统一[1]。

(一) 元宇宙的静态空间拓展性

在元宇宙里我们可以和自己喜欢的偶像做邻居,可以自由地想象并实现当前所处于什么样的空间,还可以重现对我们有特殊意义的静态空间。元宇宙在极大程度上重构了房地产行业,越来越多的投资者和公司购买虚拟住宅和商业房地产。普通用户可以在元宇宙世界通过租售方式与偶像成为邻居,对房地产进行建设、装修、买卖、租赁、开发等。实现诗意空间的拓展也并非难事,法国哲学家加斯东·巴什拉在《空间的诗学》中指出,空间并非填充物体的容器,而是人类意识的居所。在元宇宙世界,我们能够垂钓、休憩,诗意地栖居,空间也在潜行中构建我们的审美。对人具有特殊意义的静态空间,在元宇宙世界中能够得到最大程度的拓展。用户回到自己童年时期的家宅,或其他有重要意义的处所,置身虚拟故居回忆从前[2]。现在已经出现了 Sandbox、Honnverse 虹宇宙等虚拟社区,用户可以在虚拟社区选择和设计属于自己的元素来展现自己的虚拟地产,并可以进行出租、出售等操作,将元宇宙的静态空间进行了拓展。

(二) 元宇宙的动态空间拓展性

元宇宙的动态空间,具有移动性、多样性、贯通性。火车、高铁、飞机、飞船、潜水艇等都构成元宇宙空间的动态感。跳脱了传统物理的局限,静态空间在元宇宙世界能够处于移动状态。房屋可以飞行,楼梯可以运动,空间的固定性被打破,就如同动画电影《飞屋环游记》和《哈尔的移动城堡》中那样,人类想象的空间在元宇宙中得以实现。元宇宙通过光影与音乐,使用户拥有超越现实世界的动态体验。

同时元宇宙与汽车形成天然组合,汽车固有的移动性,使其具备元宇宙空间的动态性,真实车与虚拟环境激荡,在不同维度实现立体视觉化与深度沉浸感。此外,通过逼真的场景与音效处理,用户在元宇宙世界身临其境地感受刺激的云霄山车、摩天轮、旋转木马等多种动态体验。

三、元宇宙的时间拓展性

就元宇宙的存在形态而言,它是信息的、虚拟的,它把空间压缩到极小的程度,几乎不占据空间,正是由于这种空间的高度压缩,使得元宇宙世界中的空间可以无限扩大[3]。元宇宙的时间是对于空间的高度压缩,元宇宙内的时间是由人创造的。在元宇宙中存在两种时间,一种是对有序流动的元宇宙而言,其时间相当于设计者开发内置的系统读秒器;另一种是对存在跳转、中断甚至逆序的元宇宙而言,其时间适用于体验者心理感受时间。

元宇宙时间是虚拟的时间[4],是对现实时间的扩展。在现实时间中,时间是一维的、绝对的、不可逆转的。而元宇宙中的时间特征则与现实时间的特征形成鲜明对比。元宇宙的时间有节律性,广延性和重启性的特征。

元宇宙时间的节律性指的是元宇宙能够模拟现实世界的春夏秋冬,十二时辰的昼夜变化,时间可以由平台设定或者用户自主编辑,虚拟时间能够在一日之间甚至数秒之内呈现四时之景,"一眼万年"在元宇宙有了具象体现。

元宇宙时间的广延性是指信息在自然时间上得到自用延展,被保存下来,以供不同时间和空间的人使用。例如,元宇宙能够重构历史古迹和逝去先辈们的虚拟影像,利人工智能和机器学习技术赋予先辈们生命,以实现同时空下的先辈与后辈的交流,让家族的记忆、民族的记忆、文明的记忆重新成为鲜活可体验的经历。由此,纵向上对于各个时空信息的留存与再现,横向上对于信息的高密度排布,共同实现了对于时间体验的延伸。

元宇宙时间的重启性是指元宇宙内的时间属性由设计者决定,时间概念可能就此被弱化,用户的体验时长和心理感受变得没有规律,呈现出重启性、断层性、非线性特征。虚拟人与高仿机器人可以使人类进行多元宇宙体验,就如"盗梦空间"一般,用户可以在元宇宙世界启动另一个子元宇宙。甚至说,在元宇宙内的人拥有无限生命。人们在元宇宙中的化身,即虚拟人,其生存或者死亡,无非是一局游戏的开始或结束。当虚拟人在悬崖纵身一跃,最坏的结果不过是退出游戏,重新开始。正是由于元宇宙在时间上的扩展性,可能使得人们的时间观念发生巨大变革。

第二节 元宇宙人机融生性产品及服务

一、元宇宙人机融生性

元宇宙的第二属性是人机融生性,自然人、虚拟人和机器人的三元一体化。在 AI 和元宇宙的推进过程中,如图 11-1 所示,人类需要不断适配自然人、虚拟人和机器人之间的关系。虚拟人的多个分身协助人类在虚拟世界做事,机器人协助人类在真实世界做事,而自然人更多的是解放自我、休闲学习[5]。

图 11-1 元宇宙的人机融生性

仙侠小说中有一个神识的概念:人的意识离开身体能够探访到周围的变化。那么这个神识通过什么来增强呢？通过虚拟人在虚拟世界的感知。在元宇宙中,你可以派机器人出去,或者是利用传感器把信息收回至你本人。高仿人作为人的"智械假身",目前正在大力发展。

二、虚拟人多空间多线程分身

《西游记》曾畅想过,孙悟空用毛发变出猴子分身,人类很快就会具备这种能力,创造出一个与你长得一模一样的虚拟人,在你的手机、AR 眼镜里帮你处理一系列事务。如图 11-2 所示,可以想象,你现在在某个地方工作的同时,你的另外一个分身正在某个重要的会场做报告,这相当于元宇宙的技术多给了你 20 分钟。对此,我们称之为多空间多线程分身。

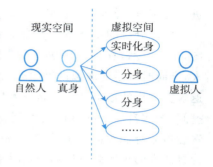

图 11-2 虚拟人多空间多线程分身

自然人进入虚拟空间中,借助虚拟数字人的身体介质作为形象呈现。一个自然人通过元宇宙空间中的一个自然人的实时化身:由自然人本体对虚拟人进行操纵,是对真身行为的 1∶1 实时映射。如未来一个自然人可以创造出多个虚拟人,生活上的虚拟人可以在虚拟空间与他人聚会;工作上的虚拟人可以代表自己前往公司完成任务;情感上的虚拟人可以陪伴虚拟伴侣在虚拟世界购物。

（一）多线程分身的功能

（1）AI 能力弱时,需要部分实时操作。AI 能力强时,可自主交互。

（2）可根据真身已有行为模式和交流方式提前设计,或利用化身形象录制好相应的分身行为,用于有固定应答模式的内容沟通。

（3）真身则能够在同一时间休闲或处理其他问题。

（4）分身行为数据能够动态地反馈给自然人本体。

（二）多线程分身的隐忧

孙悟空的"分身术"既能"分身"又能"分神"。这就存在一个问题:元宇宙中的真我与虚拟分身能够在同一个时间身处于两地,但真我与虚拟我能够实现在同一时间处理不同的事情吗？真身与分身都应该是受到主我意识支配的,意识能够让"真我"的行为符合现实身份,也能够让虚拟分身扮演角色,但人的意识真的能够同时多用吗[1]？

多线程分身产生的伦理与道德问题也是一大隐忧,比如,人与分身相处产生的矛盾如何解决、虚拟婚姻家庭会不会产生道德非议、虚假身份以及分身导致的违法犯罪等问题。想象一下,当你有事脱不开身,让你的虚拟分身去陪同你的女友或者家人去休闲,你真的可以放心吗？你真的愿意吗？未来这些问题需要在技术、法律、道德等方面逐一解决。

三、高仿人机器人"智械假身"

元宇宙世界的构建是按照数字孪生—虚拟原生—虚拟共生—虚实联动的顺序,从最开始的现实世界完全镜像到最后实现虚拟现实自然交互,人类的生存空间、视角维度、感官体验以及思想实践都得以拓展。自然人、虚拟人和机器人是"人"的三种元宇宙存在。自然人进入元宇宙空间,可以在同一时间操控自己的多个分身,完成不同工作。

虚拟分身的生活缤纷多彩,自然人也不遑多让。如图 11-3 所示,在现实中创造的"智械假身"高仿人机器人,则同时游走在虚拟世界和现实世界,虚拟行为数据重返现实世界的形态呈现。高仿人机器人假身存在于现实空间,按照自然人的身体比例制作。其既作为中间方负责虚拟分身的数据传输、行为录制和交互管理,同时又作为自然人的现实假身处理现实时空行为。

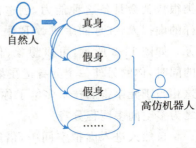

图 11-3 智械分身

四、三身溯源对应

"前台匿名,后台实名":自然人的多线程分身和假身要能溯源对应至自然人本体,自然人对由其设定与统一管控的分身、假身行为负责。

当对应的自然人死亡,分身、假身作为自然人的数字遗产呈现,不应再具备行为主体性。

虚拟人与高仿人机器人不能违反人类社会的法律及伦理规范。

如此"三人三身三种环境"共融共生,便是元宇宙人机融生性的体现,人的生产效能、感知能力、执行效力都将大幅提升。有价值便能创造收益。虚拟人为满足虚拟世界的生活需求,也要赚取数字货币,积攒数字资产,参与数字交易,创造数字价值。其中作为元宇宙创造者的自然人,也能从中获取创作者经济价值。同时,元宇宙的实践将促进虚拟环境与现实环境的良性互动、现实产业和元宇宙的深度融合,实现经济增值。

从长远看,虚实世界之间会形成紧密交互融合,虚实互相映照,虚中有实,实中有虚。一个示例是魔鬼终结者中的机器人在现实世界和虚拟世界中的共存。基于这种融合和互动,我们说现实世界也是元宇宙的一部分。这种融合和互动,将超越单一的现实世界或者虚拟世界,这也是"meta(元)"这个词的本义,高于/超越。行业中也有从"虚实融合"程度这个视角触发定义元宇宙的,比如对虚拟世界的依赖程度超过对现实世界依赖的那一刻,算是正式进入元宇宙时代。

人们将以特定的数字身份自由参与到元宇宙,同时可以以多个虚拟分身参与到虚拟空间各类活动,也在现实世界中塑造多个假身参与现实体验,多分身、假身与自然人之间虚拟与现实世界互动。通过连接相互分割的若干个封闭的个人虚拟现实空间,可以形成更大的虚拟现实社区空间,连接多个虚拟现实社区空间,可形成更大、更多元的虚拟现实社会空间;在异度空间和同度异构空间之间各类不同信息相互映射,实现信息之间的跳转和虚拟时空穿梭。

第三节 元宇宙经济增值性产品及服务

一、虚拟人及其衍生使用价值创造

虚拟人是元宇宙数字经济的行为主体,通过虚拟人经济行为的价值创造实现虚拟原生价值增值。当虚拟人的经济行为是为了满足其生产生活的基本需求时,其创造的价值属于数字使用价值。虚拟人基于数字身份、虚拟房地产、数字劳动、数字消费、社交互动等所蕴含的稀缺性价值实现自身及其衍生使用价值创造。

二、数字价值体系创造

元宇宙目前还是一个新兴概念,学界与业界未统一概念,未来将随着技术迭代和实践升级而不断演化。中国人民大学数字经济与数字化转型研究中心联席主任赵国栋首次提出了"元宇宙经济学"的概念,将其定义为:"数字产品的创造、交换、消费等所有在数字世界中进行的经济活动"[6],他认为元宇宙经济是数字经济中最活跃、最具革命性的部分。但是与之前的数字经济不同,这是一种新型数字经济。其主要逻辑来自数字货币的诞生与数字法币的发展,以及围绕着数字资产而形成的一系列新的经济生产和商业模式[6]。多维度地实现元宇宙权益价值,充分挖掘权益的落地场景,搭建元宇宙实体经济闭环,则是元宇宙经济蓬勃发展的重要策略[7]。

(一)数字货币为新型数字经济提供基础设施

在元宇宙空间中,数字货币为新型数字经济提供基础设施。有学者提出数字法币将成为新型数字经济的引擎[8]。元宇宙数字货币应具有以下特征。

(1)具有价值属性,元宇宙内的任何商品都可以一定数量的数字货币表现出来。
(2)具有良好的流通属性,可以作为虚拟商品交换的媒介。
(3)具有共识性,社区参与者认可该数字货币的经济模型。
(4)具有流动性,可与法币或现实资产进行兑换,拥有便利的交易场所。
(5)具有合规性,数字人民币是中国互联网的合规数字货币。

(二)数字资产的创造与消费重塑元宇宙经济的商业逻辑

关于数字资产,目前相关的定义广泛。具体到元宇宙世界的数字资产,则主要是指以区块链为技术基础的一类具有经济价值的数字凭证。这类凭证包括数字股票、数字房产、数字期货等,以及以数字代币作为表达的数字艺术品、数字权益等。

新型游戏平台是目前元宇宙经济最主要的雏形。元宇宙概念下,具备开源特征的一类游戏平台,不是由开发商进行主导的设计。而是在一定规则之下,让玩家自主开发或者共同开发。这里的玩家既可能是游戏用户个人,也可能是游戏商家或者机构。这些玩家也许同时拥有多样化的数字化分身,在元宇宙空间中购买或创建属于自己的"数字资产",同时还能实现虚实世界之间的经济双向兑换。这就意味着在元宇宙中创作的资产也可以在现实世界中衍生出更多价值。

元宇宙中的数字资产是以区块链技术为基础,在虚拟现实环境中存在的数字化权益和价值。它具有独立性、透明性、安全性、全球性、多样化、流动性等特点,已成为一种全新的财富形态。

(三)中美元宇宙数字价值体系差异

1. 数字货币

中国:数字人民币;美国:加密货币。

2. 确权和流通

中国:联盟链+数字藏品;美国:公有链+非同质化代币(Non-Fungible Token,NFT)。

3. 增值环节

中国:交换价值增值;美国:交换价值+币值波动增值(高风险)。

三、数字附加价值创造

元宇宙概念下的数字附加价值是指:由于创意创造驱动所产生的异质性价值,其来源于情感、内容、定制等产生的附加溢价。元宇宙中的主要附加价值有以下几种。

(一)体验价值

体验价值是用户参与的基础。与互联网经济不同,用户进入元宇宙中不为获取信息,而是以虚拟人身份主动进入具有真实性及社会临场感的场景之中,用户可以表达自己的情感以及参与到经济活动生产中。

(二)创意价值

元宇宙使信息中的创意创造极其重要,创意价值是从供给角度内生的附加值。不同于现实经济中的科技创新,元宇宙更重视别具一格的想法,并且更具开放性(所思即所能)。

(三)传播价值

元宇宙重新塑造出传播价值。创意方与用户在完成产品所有权转移的同时,还能实现流量、传播力的交易,从而诞生新的细分市场并产生传播附加价值。

(四)变现价值

用户在元宇宙中进行体验、创意和传播,其最终目的是获得变现价值。元宇宙的变现附加值体现在用户行为本身能够基于特定机制产生可变现的实质价值。

(五) 资本价值

未来元宇宙将涌现出越来越多的数字资产,出于资产配置多元化的需求,将会有更多的传统资本在该领域布局。

本章小结

将时空进行拓展,实现更多无法做到的事情其实也只是人们无尽的想象力的反映,人们希望去不断探索未知来满足对想象力的求证。人们也一直试图通过创造,把自己的想象世界构建到物理世界,让更多的人可以看到和体验。今天越来越成熟的数字世界,也可以让人们把自己的想象世界更高效地构建到数字世界或者数字世界与物理世界的融合体。在元宇宙越来越成熟的未来,人们的创造力和想象力会起更大的作用,因为可以通过数字世界的帮助来做更低成本和更高效地表达和尝试。元宇宙作为共建想象力的最佳载体,必将助力我们一起驶向未来的星辰大海。

一、名词解释

数字资产　虚拟分身　虚拟人　元宇宙经济学　多线程分身

二、简答题

1. 如何理解元宇宙概念下虚拟人的多空间多线程分身?
2. 请结合所学知识思考未来元宇宙能够带来的价值创造有哪些?
3. 元宇宙对时间拓展对现实世界会带来什么影响?
4. 元宇宙对空间拓展对现实世界会带来什么影响?
5. 为什么以"无聊猿"为代表的 NTF 能够创造出巨大的经济价值?

[1] 肖超伟,张旻薇,刘合林,等. "元宇宙"的空间重构分析[J]. 地理与地理信息科学,2022,38(2):9.
[2] KONKOLY K R, APPEL K, CHABANI E, et al. Real-time dialogue between experimenters and dreamers during REM sleep[J]. Current Biology,2021,31(7):1417-1427.
[3] 严兆星,薛晓源. 元宇宙:时间观念的革命[J]. 人民论坛・学术前沿,2022(6):105-108.

[4] 时皓月.新媒体艺术中的时间观[J].艺术科技,2017,30(7):193,230.

[5] 沈阳.元宇宙不是法外之地[J].人民论坛,2022(7):44-47.

[6] 赵国栋,易欢欢,徐重远.元宇宙[M].北京:中译出版社,2021.

[7] 王陈慧子,杨东.从比特币定性看数字货币的价值维度[J].学习与探索,2021(6):51-59.

[8] 周子衡.数字法币是数字经济的新引擎[J].金融博览,2018(11):40-41.

第十二章 元宇宙产业发展

党的二十大报告指出,推动战略性新兴产业融合集群发展,构建一批新的增长引擎。2023 年 9 月,工信部等五部门联合印发了《元宇宙产业创新发展三年行动计划(2023—2025 年)》(以下简称《行动计划》)。《行动计划》指出:元宇宙是人工智能、区块链、5G、物联网、虚拟现实等新一代信息技术的集大成应用,是具有广阔空间和巨大潜力的未来产业。发展元宇宙产业将极大地开辟数字经济的新场景、新应用、新生态,培育经济新动能。

第一节 元宇宙产业生态

一、元宇宙产业生态架构

综合已有的资料与应用,我们认为元宇宙产业生态可以分为三个层级,分别是后端基础层、前端交互层及场景内容层。后端基础层主要指的是后端支撑元宇宙实现的技术,如 5G、GPU、云、AI+和区块链等涵盖软硬件的基础设施。这些技术将带动数据量及精细度提升,进一步加快助推元宇宙落地。前端交互层在这里以 AR/VR 及智能穿戴设备为主,它们是实现让用户持续稳定接入元宇宙、获得沉浸式体验的关键。AR/VR 虚拟终端设备还涉及传感器、显示屏、处理器、光学设备等,后续也许将会应用于更多构建元宇宙场景的设备之中。场景内容层可以理解为未来元宇宙落地的应用场景,如游戏、工业、医疗、教育等。目前来看,游戏被普遍认为是元宇宙的最初入口,其给予玩家虚拟身份,且玩家可依托该身份在游戏内进行社交,初具元宇宙雏形。

二、主要参与者的布局

Meta 是最全面的元宇宙布局者之一。通过战略和组织转型,在硬件接入、软件应用、内容、数字货币等方向全方位布局元宇宙。软件上推出 Spark AR(针对行动终端的 AR/MR 开发环境)、Pytorch(开源的 Python 机器学习库)等底层开发工具,帮助发展和搭建元宇宙社区。内容上收购多家 VR 游戏、云游戏开发商,推出 Horizon Worlds、Horizon Workrooms 等虚拟社交和办公平台。数字货币上,继 libra 之后积极推广数字货币 Diem。平台层上,Meta 发布涵盖一系列机器感知与人工智能功能的 Presence Platform(Meta 公司推出的一款 MR 开发平台），并计划构建一个支持元宇宙学习的生态系统。

　　Google 布局元宇宙的坚实基础是它在人工智能方面的优势以及云业务。2017 年，谷歌公司战略由 MobileFirst 转变为 AIFirst，在 AI 技术研发能力和落地能力两个维度都处于行业领先水平。人工智能算法框架 TensorFlow 在全球范围得到广泛使用，Google 还专门为 TensorFlow 推出 TPU 芯片。云计算方面 Google Cloud 是全球 Top 4 的公有云服务商。凭借其云和人工智能的结合，谷歌有望在元宇宙底层架构方向扮演重要角色。

　　中国几家互联网企业在元宇宙也开展了多层次的布局。

　　阿里巴巴借助自身两大优势进军元宇宙。一个是基于云计算底层技术积累拓展元宇宙方向的解决方案，另一个是基于电商零售场景结合元宇宙进行体验优化。阿里巴巴的云计算技术积累丰厚，其公有云服务处于全球市场第三的位置，仅次于 Amazon 和 Microsoft。2021 年阿里巴巴的元宇宙布局加速，成立云游戏品牌"元镜"、建立 XR 实验室、推出数字艺术品平台鲸探等。电商领域，早在 2016 年，淘宝加载了线上 VR 购物功能。

　　腾讯在社交、生活服务、娱乐内容应用方面的强大用户群和丰富的场景积累，为其布局元宇宙奠定了良好基础。腾讯一方面是建立了元宇宙游戏的相关开发团队，另一方面投资了 Epic（美国游戏开发销售平台）。基于云计算，腾讯推出了云游戏 START。2021 年元宇宙热火后，腾讯相继申请注册了元宇宙系列商标，例如"腾讯音乐元宇宙""绿洲元宇宙""和平精英元宇宙"等。在虚拟数字艺术品交易领域，幻核是基于腾讯的至信链构建的数字艺术品交易平台。

第二节　元宇宙传媒产业发展

一、元宇宙的产生对传媒产业的影响

　　元空间重构媒体产业新的时空观念：媒体产业重视时间和空间的概念，因为它的空间是社会事实的基本特征。并且元宇宙的时间和空间是可以重复和扩展的。媒体产业不仅要考虑社会现实的时间和空间性质，还要考虑多维度空间中参与者之间的关系。

（一）传统采编发能力有望迎来新升级

　　广电产业自身已经具备了十分丰厚的内容类资源，同时自身也有很强的视觉化生产能力。与此同时，广电产业的摄影摄像设备、演播大厅等，都是与元宇宙发展相关的发展条件，可以成为建立元宇宙示范试验基地的条件。

（二）社交平台更需关注时空创意思维

　　元宇宙对头部账号的兴起提出了更高的需求，特别是在时空上具有新颖的创造性思维，并有良好的创造异度空间的能力。思想是个人进入元宇宙的载体，在元宇宙中，个人差异的价值就是由使用者的思想价值所衍生出来的。

（三）广电行业占据内容技术先发优势

元宇宙的资讯收集技术与资讯收集产业的融合，可谓是天造地设的一对。传统的新闻收集没有任何的真实性限制，而与传统的技术相比，元空间技术系统具有更强的 AI 模拟功能。

（四）数字文娱得益于感知双重属性驱动

数字文化产业的数字资产具备高度的技术性、艺术性和体验性，恰好与数字标识、感官延伸、时空扩展等技术特征匹配，这是文娱行业在元宇宙中占主导地位的一个重要因素。同时，娱乐行业积累了大量 IP，拥有大量用户和粉丝基础。

二、元宇宙如何改变媒介生态

元宇宙是一个综合性的知觉媒体。技术所带来媒体创新将深刻地影响到整个媒体生态。处于媒介环境下的每个人都是媒介创新时代的亲历者。

（一）元宇宙重构传媒行业新型时空观

媒体产业经过时空消解、时空压缩和融合，使其更加真实地反映社会现实。其背后的逻辑与驱动因素是时空、通信技术的普及。为了适应大众日益变化的媒体需求，媒体行业必须不断地创造新的情景。在元宇宙阶段，时间和空间的观念已从根本上改变了过去的真实世界。一种是无限的延展和瞬间的复制，另一种是时间的方向可以是正的或逆向的。时空会丧失它的独特性和不变性。元宇宙时空将超越真实世界的局限，逆转传统媒介复制真实世界程度越精确越好的评价标准。

（二）元宇宙再现新闻场景助力媒体传播

在媒体传播上，基于元宇宙空间的基本架构以及高速率、低延时的移动网络，能够使从新闻源向新闻受众进行实时的传播。运用元宇宙技术播报新闻，能够更好地实现元宇宙空间综合感知媒介，使数字记者能更好地再现新闻场景，比如新华社的数码记者以及"小净"这一全球首个数码太空人。随着越来越多的人使用了更多的数字身体，这些数字身体就会聚集到新闻报道中，从而形成了一种全新的网络形象。很多电子人都能对新闻场面进行全方位的观察和探讨。

（三）广电行业占据内容技术先发优势

广播电视产业在装备、技术基础和内容生产方面已经相对成熟，由此具备了元宇宙发展的先发优势。在内容方面，广电行业自身具备强大的影视内容生产实力，有望在短时间内完成转型与整合，以达到互补性。在广阔的元宇宙世界里，广播和电视产业能够与观众的图像思维相呼应，例如，图像语言的丰富、特效的编辑、主持人的美丽。同时，元宇宙的发展受对技术设备的依赖性很强。广播电视业的广播厅、照相器材等都能达到这一目标，符合"元宇宙"示范试验基地的基本条件。与此同时，如图 12-1 所示为湖南卫视虚拟主播"小漾"、北京广电数字主播"时间小妮"、东方卫视二级虚拟主播"申雅"等在广播领域的应用领域进行了初步的探索[1]。

图 12-1　湖南卫视虚拟主播"小漾"

第三节　元宇宙藏品产业发展

一、数字藏品需求驱动因素

（一）基于稀缺属性而进行价值储藏

基于算法生成的数字藏品，具有唯一的产权。产权是构成稀缺性的基础，而不可复制的稀缺性是用户购买或储藏数字藏品的主要驱动因素。互联网时代，信息复制门槛低，价值难受到认可。而元宇宙数字藏品独一无二、权属明确，可以永久保存，使得数字藏品拥有了与传统艺术品一致的唯一性与稀缺性，避免了数字藏品的恶意增发和无限复制，提升了其收藏价值，让基于元宇宙的数字藏品具有更强的溢价能力，见表12-1。

表 12-1　传统数字作品与基于元宇宙的数字藏品之间的区别

比　　较	传统数字作品	基于元宇宙的数字藏品
版权登记成本	传统版权登记需要花费一定成本，人工流程长，时间成本高	元宇宙标记了作品的所有者和唯一性，基于元宇宙上信息不可篡改的特性，能实现线上作品权属的存证确权，降低作品确权成本
所有权追溯成本	数字作品的所有权非公开可查，追溯成本高	元宇宙上的信息不可篡改、公开透明，可追溯，让藏品的所有权信息更便于查询、更可信
侵权成本	无唯一性标记，容易被无限量复制，侵权成本较低	标记了数字作品唯一性，代码层而上限制了它的可复制性

（二）基于艺术属性产生人文认同

艺术类的数字藏品，人们购买它就像购买传统艺术品一样，是基于对这个数字资产的艺术价值的认可。通过将数字或者实体的艺术、收藏品制作成"元宇宙数字藏品"，限量发行。通过区块链技术，可将数字或者实体的数字藏品制作成区块链数字藏品，限量发行，提升其在价值流转、价值发现和价值储藏等方面的能力。2021年12月24日，新华社推出中国首套"新闻数字藏品"如图12-2所示。

图 12-2　新华社"数字新闻藏品"

视觉中国旗下视觉艺术数字藏品交易平台"元视觉"于2021年12月26日正式上线，首批推出多个数字藏品，如图12-3所示。

图 12-3　"元视觉"数字艺术藏品示例

（三）基于功能属性的生产要素配置

区块链游戏内的数字资产，用户需要购买数字藏品才可以参与到游戏生态，因此这类数字藏品更多的价值在于生产要素配置。通过区块链技术，可以将游戏中的资产以游戏藏品的形式上链，确保其稀缺性和流通。可以保证游戏藏品的真实性、稀缺性和安全性（交易记录不可篡改），使游戏藏品拥有独立于平台的价值。可以为游戏中的数字化产品增加流动性，实现跨游戏、跨平台的产品再利用。

二、数字藏品行业问题

数字藏品作为人类宝贵的智慧结晶和精神财富,它对人类社会进步、博物馆发展起到了举足轻重的作用。但是,目前数字藏品行业发展仍存在一定问题。

(一)资本逐利倾向过强

资本逐利倾向过强,大部分数字藏品估值过高。在创造性和可拓展性方面有很多限制,高交易费问题及网络拥堵问题让很多用户望而却步,目前的实际使用场景还比较单一,资产流动性较弱,投机炒作明显。

(二)数字藏品行业处于早期,乱象不少

数字藏品天然具有虚拟特征,与资产、金钱之间有着直接的、密切的关联,一不小心就可能与现实经济相脱节,出现凭空炒作、欺诈造假等乱象。目前的数字藏品市场中,各种服务平台参差不齐,许多中小型数字藏品平台不但炒作风气浓厚,甚至涉嫌无证经营;有些原本没有任何价值的数字藏品,依靠包装和虚高的标价吸引更多的人关注,然后利用他们追涨逐利的贪婪心理,套取其大量资金。

(三)我国数字藏品行业仍存在结构性缺陷

目前,我国对数字藏品的定价标准以及价格发现机制尚不健全。包括蚂蚁链粉丝粒、腾讯幻核在内的国内平台,在发行数字藏品时基本都没有公开定价依据。由于缺乏统一的定价标准,同一类别的藏品在不同平台上发行可能会存在较大的价格差异,这可能导致藏品发行主体与发行平台之间的沟通、谈判和博弈的成本居高不下,不利于数字藏品的全面推广。

(四)围绕数字藏品的监管框架尚待清晰

目前我国尚未有与数字藏品相关的正式监管政策出台。中国人民银行中国反洗钱监测分析中心党委书记、主任苟文均在"2021首届陆家嘴国家金融安全峰会论坛"上就"虚拟资产"的发展与监管进行了阐述,但没有直接提及"数字藏品"。在世界范围内,各国监管当局同样也没有对"数字藏品"及其含义、属性、监管规则等达成明确、清晰的共识。[2]

第四节 元宇宙"社交十游戏"产业发展

一、元宇宙社交产业发展

(一)Soul:元宇宙社交的先锋

目前最先提出社交元宇宙概念的 App 是腾讯旗下的"Soul",它依托虚拟化的人物形

象、游戏化的场景等产品设计为用户带来沉浸体验,提升了用户的黏性。同时,通过以 UGC 用户生成内容为主的产出方式,Soul 的内容生态将呈现出极大地丰富和规模效应。此外,借由社交属性对构建"元宇宙"商业生态的助力,Soul 未来将有建立起相应经济体系的可能性,可让用户实现娱乐、互动、交易等更多体验。Soul 的这次尝试开创了社交元宇宙的先河,而 Soul 也被认为是目前最接近元宇宙定义的手机应用。

(二)啫喱:元宇宙社交的功臣

如果说 Soul 是元宇宙社交的领军人,那么啫喱则是将元宇宙社交推上热榜的功臣。这款横空出世、凭借一己之力将微信拉下 App Store 免费榜榜首的软件来自北京一点数娱科技有限公司,该公司同时也是新闻资讯平台一点资讯的母公司。同时,用户还可以自行选择发布现在的状态。基于位置共享和状态共享,啫喱的用户们尽管与朋友们身处各地,但是同样也能了解到朋友们的状态和位置。但由于牵扯到隐私保护等原因,啫喱正处于下架状态,暂时不接收新用户,所以目前覆盖人群范围有限,也无法体验更丰富的社交玩法。

二、元宇宙游戏产业发展

元宇宙浪潮下催生出了一批结合元宇宙的游戏平台,在构建虚拟空间、制作游戏内容、建设社交平台等方面都对游戏做出了更多的可能性实验。元宇宙与游戏产业结合的业态初现规模,两者结合将涌现出新的发展路径。游戏是最接近元宇宙庞大概念的形态,也是目前元宇宙落地最成熟的领域(图 12-4)。

(a)*Dreams Universe*社区　　　　　　(b)*Dreams Universe*制作的游戏画面

图 12-4　*Dreams Universe* 游戏社区及相关画面

(图片转载自清华大学新媒体研究中心"2020—2021 年元宇宙发展研究报告")

(一)元宇宙游戏产业

2021 年 3 月,Roblox 在纽约交易所上市,以"元宇宙第一股"的称号点燃了元宇宙这一概念。2006 年发布的 Roblox 是一款大型多人在线沙盒游戏平台,Roblox 不从事制作游戏内容,而是为玩家提供丰富的素材库和强大的编辑功能,支持玩家进行数字内容创作。目前,Roblox 拥有超过 4000 万款游戏,涵盖了如射击、格斗、生存、竞速等各种类型的游戏,并已成为世界最大的多人在线创作游戏平台。Roblox 还创建了一个完整的经济体。Robux (虚拟货币)是该平台流通的代币,玩家能够用代币为虚拟形象购买装备和物品。游戏创作者和开发者通过构建游戏同样能够赚取 Robux(虚拟货币),并转换回现实世界的货币。

(二)游戏拉动上游产业发展

与元宇宙游戏相关的产业链,可以划分为七个方面,自下而上分别是基础设施、人机交互、去中心化、空间计算、创造者经济、渠道和体验。虽然,游戏不过是元宇宙的雏形,但是游戏的发展,全面带动了元宇宙所必需的技术基础和经济系统。这些技术的外溢,甚至是游戏体现的生产关系的外溢,会引起相关产业一系列的变化。

1. 游戏带动 5G 产业发展

对于 VR 游戏,只有达到 16K 之后,肉眼才察觉不到纱窗效应,也就是接近肉眼的"完全沉浸感"。16K 像素点约 1.3 亿,如果以 24 真彩色为标准,默认 140Hz FPS 下,每秒的原生视频流量达到惊人的 138Gbps。因此,随着 VR 硬件的提升,如果我们要摆脱有线的束缚,必须探索大带宽低时延的无线网络及高效的视频压缩算法。云游戏是以云计算和串流技术为基础的一种在线游戏技术。在云端对相关数据进行处理,将结果编码成音频流或视频流,通过网络传输给终端,终端也可将用户的操作信息传输给云端,实现实时交互。因此网络尤为重要。伴随着 5G 技术的成熟,云游戏最关键的网络问题迎刃而解。

2. 游戏与数字货币

游戏的商业模式从过去的一次性消费,变成现在的持续性付费。"氪金"作为网络的流行语,在游戏中,指向游戏中"充值"的行为。事实上,拥有"氪金"功能的游戏,就是一个独立的经济体。充值后,也没有"退款"选项。玩家和游戏厂商都默认玩家早晚会消费掉所有的"氪金"。但是,Roblox 做出了一个大胆的创新,就是用户充值后可以取现,这是一个石破天惊的举动,即便是在金融创新、金融衍生品令人眼花缭乱的美国,也是颇具争议的行为。随着元宇宙应用爆炸式地增长,数字货币总交易量飞速上涨。以太坊是基础的数字货币,可以成为元宇宙的通行货币。元宇宙提供了以太坊货币的应用场景,以太坊货币可以进一步促进元宇宙的爆发。央行数字货币(DC/EP)是基础的数字货币,或者说 DC/EP 本身也可以成为元宇宙的通行货币,它们之间同样是相互促进的关系。

第五节 元宇宙产业应用

一、医疗元宇宙

2021 年,元宇宙的概念延伸到了医疗领域。2022 年 2 月 19 日,全球首个"元宇宙医学协会暨联盟"(IAMM)在上海成立[3]。如今,VR 已经应用在超过 15 000 台手术中了。学校可以使用 VR 技术为学生进行解剖教学;生产过程中也可以利用 VR 帮助孕妇减轻分娩疼痛……而早在十年前,我国就已经有使用 AR 技术为患者做脑动脉瘤手术的论文了,也许"元宇宙医疗"会比"元宇宙"来得更早一些。可以预测的是,元宇宙将会给医疗领域带来许多新的维度,如图 12-5 所示,通过虚拟现实(VR)结合增强现实(AR)等技术用来模拟真实物体,为医疗领域在预测、诊疗、手术和治疗方面带来了新的发展可能性,以人工智能为基础的元宇宙在未来医疗领域将会有非常大的潜力。

图 12-5　第 29 届亚洲心血管胸部外科学会(ASCVTS)在线学术大会上,首尔大学医院利用 XR 平台进行了实时分享

二、体育元宇宙

在元宇宙背景下,电子竞技、远程体育、模拟体育、体育博彩、体育数字形象等的开发都在快速地发展。例如,通过"5G+云互动"技术,可在体育赛事直播中实现实时同屏互动,给予消费者沉浸式体验;北京广播交通电视台《荣耀时刻》冰雪节目在直播中,使用了谷爱凌的 5G 冰雪数智分身,如图 12-6 所示;咪咕首次推出超写实格斗、篮球数智达人;2022 北京冬季奥运会预选赛,虚拟人框架竞技体育国际赛事评分系统在自由式滑雪空中技巧项目中得到采用。

图 12-6　谷爱凌代言的体育行业首个体育数智达人 Meet GU

167

三、旅游元宇宙

元宇宙是一个超空间概念,一个平行于现实世界、现实空间世界运行的超场景体验概念;是对现实场景世界创造法则、运行规则、组织架构的一种新的底层逻辑构造,为扩展现实体验场景技术,为现实沉浸体验创造了更深度化体验,更极致化体验的新模式。通过现实场景,空间场景的数字孪生场景概念,让场景产生了二元空间的维度,把现实场景影像和现实空间场景影像实时地呈现出来。

近年来,许多科技公司与旅游景区达成合作,纷纷推出了线上的虚拟旅游服务,VR、5G等先进技术以及"元宇宙"概念逐步与旅游行业相融合。

(一)案例一:迪士尼的元宇宙战略

2021年11月16日消息,迪士尼CEO鲍勃·查佩克(Bob Chapek)在一场对谈中暗示元宇宙将是迪士尼的未来。蒂拉克·曼达迪(Tilak Mandadi)称迪士尼乐园加上Disney+数字平台使该公司具备了无可匹敌的元宇宙构建能力:"这种三维画布有望以一种具备凝聚力、不受束缚的方式将物理与数字世界整合起来,从而将极大地解放创造性思维。我相信元宇宙是下一代的发展方向。"他还总结了"元宇宙"在增强迪士尼乐园之外讲述故事方面发挥的作用:"元宇宙允许人们扮演既定角色,甚至可以做自己、在整个故事中为自己创造角色。给故事增添新角色。这是元宇宙实现个性化的关键。"

(二)案例二:《大唐·开元》

西安数字光年软件有限公司与大唐不夜城合作的《大唐·开元》项目是全球首个基于唐朝历史文化背景的元宇宙项目。为复原长安城的历史风貌,数字光年与国内知名的数字古建建筑团队"明城京太学"和"史图馆"合作,通过数字化技术进行元宇宙内容搭建和创作,按照真实比例搭建唐长安城建筑沙盘,早期体验用户可以参观唐长安城主体建筑的建设进程,后期甚至共同参与其未来的规划和建设。目前,该元宇宙项目已经初步落地,并提供可供游客探索的元宇宙空间。

四、零售元宇宙

随着元宇宙的不断发展,"元宇宙"将会越来越接近现实社会、越来越真实,未来我们在元宇宙中不仅能花钱,还有可能赚钱,在虚拟世界里建立起一套新的、合理合法的经济体系。目前,很多巨头已经开始争先探索元宇宙在商业空间的应用,并取得了超预期的效果。

(一)成都IFS

九龙仓旗下成都IFS国际金融中心打造了当时全国首个全场景城市综合体AR导航,并联动串联AR礼券、新品推荐等营销活动,促进了顾客活跃度。上线三个月助力项目整体销售同比增长157.04%,全场客流同比增长123.18%,且实现新注册会员同比增长124.6%

的数字化战绩,以空间元宇宙打造了全新的流量入口和营销闭环。

(二)广州悦汇城

越秀集团旗下、广州第二大体量购物中心广州悦汇城上线广州商圈首个大型 AR 实景应用 AR Show。巨大的冰龙、宏伟的冰雪城堡、遨游的水晶鲸鱼、各种各样的冰雕动物……颠覆传统感官的视觉效果,仿佛让人身处异世界,一跃成为广州新晋打卡地。数据显示,在悦汇城周年庆活动期间,AR Show 助力广州悦汇城全场销售额同比增长 196%,客流增长超过开业同期,新会员增长数量创历史新高,庆典首日 AR Show 体验人次在会员新增量占比就高达 74%。

五、房地产元宇宙

虚拟房产是一种观念,其价值在很大程度上依托于算力、创意、流量的共识。元宇宙房地产将虚拟世界中的土地分成很多部分进行出售和交易,并在土地上创造各种用例。简单来说,元宇宙中的每块地就像素格子一样,然而它们不仅是数字图像,而是虚拟现实平台中的可编程空间,人们可以在其中社交、玩游戏、销售 NFT、参加会议、参加虚拟音乐会,以及进行无数其他虚拟活动。随着元宇宙的崛起,数字房地产预计也将增长和扩张,预计其行业价值在 2022 年至 2028 年期间的复合年增长率为 31.2%。由于其平台生命具有周期性,因此虚拟房产在具备价值的同时也存在极高的风险。在元宇宙中,通过算力可以最大程度减少"房屋"的稀缺性,因此需警惕虚拟房地产高价背后的炒作风险,建议强调平台的主体责任,监管好元宇宙的平台建设者,使其履行平台管理责任,确保虚拟房产按照正常合规的逻辑运行。

六、农业元宇宙

(一)人机交互式农场管理"预"见元宇宙

人机交互式农场管理是基于用户体验设计的,具有高可用性、兼容性好、操作简便和管理全面特点的管理方式。通过无人机测绘、自动驾驶、农业物联与人工智能识别等技术,合理运用于农场管理,对农村全数据准确分析并且预警汇报。

(二)畜牧生产"预"见元宇宙

对于农牧业而言,元宇宙技术应用将会为生物育种、生物医药、畜牧装备制造、养殖流程监控、智能疾病诊疗、智能精准饲喂、智能环控、智能发情繁育、智能动态饲料营养配制、大数据行情预测、生产效能监测、生命科学、信息科学、材料科学(适应农牧业特殊环境需求)等领域技术研发攻关提供虚实结合的仿真平台,提供人机全面融合、沉浸式设计仿真环境。

(三)农业文化遗产"预"见元宇宙

在保护与开发方面,农业文化遗产元宇宙集中映射政府推动模式、多方联动模式、产业驱动模式、企业带动模式等线下农业文化遗产保护模式；以非营利事业或者相关产业作为发展的基础，通过引入虚拟场景进行沉浸式遗产地风景体验；购入NFT等相关的数字藏品……农业文化遗产地的一切体验都可在元宇宙中进行，这为农业文化遗产元宇宙经济的发展提供了广阔的空间[4]。

七、教育元宇宙

教育元宇宙最理想的状态是建立平行于世界的另一个社会生态系统，而要实现这一目标，就必须统一规划布局和制定技术规范[5]。首先，必须就教育元宇宙的技术标准，在全球范围内进行协商，充分发挥国际上相关信息技术标准化组织的作用。通过与元宇宙公司、教育机构以及政府部门等进行沟通，使学习系统架构、学习技术系统架构、元宇宙框架等技术标准化或建立数据兼容性标准；其次，搭建一个"积木式"的开发框架。教育元宇宙是一个庞大的系统性工程，不是一次就可以建立起一个永久不变的教育元宇宙，如图12-7所示，技术发展、师生需求、学习资源供给以及教与学目标等的不断变化，都决定了教育元宇宙体系框架必须具有可拓展、可连接和可发展等特征。[6]

图12-7　元宇宙中的课堂
（图片转载自清华大学新媒体研究中心"2020—2021年元宇宙发展研究报告"）

八、航天元宇宙

NASA近日在官网发布报道，为人们揭秘了九种在太空中运用VR/AR技术的场景。其中，VR/AR设备不仅能帮助宇航员适应太空微重力（microgravity）场景，还可以利用其来检修仪器。

（一）VR/AR设备协助失重环境下的研究和训练

太空和地球表面的环境并不相同，地球表面约为1G重力环境，而太空处于近似真空状态。航天员长期处于微重力环境中，他们需要在吃、穿、住、行上适应失重的情况。在NASA的文件中，他们想通过VR/AR设备来观察航天员在失重情况下身体的变化，这些研究能够帮助航天员更好地适应无重力环境。研究人员一直关注重力变化如何影响宇航员的信息判断能力,他们通过 VR 设备收集宇航员在日常训练和空间站期间的相关数据信息,找寻帮助宇航员尽快适应环境变化的方法,并且通过 VR 设备帮助宇航员在失重的环境中更好地控制前进的方向。

(二) AR 技术在维修太空设备中的应用

日本宇宙航空研究开发机构(JAXA)的日本宇航员野口壮(Soichi Noguchi)收到一项任务——在太空中维修一部 T2 跑步机。通常,为了方便用户在计算机或平板上阅读,检查程序的文件通常采用 PDF 格式,但人们在狭小空间内同时查阅操作指南和检查设备,很可能因操作不当导致设备受损。在微重力的太空环境中,宇航员的操作将会更加不容易。但 AR 设备将这一过程精简化,戴上 AR 眼镜后会有 3D 提示将宇航员的视线引导到适当的位置,并直接显示说明。该设备还能按照宇航员的口头指令或根据正在执行的程序步骤在硬件上显示文本或者标注信息。Noguchi 佩戴上 AR 眼镜后,不需要其他额外的指令或设备与地面团队沟通,就可以直接获得分步指导,按照相应的提示完成工作。他在维修过程中使用的是 T2 AR 设备。这是该设备第一次出现在太空上,它是基于微软的 HoloLens AR 眼镜研发,并搭载了 NASA 开发的新型程序跟踪软件,可以让宇航员对主要的机组进行无人协助的维护和检查。

九、军事元宇宙

与传统常规训练方式相比较,VR 军事训练具有场景逼真且多变、"身临其境"感强、训练针对性强和可控性强等特点。这种特点很好地满足了严格的军事训练要求:一是减少训练中的人员伤亡。据美军的统计和分析,美国 4 年间的军事训练导致了 466 人死亡,人数是海湾战争的 27 倍;而通过 VR 技术训练,就可以有效改善实弹训练安全系数低、易造成人员伤亡的状况,将真实风险从 90% 下降到 40%,其中改善最明显的就是飞行训练。二是降低训练经费。虚拟训练无须消耗一枪一弹,就能达到比真枪实弹训练更好的效果。在一般的常规训练中,1 枚地空导弹的实弹发射成本高达 100 万美元,而在虚拟环境下,它的成本可能 1 美元都不需要。由于使用虚拟现实技术,美国陆军在 1994 年"路易斯安娜 94"演习中节省了近 20 亿美元。三是军队的训练水平得到了极大的提升。有专家指出,有些飞行员在经过特殊虚拟训练 20 小时的培训后,便可以达到 4 年以上现实飞行才能达到的技术水平。另外,VR 训练还可以减少各类武器在实弹训练中所产生的大量噪音、废气和有毒物质,尤其是可以降低在训练中因占用或破坏地方耕地而产生的赔偿费用。

十、历史元宇宙

目前数字光年与知名古建建筑团队合作,一比一大小搭建唐长安城的数字建筑沙盘。早期体验用户可共同参与该城的规划和建设,在虚实互动中感受更加全面立体的历史风貌。数字化技术让中国传统建筑在数字空间生动再现,联动虚拟世界与现实世界。未来,元宇宙将孕育大量新的消费场景,对线下实体经济具有辐射效应。未来还会有更多文创作品依托数字化技术进行传播,推动数字藏品的创新形态与实体经济结合,有利于创新历史文化的传承方式,推动文创以被更受年轻群体青睐的形态持续发展[7]。

十一、党建及政务元宇宙

(一) 党建元宇宙

传统的"互联网+党建"和VR党建,已经有了很多的应用,如沉浸式党建等,在智慧党建领域取得了长足的进步[8]。与此同时,有更多新的需求提出,比如传统VR党建方式缺少互动,学习的内容较为枯燥,无法支持人与人在VR 3D环境中的交流,无法支持多地互相连接的问题,也没有学习结果分析。而"元宇宙+党建",是新一代的党建智慧学习技术,在云端支持VR全景+3D的虚拟空间,可让分散在各地的所有用户以3D身份接入虚拟空间,除了多人在同一空间中的沉浸式体验和学习外,还可以模拟日常世界的3D互动,如查看虚拟3D文物、组装3D装置、用激光笔讲解某个环境等。这些应用都大大提升了"互联网+党建"的应用效果。国家行政学院音像出版社的智慧党建空间落地了国内首个"元宇宙+党建"系统,可以实现在线上虚拟空间中远程、多人3D协作与互动,灵活而有力地支持了新形势下党建工作。这套"元宇宙+党建"系统,是在"互联网+党建""智慧党建"的引领下,使用了大朋搭载高性能骁龙845处理器技术的VR设备,集成了北京赤子之心及萌科科技提供的元宇宙技术,可以实现多人远程同空间中的党组会议、党员互助、党史学习、红色体验等活动。

(二) 政务元宇宙

2022年3月27日,开普云"政务元宇宙战略云发布会"在新华社新立方演播室顺利举办。开普云公司已累计为2000余家党政机关客户提供了服务,客户涵盖中纪委、最高检等党和国家机构、60%以上的省级政府、40%以上的国务院组成部门和直属机构,市场地位领先。将元宇宙与政治工作联系在一起,组成的政务元宇宙,会对公务员的工作与社会的发展带来极大的便利,例如提升智慧城市服务质量,将元宇宙的关键技术(AI、区块链、物联网等)与"数字城市""智慧城市"等理念结合,对实现环境、交通、税务、健康、文旅等领域的可持续发展,增强市民生活的幸福感和便利感有极大助益;跨越线下公共服务障碍,元宇宙中的政务服务将以尖端数字技术为基础,可克服线下服务的时空制约和语言障碍等困难,极大提升了公务员的工作效率和沟通效果,降低公民的政务需求成本。

本 章 小 结

随着元宇宙引起的喧哗热度,对其定义和内涵的讨论也越来越清晰。从产业发展的角度来看,元宇宙的愿景为社会各产业的发展提供了更大的框架和发展环境。从战略上讲,密切跟踪元宇宙的应用、元宇宙的科技愿景、政治愿景和经济愿景,是社会主动、积极监管和责任感的体现。还需要确认其在新环境中的地位,加强其地位意识。从计策上讲,可以积极探索元宇宙的应用,以便在社会各产业的范式转换和生态转型中积累优势。

习　题

一、名词解释

非同质代币　虚拟经济　元宇宙产业生态　数字藏品　元宇宙社交

二、简答题

1. 简述数字藏品火热背后的利与弊。
2. 数字藏品需求驱动因素有哪些?
3. 简述元宇宙的产生对传媒产业的影响。
4. 简述传统数字作品与基于元宇宙的数字藏品之间的区别。
5. 目前元宇宙落地最成熟的领域是什么?为什么?

主要参考文献

[1] 赵梦桃,黄颖.元宇宙背景下具身互动研究的热点与发展趋势[J].数字技术与应用,2022,40(4):119-121,183.

[2] 赵志宏.数字藏品[J].当代金融家,2022,200(2):88-91.

[3] 郭潇雅.揭开"元宇宙医学"面纱[J].中国医院院长,2022,18(6):25-27.

[4] 卢勇,任思博.农业文化遗产元宇宙的内涵、路径及应用前景研究[J].中国农史,2022,41(2):136-148.

[5] 李海峰,王炜.元宇宙+教育:未来虚实融生的教育发展新样态[J].现代远距离教育,2022(1):47-56.

[6] 苗诗景,牛国良.教育元宇宙视域下教学过程优化路径与策略[J].北京工业职业技术学院学报,2022,21(2):99-102.

[7] 王陈慧子,蔡玮.元宇宙数字经济:现状、特征与发展建议[J].大数据,2022,8(3):140-150.

[8] 清华大学新闻与传播学院新媒体研究中心.元宇宙发展研究报告 2.0 版[EB/OL].[2022-01-21]. https://www.sohu.com/a/546322232_100016406.

第十三章　元宇宙数字经济市场监管

尽管研究数字化对于经济的影响并不是什么新鲜观点了,物联网、区块链、云计算在全球范围内的快速普及加速了物理世界的"万物互联",但元宇宙的迅速发展带来的网络空间的全面升级引起的从以物为核心向以人为核心的数智化空间的转变是前所未有的。

虚拟世界飞速发展的同时也带来了许多的问题,包括信息技术自身局限性对虚拟世界发展的影响、大量平台企业涌现带来的市场垄断风险、线上线下统筹监管的实现等问题。因此,我们需要进一步关注元宇宙数字经济所带来的潜在的监管风险,谨防数字经济泡沫的出现,随着元宇宙的发展不断调整完善数字治理的规则,实现智慧监管。

本章节主要探讨元宇宙背景下数字经济市场的监管的意义,所面临的挑战,以及相应的监管策略。

第一节　元宇宙数字经济市场监管的意义

数字技术的快速发展为全球范围内的市场监管带来了前所未有的挑战,其发展的高速性以及技术本身的特质均与长期以来被认为发展缓慢且受地域限制的市场监管制度南辕北辙[1]。基于此,我们亟待探索数字经济市场下的市场监管策略,以更好地服务数字经济发展,从而确保我国数字经济长期可持续发展。

一、数字经济的内涵

数字经济是在后工业经济和社会的框架下产生和发展的,后工业转型的本质是经济主体向服务业的演进转变,这在为市场带来许多新就业机会的同时也拉动了GDP的增长。伴随着后工业时代的到来,服务业得到了进一步发展,数字经济的发展进程开始加速。与此同时,受后工业化进程的影响,市场对于体力劳动者需求减少,对知识分子需求人数增加。伴随着市场人力需求结构的变化,农业和工业部门也出现了三级分化:服务业务流程链被构建到价值链中,以服务为中心的商业模式越来越普遍,在传统行业中白领的人员占比逐渐增加[2]。

数字经济和数字化作为全球最热门的话题之一,吸引了包括二十国集团(Group of Twenty,G20)、世界贸易组织(World Trade Organisation,WTO)、国际货币基金组织

(International Monetary Fund,IMF)、世界银行(World Bank,WB)等机构的密切关注,各国有关部门、组织已开始着手布置相应的发展策略[2]。

由于这一经济形态的复杂性和动态性,目前学界与业界尚未对数字经济这一概念形成统一定义,在这里我们参考了《"十四五"数字经济发展规划》,选取了学界和业界较为认可的界定对数字经济进行描述:"数字经济是继农业经济、工业经济之后的新的主要经济形态,是以数据资源和信息为关键生产要素、以现代信息网络为重要载体、以信息通信技术的有效使用和传统生产要素的数字化转型升级为经济结构优化的关键推动力的,进而促进包容、创新、高效和可持续发展的经济形态[3]"。

数字经济由"数字技术的产业化"和"产业的数字化升级"两个部分组成,分别约占数字经济的五分之一和五分之四。所谓数字产业化,是指数字技术的产业化应用,包括数字产品制造业、通信业等数字技术所带来的产品和服务,可以说数字产业化是数字经济发展的先导力量。所谓产业数字化,是指运用信息技术和数据资源提升传统生产要素的生产效率和产能的过程,包括数字政务、智能制造等。

二、元宇宙数字经济发展的特点

研究公司 Gartner 曾经进行调研并做出预测:到 2026 年为止,25%的消费者每天将至少花一小时在元宇宙世界,并且世界上 30%的组织将在届时一齐推出元宇宙产品和相关服务[4]。随着元宇宙概念的兴起与发展,元宇宙数字经济逐渐呈现出以数据要素为主导、企业价值非线性增长、平台化运营等特点。

(一) 数据要素的主导地位

伴随着数字经济时代的到来,数据要素作为一种新型生产要素以及数字经济发展的核心要素,在经济发展的过程中占据主导地位。这一关键生产要素在党的十九届四中全会上首次作为第五大生产要素被列出,与土地、劳动力、资本、技术等传统要素并列[5]。数据要素对于生产的贡献度有显著提升,数据要素被视为现代经济发展的重要趋势,因此分配关系应体现出这个变化趋势。数据要素应建立由市场评价贡献的机制,再按照贡献的高低来决定报酬。

在数字经济中,数据是一种重要的战略资源,是发展的关键动力。当前社会万物互联,数据无处不在,数据是一种重要的生产力。因此,数据要素在数字经济时代必然占领主导地位。

(二) 企业价值非线性增长

工业经济规模的不断扩展往往会受到边际收益递减效应的影响,即随着企业规模的扩张,其边际利润不断下降,而数字经济时代的信息化企业的价值则是呈现非线性的快速增长趋势。这是因为信息化企业可以依靠规模的不断扩张实现接近于零边际成本的经济形态[6],根据梅特卡夫效应,网络的价值可以视为该网络内的节点数的平方,并且网络的价值与联网的用户数的平方呈现出正相关趋势,也就是说网络价值与用户规模的平方成正比。

元宇宙作为互联网的新形态，同样适用于此规律，这便为数字经济时代企业价值的非线性增长提供了机会。

（三）平台化运营机制

平台化运营模式指的是通过平台连接两个及以上群体，为不同群体间提供交流互动的渠道，满足多边群体的需求并从中盈利的一种商业模式，淘宝、京东等电子商务平台就是平台化运营的典型代表。随着新兴技术的发展，元宇宙也逐渐呈现出平台化运营的态势，国内外诸多企业已着手研发元宇宙平台、布置相关产业。

三、元宇宙数字经济市场监管的意义

随着数字化转型战略在全球多个国家、地区、城市、部门、行业和公司中制定和逐步实施，数字经济的法律规制和自我规制问题逐渐显现出来。信息技术的更迭为经济发展带来了更多的可能性，但也带来了不少隐患[7]。

首先，元宇宙平台本身的数字化属性意味着用户在虚拟世界进行活动时大量的数据信息随之产生，这其中的数据安全与隐私安全问题愈发显现。因此，元宇宙数字经济需要构建起更为缜密的线上线下相结合的监管模式。此外，基于元宇宙数字经济的全球化特点，用户在元宇宙平台进行活动的同时可能伴随着相应的法律问题的出现，并且有可能对国际政治存在潜在影响。所以市场监管部门需要尽快完善相关的法律法规和体制机制建设，正确引导元宇宙发展，从而确保我国数字经济健康发展。所以市场需要探索在元宇宙数字经济市场更加强有力的监管手段。

第二节 元宇宙数字经济市场监管的主要责任

市场监管是指有权进行监管的主体对市场中的监管对象的活动和行为进行监督和管理的程序。维护市场的基本秩序，控制市场风险，保证市场安全是其主要目标。对于几乎任何市场而言，监管都是一个重要环节，对于元宇宙数字经济市场更是如此。本节主要讨论在元宇宙数字经济市场中，监管主体所承担的主要责任。

一、市场秩序的规范和维护

（1）要想保持经济市场的长期稳定发展，必须建立并长期维护规范的市场经济秩序，这既是保障当前经济正常运行的需要，也是完善市场经济体制的抓手。对于线下交易市场是如此，在元宇宙数字经济环境下亦然。因此，为了创造一个诚实守信、公平竞争的市场环境，元宇宙数字经济市场监管主体要对监管对象在市场中的一切活动进行监督，确保其遵循市场交易原则。

（2）市场秩序是监管主体对监管对象隐私权的保障，监管部门应确保监管对象对于其个人信息拥有控制权，并且需要防止其他对象对于其个人信息的各种形式的非法使用或控制。

（3）市场秩序是监管主体对虚拟主体、客体与财产交易过程中的规范和维护，明确在虚拟世界进行虚拟财产交易所产生的物理世界收益的相关征税问题，维护物理世界与虚拟世界交易市场的稳定。

（4）关于元宇宙的社会舆情治理问题，虚拟世界的舆情问题对于经济市场有重要影响，维持稳定的社会舆论环境对于市场秩序的维护有着促进作用。

二、消费者权益保护

监管部门应维护消费者的各种权利，如安全保障权、知情权、独立决策权、公平交易权、赔偿权、依法结社权、获取知识权、维护尊严权、监督权等，以维护数字经济秩序，鼓励社会主义市场经济健康发展。具体体现为以下几点。

（1）保护消费者权益对于市场稳定、社会安定有着促进作用。消费者在元宇宙世界中的活动会创造一系列行为数据，而随着当代公司对于消费者的行为研究日益深入，企业越来越多地将消费者体验的每一个方面个性化。基于此，企业不仅可以利用对认知限制的一般理解，而且可以在个体层面上发现、甚至攻击消费者的弱点[8]。

（2）保护消费者权益有利于鼓励公平竞争，限制不正当竞争行为。消费者合法权益的保护也是对生产劳动积极性的保护，有利于提高企业和全社会的经济效益。

（3）维护消费者的合法权益可以促进资源的有效配置。资源配置效率越高，市场运行就越规范，消费者的权利就越能得到充分的保障。

三、市场主体登记管理

面对数字经济时代海量市场主体的涌现，监管机构应构建系统化的市场主体登记管理制度，优化市场主体注册、行政审批等流程，进而实现对市场主体的全生命周期的管理。具体表现在以下几点。

（1）对市场准入实行分类管理，建立基于市场主体的信用风险状况的分级分类监管框架体系，同时对特殊市场准入领域实行前置审批。

（2）系统地构建市场主体登记管理制度，完善监管体系链条，实现全链条监管，重点强化事中事后监管。

（3）加强市场主体登记资料的公开共享制度。市场主体登记是市场经济的重要基础措施，关系到社会各方的利益，因此相关部门应依法公开信息，以保护交易安全、促进市场监督工作的顺利开展。

（4）完善市场主体退出机制，打击冒名登记、虚假出资等问题，优化营商环境。

四、知识产权保护

保护知识产权是促进经济高质量发展的有力支撑。如今，以区块链为技术基础的

NFT虚拟艺术品在元宇宙已经投入交易市场,但是相关的监管措施仍不完善,对于交易的管理,以及相关权利的保护存在缺位现象。监管主体应着力推动领域内法律法规的进一步建设与完善,合理利用区块链技术的独特优势,完善元宇宙知识产权保护体系,进而保护创作者的创作热情,推动创新发展。在知识产权的保护过程中应坚持如下原则:坚持高水平保护、坚持高标准管理、坚持高质量发展。

五、反不当竞争执法

监管机构应通过多种方式开展反不正当竞争执法,营造有利于公平竞争的环境,促进创新增长,以推动数字经济市场的健康发展,鼓励和保护公平竞争,抑制不正当竞争,保护经营者和消费者的合法权益。本文所称的"不正当竞争",是指经营者通过其生产经营活动,违反相关法律法规,破坏市场竞争环境,损害其他经营者或消费者合法权益的行为。上述经营者是指生产、经营或提供与元宇宙数字商品相关服务的个人——自然人、法人或非法人组织。

此外,考虑到元宇宙数字经济的平台经营特性,在开展经营活动的过程中可能出现"大数据杀熟""平台强制二选一""信息茧房"等一系列问题,市场监管主体在开展监管工作的过程中应更多地关注到反垄断、反不正当竞争问题,鼓励适度竞争,形成合理的市场结构,以便保护新业态的稳健发展,保护消费者权益。

第三节 元宇宙数字经济市场监管存在的挑战

在了解完元宇宙数字经济市场监管的主要责任后,本节将探究在监管过程中可能会遇到的挑战,包括信息技术自身的局限性、平台企业市场垄断风险、线上线下统筹监管缺位、市场监管体系建设滞后、法律法规建设尚不完善,以及网络信息安全等一系列问题。

一、信息技术自身的局限性

大多数的信息技术本身都具有一定的局限性。例如,社交网络将许多陌生人联合起来实现具有社会意义的目标,为提高透明度和包容性创造条件,但同时也助长了利己主义、网络攻击假新闻等内容的大规模传播。网络允许用户共享文件以供公众访问,促进交流合作,但同时也为盗版产品的传播创造了条件。区块链技术的诞生可以显著提高许多活动、业务流程和交易的有效性,但它也可能会导致一些始料未及的困难,例如,在不可抗力的情况下无法取消全自动智能合约的情况[2]。

元宇宙技术也不例外。元宇宙所提供的沉浸式体验场景突破了时空的限制,具备诸多的实际应用价值,为线上教育、远程办公、建筑设计等行业提供了更高的自由度以及更多的发展可能,但同时虚拟与现实世界的平衡问题、虚拟世界的法律约束与监管问题逐渐显现。

二、平台企业市场垄断风险

元宇宙产业的发展具有平台化运营的特征，但是，在基于平台的商业模式下，平台企业既作为市场交易的主体参与交易活动，又作为市场交易行为的裁决者存在，处于产业链的高位，易于形成寡头垄断形式。此外，在市场竞争的过程中为占领更大的市场份额、巩固市场地位，平台企业往往会设置一些有偏向性的框架规则以增加行业壁垒，阻碍市场公平竞争，侵害消费者权益，实现平台垄断。因此，相应的市场监管反垄断机制应尽快完善，以维护消费者的权益，避免此类事件发生。

三、线上线下统筹监管缺位

前日，国务院印发的《"十四五"市场监管现代化规划》中指出首次指出要加强网络市场监管体系建设，并强调要协调优化线上线下市场的竞争生态[9]。这对于我国元宇宙数字经济市场的长期稳定发展有着重要指导意义。随着元宇宙的应用范围逐步拓宽，其应用市场已逐步形成并处于快速扩张阶段，市场监管工作也面临着新挑战，具体有如下几点。

（1）随着元宇宙数字经济的不断发展，市场经济的整体规模和市场参与者的数量都急剧增长，并且市场主体之间的合作、竞争和更迭的模式也在不断变化。

（2）基于元宇宙线上和线下并行交织的复杂生态，商品和服务市场相互渗透、加速发展，新的模式、产业和商业模式不断涌现，市场对效率、公平和保护的需求也越来越多样化。面对迅速发展且日趋复杂的线上线下混合经营模式，其对应的市场监管模式较为滞后，存在监管盲区。

（3）在构建新发展格局的背景下，国内市场全球化的特点和中国元素在全球市场的崛起更加明显。因此，元宇宙本身带有的全球化特点是我国传统的监管法律、技术条件、人才储备等难以适应的。

四、市场监管体系建设滞后

现阶段，政府在进行数字经济监管的过程中仍然沿袭着传统的分散监管模式，这与数字经济时代高速发展的线上商业模式相矛盾[10]。政府监管方式的滞后与数字经济的飞速发展之间的矛盾日益突出[6]，传统的市场监管模式难以适应数字经济时代提出的新要求。

传统经济模式下的以政府为监管主体的监管机制具有自上而下管理和监管权力集中的特点，而忽略了元宇宙平台自主监管优势，故而传统监管模式已经难以适应数字经济发展的需求。应充分发挥平台大数据分析与自我监管优势，着力打造"政府＋平台"双主体的监管模式，助力数字经济稳健发展。构建统一开放的数字经济市场，加强社会主义市场经济体制建设，客观上需要创新和完善市场监管体制，推进市场监管的现代化进程。

有关部门要考虑元宇宙的数字经济发展特点，进一步转变监管思路，在实践的过程中不断完善监管方式，创新监管模式，支持市场监管体制改革，提高监管效能，研究制定满足元宇宙数字经济发展的监管模式。

五、法律法规建设尚不完善

元宇宙市场在相关法律和法规的建设方面存在许多差距,其监管框架、依据体系尚不完善,市场部门在开展相关监管工作时缺乏有力的政策支撑。现阶段,由于缺乏必要的法律监管,围绕元宇宙及其相关产业的不同市场参与者的增长目前处于相对无序的状态。因此,现阶段元宇宙的发展过程中相关的法律问题已经显现出来了,如虚拟财产的权利归属及流转利用问题、NFT 的资产归属及产权保护问题、元宇宙平台运营的主体资格及运行规范问题等缺少相应的法律约束。无论是法律的强制约束还是道德的引导性约束,都需要适应行业产业发展所提出的多层次、多维度、多方位的需要。对于元宇宙产业相关企业而言,在具体的规章制度尚未明晰的情况下,应在业务的开拓上留出足够的缓冲地带,经营者应抱有警惕意识。

此外,基于元宇宙平台化经营的特性,在反垄断领域也需要法律法规的支持。全国政协常委、国家市场监督管理总局原副局长马正其也指出应尽快完成反垄断相关法律的修订与完善,完成公平竞争相关制度修订并尽快出台适应网络平台的监管办法[11],维护元宇宙数字经济市场秩序,确保元宇宙数字经济长期稳定、健康的发展。

六、网络信息安全问题

元宇宙数字经济在高速发展的同时也带来了不少安全隐患,网络攻击、信息安全问题日益凸显。元宇宙的网络化特性带来了海量的数据信息,包括用户在元宇宙内不同应用之间进行的交互,硬件设备以及外部设备所采集、储存、加工的数据等。其数据内容包含大量用户隐私信息,因此这一系列数据应得到分级分类管理与保护。同时,相关的数据安全审查问题、数据风险评估问题、数据监测和应急处置问题在元宇宙的发展过程中也亟待处理。尽管在技术层面上有区块链的分布式网络、共识机制、智能合约、加密计算等技术作为支撑,从一定程度上保障数据的安全性,但是监管主体的行为规制以及相关法律的制定仍然起到关键作用,有着不可替代的重要性。权威机构需要建立一个更健壮的、连贯的信息安全监管框架,解决信息安全防护碎片化的问题,在政府部门的强大支持下将信息数据的掌控权重新交回个人用户手中[12]。

第四节 元宇宙数字经济市场监管策略

基于元宇宙数字经济发展所显示出的主要特征,针对元宇宙在数字经济市场监管中所面临的挑战,本节将对元宇宙数字经济市场监管的策略展开讨论,提出监管思路的转变、建立健全政策体系、建立多元协调共治机制、加快推进智慧监管四项对策。

一、监管思路的转变

数字经济时代,元宇宙等一系列新兴产业的发展已然打破了时间、空间的限制,世界经济一体化程度不断提高,数字企业将可以在全球范围内开展竞争。因此,数字经济的市场监管思路应作出相应的改变,如由属地管理的模式转为异地协同管理的模式、由行业管理转向多部门协同监管、由事前管理为主转向全链条动态管理、由监管主体直接监管转向平台企业自治协治,以及由各国各自监管转向全球范围内的共商共治。

(一)由属地管理转向异地协同管理

数字经济时代独具的突破时空限制的特性,要求市场监管突破基于行政区域划分的属地管理模式,形成异地间协同管理机制。

(二)由行业管理转向多部门协同监管

随着数字化转型在各行各业间的不断渗透,行业与产业之间均呈现出交叉融合的态势。传统的按照行业分类开展市场监管工作的模式已经难以适应新的发展趋势,在监管过程中显现出界线不清晰、权责不明确等问题。因此,监管部门应转变思路,拓展相关部门间协同监管的渠道,加强联合监管力度。

(三)由事前管理为主转向全链条动态管理

传统的基于审核发放资质证明的,将事前监管作为主要抓手的监管手段在面对数字经济时代的新业态所带来的挑战时显得有些吃力。相关企业应配合监管主体打造从事前延伸到事中和事后的全链条监管模式,利用区块链等底层技术的可追溯性作为新形势下的市场监管技术武装,对元宇宙平台的活动展开动态监管。

(四)由监管主体直接监管转向平台企业自治协治

面对海量的从业主体,传统监管模式下由监管主体直接监管所有主体的形式变得难以应对。鉴于元宇宙数字经济所具有的平台化运营特性,监管主体应把握平台企业这个关键环节,以此为抓手开展科学管理。平台企业也应自觉配合监管主体做好自治与协助治理的工作。

(五)由各国各自监管转向全球范围内的共商共治

数字经济的到来伴随着全球经济一体化的发展,从业主体跨国经营的行为日趋普遍。因此,从业者应主动适应不同国家的监管要求,同时这也要求全球各国的监管主体发展形成共商共治的监管机制,确保数字经济长期稳健发展。

二、建立健全政策体系

完善元宇宙数字经济市场监管,要建立健全政策体系,开展数据要素市场的体制建设优化数据资源配置,以元宇宙平台化运营特质为抓手开展平台治理体系建设,同时还要推进政策的"立、改、废、释"为市场监管提供原则、依据。

(一) 数据要素市场体制建设

建立健全政策体系框架,加快数据要素市场的培育,吸纳并整合有益资源,提高资源配置的有效性,充分释放数据要素的潜力。

首先,我们需要推进数据要素市场的顶层设计和全市场综合规划。在政府的调控下,联合企业与社会的多方力量鼓励数据要素的市场化配置,建立数据要素的市场交易规则和标准,保障数字经济中所有参与者的权益。

其次,建立数据要素市场的分级分类管理制度,提升管理效率。根据数据要素的行业属性、敏感性、风险级别等特质进行划分,并以此为依据划分数据开放权限,让非敏感、风险等级低的数据优先流入市场。

再次,全面推进数据要素开放共享格局。可以考虑以相关政府数据公开为切入点,形成示范效应,进而充分利用各类数据,依据需求进行配置,发挥数据要素的协同效应。

最后,建立数据要素的安全保护机制,以数据分级分类为依据,设置管理控制权限与门槛,保障数据安全。

(二) 开展平台治理体系建设

建立健全政策体系,可以将元宇宙平台化运营性质作为抓手,开展数字经济平台治理体系建设。元宇宙数字经济平台积极推动新兴数字技术不断发展更迭,并且在运营的过程中积累了大量用户数据、交易数据等数据资源[13]。因此,将平台作为监管抓手,打造基于数字经济平台的治理体系,有助于实现全方位市场监管,在缓解了监管部门压力的同时保障了市场参与者的权益。例如,通过建立平台准入规定、适用规范等条例,并依此对违规行为进行制裁,就可以在保证交易效率和公平性的前提下,有效地规范数字经济发展。此外,对正新技术和新涌现的商业模式采取积极有效的监管行动对于我国元宇宙数字经济可持续发展也至关重要。

(三) 针对新兴领域的"立、改、废、释"

建立健全政策体系,针对监管的重点领域、新兴领域、涉外领域与时俱进地做好"立、改、废、释"工作。通过加强相关法律法规建设,完善适应元宇宙数字经济发展的政策体系,着力提高元宇宙数字经济监管的程序性与规范性,坚持以中国数字安全为根本,以法治建设加速中国数字经济发展。此外,为了助力数字经济产业的增长和长期健康发展,政府部门还可以通过实施必要的支持政策,增加对具体关键项目的投资,并为中小微企业提供支持,打造阶梯式发展格局,促进元宇宙数字经济全面发展。

同时,需要针对政府监管权力形成一套权力监管机制,推动数字经济市场监管阳光工程,落实"权力有效监督制约、监管信息公开透明、监管行为科学规范"的要求,推进政务公开,落实监管职责,政治不作为乱作为慢作为等一系列突出问题,确保监管部门充分履行监管职责,为元宇宙数字经济的发展保驾护航。

三、建立多元协调共治机制

尽快构建"政府监管,企业自治,行业自律,社会监督"的多方协作共同治理的经济监管体系,进而形成市场各层次协同监管、共同治理的发展新格局[13]。

一方面,政府应充分发挥自身优势,有效协调、配合、引导企业与第三方机构等投身到元宇宙数字经济建设等行列中,激发其作为市场主体的参与意识,建立多元协调共治的数字经济监管机制,打击元宇宙数字经济市场各类违法行为,同时向企业灌输责任意识,充分利用数字技术的优势,合作维护社会和经济稳定。

另一方面,应建立"政府＋平台"的双中心监管框架。传统的市场监管模式主要依赖于政府的监管作用,而元宇宙数字经济监管不仅需要政府发力,还可以充分利用平台经营特点,优化监管框架,建立一个与元宇宙数字经济发展的动态性和不可预测性相适应的监管体系,结合平台的技术优势与政府的长期监管经验与优势,形成"政府＋平台"的双中心主体结构。通过完善相关法规、运用区块链加密技术优势,平台可以确保平台不同用户和主体之间的交易是基于信任的。基于此,元宇宙数字经济平台具有独特的信息优势,可以克服传统政府对单一主体的监管所不能克服的监管信息不足、监管手段不完善等制度弊端。

此外,应顺应元宇宙与经济发展的国际化趋势,深入参与元宇宙数字经济国际治理,推进市场监管制度型开放。一是要积极参与到全球元宇宙数字产业标准的制定中;二是要加强跨境知识产权保护的合作协议,鼓励域外执行与中国知识产权有关的法律规定。

四、加快推进智慧监管

数字经济时代,市场监管对象呈现出高度信息化趋势,作为市场监管主体,市场监管部门也必须充分运用大数据、区块链、人工智能等数字化平台的"技术武装"开展智慧监管建设,充分整合市场监管领域的信息资源和业务数据,建立市场监管和服务的信息资源库和标准规范体系,积极鼓励市场监管信息资源的开放和共享,打造协同、多元的智能监管模式,提高市场监管效能[6]。

(1) 鼓励通过智能监管的运用简化监管流程、提升监管效率。通过监管的数字化转型,可以促进政府治理的现代化、简化流程,提升公共部门的生产力。基于大数据等新一代信息技术的快速发展和数据资源的日益丰富,建立连接数据、信息、协作、平台、安全五要素的协同运行机制,可以进一步促进新技术与数字经济监管体系的融合,提升政府部门的数字治理水平和监管能力。此外,政府应充分重视市场对数字经济领域的调节作用,用市场化的策略推进数字经济领域的发展,通过大力发展科技金融,积极利用金融资源、价格杠杆、税收手段等渠道支持数字经济领域的发展。

(2) 建设智慧监管风险监测和预警平台,通过大数据计算实现风险监测与预警。平台经济是基于互联网及人工智能、云计算、大数据等数字技术发展起来的。反过来,监管主体也必须充分利用数字平台的"技术装备",才能适应元宇宙数字经济环境下市场监管提出的新要求。在推行监管体系和能力现代化的同时也要注重监管部门人员的知识管理与能力建设,尽快探索并掌握新业态新模式下的监管新方法。

本 章 小 结

本章节从市场监管的角度出发,探讨了数字经济时代下元宇宙的数字经济市场监管的重要意义、主要责任,随后分析了元宇宙数字经济市场监管所面临的挑战,最后,提出了开展元宇宙数字经济市场监管的主要策略,包括监管思路的转变、相应政策制度的健全、多元共治机制的构建,以及智慧监管的推行。

一、名词解释
数字经济　平台企业　市场监管　数据要素市场　智慧监管

二、简答题
1. 简述元宇宙数字经济发展特点。
2. 结合教材内容与自身理解,请简述元宇宙数字经济发展趋势。
3. 简述元宇宙数字经济市场监管的主要职责。
4. 列举元宇宙数字经济市场监管面临的主要挑战。
5. 针对元宇宙数字经济市场发展特点,综合考虑市场监管过程中存在的问题与挑战,为元宇宙数字经济市场监管提两条建议并说明原因。

[1] BEAUMIER G, KALOMENI K, CAMPBELL-VERDUYN M, et al. Global regulations for a digital economy: Between new and old challenges[J]. Global Policy, 2020, 11(4): 515-522.

[2] FROLOV D P, LAVRENTYEVA A V. Regulatory policy for digital economy: Holistic institutional framework[J]. Montenegrin Journal of Economics, 2019, 15(4): 33-44.

[3] 国务院. "十四五"数字经济发展规划[R/OL]. [2022-03-25]. https://www.ndrc.gov.cn/fggz/fzzlgh/gjjzxgh/202203/t20220325_1320207.html.

[4] ROSENBERG L B. Regulation of the Metaverse: A Roadmap[R]. [2023-04-04]. htpps://www.researchgate.net/publication/358989449.

[5] 刘晶. 挖掘数据要素价值 增强数字经济核心动力[N]. 2022-06-07.

[6] 张晓姣, 李永红, 刘霞. 数字经济下市场监管模式研究[J]. 合作经济与科技, 2022(10): 182-184.

[7] BAMBERGER K A. Technologies of compliance: Risk and regulation in a digital age[J]. Tex L Rev,

2009,88:669.
[8] CALO R. Digital market manipulation[J]. George Washington Law Review,2014,82(4):995-1051.
[9] 国务院."十四五"市场监管现代化规划[EB/OL].(2022-01-27)[2023-04-04]. https://www. gov. cn/zhengce/content/2022-01-27/content_5670717. htm.
[10] 程妍.数字经济监管体制创新的导向与路径[J].全国流通经济,2021(17):111-113.
[11] 全国政协协商数字经济发展[J].中国信息界,2022(3):18-21.
[12] CRABTREE A. Enabling the new economic actor:Personal data regulation and the digital economy[C]. IEEE. 2016 IEEE International Conference on Cloud Engineering Workshop(IC2EW). Berlin:IEEE,2016:124-129.
[13] 李卫东."政府＋平台"双主体实现数字经济有效监管[J].国家治理,2021(23):22-24.

第四篇
元宇宙伦理与法律法规

第十四章　元宇宙伦理

元宇宙作为数字经济时代的重要发展领域被世人高度关注。元宇宙是利用数字技术构建的且和现实世界交互的虚拟世界,它将现实生活中的社会"投影"到另一个世界里,在人类世界的不同层面上构建虚拟世界。但值得深思的是,尽管虚拟世界依托数字技术而生,却仍然由现实生活中的人们所掌握和控制。从元宇宙本身来看,它是新一代信息技术的综合运用,因此可从信息伦理的视角进行探讨。据此,本章分为元宇宙与伦理学、信息伦理、元宇宙中的道德伦理三个小节来探讨元宇宙伦理。

第一节　元宇宙与伦理学

一、元宇宙道德伦理溯源

元宇宙是由人类的"数字分身"及其活动所组成的通过数字技术构建的潜在世界——存在于这个世界之中,区别于现实世界。人们追求一种全新的生产生活方式,其愿望往往高于现实情况,随之可能产生与之相对应的道德规范。道德属于社会意识形态,主要探讨人们在社会中应该承担的责任和处理其相互关系的行为规范,属于伦理学范畴。据此,我们将从中国伦理学、西方伦理学谈起,对元宇宙中的道德伦理进行初步探讨。

(一)中国伦理学

在古代中国,伦理学蕴含在学术体系之中,并不是独立的学科。在《中国伦理学史》中,蔡元培讲到儒家伦理思想代表着中国伦理学之大宗。从历史发展的角度上看,伦理学在社会功能中发挥着积极作用,促进了中国传统政治伦理的变迁,也使中国传统科技伦理思想得到了丰富。

中国传统政治伦理以儒家政治理论为主脉,为传统政治社会提供了合理的价值理论以及事实上的积淀。东周列国时期奠定了后世历代王朝的政治伦理取向;秦汉时期确立儒家政治伦理为主脉;魏晋南北朝时期虽然受到佛道的影响,但依然坚持以儒家政治伦理为主脉;宋明时期,儒家政治伦理地位得到巩固,走向成熟。中国传统科学伦理是中国伦理思想史上研究的一个重要内容,萌芽于原始社会,奠基于春秋战国时期,发展于汉唐时期,繁荣于明清时期。在中国传统科技伦理思想发展的漫长过程中,内容得到了不断丰富,特别是中国四大发明以及医药学等多领域的独特贡献,充分体现了人与自然和谐发展、科学精神与道德伦理理性结合的特征。

到了20世纪,拥有几千年伦理文化历史的中国伦理学渐渐开始系统化和科学化,大体分为四个阶段:第一阶段为1900年至新文化运动;第二阶段为五四运动至中华人民共和国成立;第三阶段为1949年至1978年年底;第四阶段为1979年至今,这四个阶段相对独立又相互联系。中国伦理学发展史在人类伦理发展史上留下了壮丽的一笔。

十月革命的一声炮响,给中国带来马克思列宁主义,产生了中国马克思主义的伦理思想。1949年中华人民共和国成立,中国伦理思想进入了新的阶段,关于伦理学的文章书籍相继发表出版,为改革开放后的伦理学繁荣发展奠定了坚强有力的思想基础。改革开放后,我国出版了大批伦理学原理的专著,在伦理学研究方面取得丰硕成果。中国伦理学体系面向社会、面向世界、面向未来,不断发展与完善。

(二)西方伦理学

西方传统伦理学的发展各派林立,种类繁多。首先出现的是属于广义规范伦理学范畴的亚里士多德的美德伦理学,追求"至善",强调拥有德性才能拥有幸福。其次是近代的狭义规范伦理学范畴的边沁、穆勒的功利主义伦理学,以抽象的人性论为基础,从感性经验出发,以能否带来利益来辨别人们行为的善恶。再如康德哲学的义务论伦理学,主要针对道德义务和道德规范的问题展开研究,探讨"应该"的问题。然后是现代的元伦理学、描述伦理学和规范伦理学。摩尔的元伦理学把逻辑分析方法引用到伦理学,用逻辑语言研究道德现象。韦伯的描述伦理学从社会的实际状况对道德进行经验性的描述和再现。最后是当代的应用伦理学,包括生命、环境和医学等领域。

19世纪至今,在西方的一些国家和地区,也出现了许多伦理学流派,主要有唯意志主义伦理学流派、实用主义伦理学流派、弗洛伊德主义伦理学流派,以及存在主义伦理学流派。

二、从元宇宙新视角下看伦理学

开放经济时代对道德调节的需要与日俱增,如科技、政治、文化、外交、经济等领域的许多问题与道德伦理密切相关。2021年,"元宇宙"成为热门的话题,这一概念对人类社会的未来发展将产生深远影响。元宇宙的出现与发展使数字社会建设与治理进入新阶段。当"物质技术化"扩展为"精神技术化"时,道德伦理建设将面临严峻挑战。

元宇宙反映了当代社会大规模数字化转型发展的未来趋势。这种新的数字社会发展趋势无法完全由传统技术决定论进行说明,也无法由传统社会建构论进行阐明,需要从技术创新与社会发展两方面综合考虑,才能更好地理解与掌握元宇宙沉浸和开放等特点所带来的数字生态链发展。元宇宙已经在许多行业崭露头角。随着元宇宙的不断发展,智能体随处可见,实现虚拟生产生活与现实生产生活无缝衔接。同时,元宇宙所带来的人的精神技术化挑战也是更加严峻、隐蔽、多维度。元宇宙可能会改变平台用户对现实世界的原有印象,导致他们对行为正当性产生偏差,迫使他们把自由误解成随心所欲,甚至陷入虚无主义。

为落实科技向善的文化理念,2021 年,联合国教科文组织的 193 个成员国发起签署了首份"人工智能伦理全球框架协议",并且发布了《人工智能伦理问题建议书》。这意味着,加强人工智能的伦理治理已经成为人类共同面对的重要任务和紧迫问题[1]。

第二节　信息伦理

一、信息伦理的概念

元宇宙是基于大数据、虚拟现实、人工智能、区块链等新技术构建的虚实相生的数字世界。元宇宙涉及大量的信息收集、传输、处理等活动,可能引发一些社会问题。因此,探讨信息伦理对于元宇宙发展遵循正确的道德标准和行为准则具有重要意义。信息伦理的内涵,总体上是随智能时代的进步而不断改变的动态概念。1988 年,罗伯特·豪普特曼(Robert Hauptman)首次提出"信息伦理"一词。他认为,"所有对与信息生产、信息储存、信息访问和信息发布伦理问题相关的研究都统称为信息伦理"[2]。信息伦理是指"涉及信息开发、信息传播、信息的管理和利用等方面的伦理要求、伦理准则、伦理规约,以及在此基础上形成的新型的伦理关系"[3]。20 世纪 80 年代,由于信息技术的广泛应用带来了道德和社会问题,国外对信息伦理研究初露端倪。20 世纪 90 年代中期,我国同步开始互联网与信息伦理研究,虽起步比欧美国家晚,但是发展迅速。

二、信息伦理的特征

信息伦理具有三大特征:多元性、开放性、自主性。

(一) 多元性特征体现在信息伦理"认知"层面

在多元性的信息"认知"背景下,思想观念和道德价值方面产生差异,在差异性的多元化中强调"和而不同",在不同国家和文化差异下寻找相互兼容的中间地带,在保护各个国家和民族文化传统的同时也克服了民族中心主义和不同文化的分化。

(二) 开放性特征体现在信息伦理"行为"层面

开放性是网络公共性与信息技术民主性合力的结果。网络技术发展为开放式传播提供了条件,同时也使网络成为一种全新的公共领域,具有不一样的环境体验。通过各种行动主体(它由信息道德主体、计算机、物联网和微计算设备组成)共同参与信息的获取、处理、传递和利用。让人们了解到有差异的文化背景和风俗习惯等,通过网络互相交流理解彼此行为,对"异己文化"的态度更加的包容,使得开放的信息伦理成为可能。

(三) 自主性特征表现出信息伦理的"反思"维度

通过对信息伦理多元化理念的坚守,有前瞻性地预测信息技术走向,基于"善用"信息技术的培养,自主引导信息主体向"善"的行为方向发展,据此促进信息伦理在社会意识中的正向作用。信息技术的发展终将服务于人类生产生活,如果这种发展过程给人类带来风险和挑战,破坏和谐的生活环境,引发一系列问题,那么人类就会自觉加以反思和规制,从而倡导正确的信息伦理价值观。

信息伦理是一门新型的交叉学科,它是对信息技术、信息社会与社会行为等问题进行价值评判的准则。就信息伦理社会功能研究而言,信息立法仍存在一定的欠缺,信息活动中出现了各式各样的网络犯罪情况,所以亟需从信息伦理层面传递自律思想和规范信息用户行为。信息伦理作为应用伦理学的分支学科,对个人和社会信息活动都起着重要的道德约束与行为规范作用,在元宇宙中同样适用。

三、互联网时代信息伦理现状

进入 21 世纪,随着信息技术的迅速发展和广泛应用,信息社会化逐渐加深。信息伦理问题研究与治理引起高度关注。理查德·A.斯皮内洛和世界科技知识与技术伦理委员会(COMEST)信息社会伦理分委员会认为,狭义的信息伦理学只指信息技术相关的伦理范畴,而广义的信息伦理学则探讨与信息相关的所有伦理问题[4]。在多元主义的视角下,要相互尊重各自的差异性和特殊性,理性地处理现实生活中的伦理问题以及用辩证的思维思考解决问题。

(一)国内信息伦理的现状

在中国古代哲学中,"天人合一"强调人与自然的和谐统一。在长期的研究与实践中,技术得到了充分的发展,在日常生活和经济社会中的作用比较突出,亟需通过一些伦理准则对其进行规范。随着技术的进步,伦理观也发生了变迁,形成了多元化的趋势。新兴信息技术的综合运用促成了一个广阔虚拟的"网络社会",也带来了新的问题。在日常生活中,人们逐渐接受网络化社会的生活状态,网络时代的信息活动更加隐蔽,信息交流更加广泛,信息行为更加自由。总之,信息伦理问题在网络时代尤为明显。

(二)国外信息伦理的现状

在西方,技术与伦理的关系一直备受哲学家们关注,工业革命以前,人们在探索道德伦理的同时推动科技的进步,实现了两者的协调。随着科技的进步,道德与技术相辅相成,技术的发展与应用为伦理学的研究提供了前进的动力。在多元化的世界中,信息伦理的框架内探寻多元价值的实现变得尤为重要。

国内外学者针对信息伦理所呈现的多元性、复杂性等诸多特点,从信息认识论和信息实践两个视角对有关伦理问题进行剖析,总结归纳出符合当前社会发展潮流的信息伦理规范,用以引导社会个体进行信息实践活动。

信息技术发展从认识的角度来看,就是要通过思考将人类的内在需求、知识技能、现实物质、数据资源等制定成一套较为完整的程序化、可控制的标准。以"价值敏感性设计"作为技术设计的创新方法,在具体的实践中通过利用整体性的视角来设计人类价值互动的关系。从最初的人机交互研究到网络浏览器的安全设计，扩展到学龄前儿童的在线安全防护等诸多领域。

（三）互联网时代信息伦理面临的隐患

随着互联网的飞速发展，人与互联网之间的关系更加密切。传媒领域的元宇宙应用构建着一种多元的线上空间，元宇宙空间活动的依托并非游戏币，而是现实通用货币的转换。例如，线上网络直播是实时互动的传播方式，网络主播通过接受打赏的虚拟礼物产生巨大经济利益，主播要炒作自己来增加流量和曝光度。网络直播的一系列失范行为阻碍了直播平台的健康发展，只有通过对伦理失范原因进行分析与研究，同时构建伦理准则、培养责任意识、制定管理政策，才能使网络直播向更加健康的方向发展。探讨元宇宙空间信息传播诸多可能性时，从某种程度上来说是在现实空间受限的情况下探讨人的更多可能性，是基于元宇宙空间和互联网对使用者权责的特殊性约束。使用者需对自身言行承担现实和线上双重责任。

为净化网络环境，加强信息伦理建设，政府部门推出一系列的法律法规，加强市场和网络平台的监管力度。平台及分享者都肩负着传播者的责任，理应倡导行业自律并积极推动互联网环境的健康发展。在数字化、去中心化、非集权化的当代信息社会，信息主体的个体意识、文化自主意识高涨。鉴于这种形势，国际社会需要群策群力，防患于未然，共同加强互联网时代信息伦理问题的系统性治理。

第三节 元宇宙中的道德伦理

一、道德伦理风险在元宇宙中的初现

道德伦理，即存活于世界的个体（一般指人），所受的内在价值理想影响和在社会的行动规范，包括在具体行为、场景、社会关系和利益冲突中，个人的善恶观念和判断及其社会效力。

元宇宙中为什么可能引发道德伦理问题？有以下几个原因：第一，有人就有社会，就有人性，就有道德。元宇宙虽然是虚拟世界，但它是由人构成的社会网络，不可避免会面临由人带来的伦理道德问题。第二，新事物具有一定的不确定性，新事物的成长面临着各种未知的风险。元宇宙具有巨大的发展空间，但同时也孕育着新事物的各种不确定性，这些不确定性可能存在伦理道德风险。第三，元宇宙带来的神秘感和匿名性，更容易引发道德问题。在元宇宙中，性别不再是天生的，外表可以随意改变，肤色和种族不再需要别人知道，用户的所有信息都可以通过个性化"捏脸"得到，改变自己在现实世界原有的身份和阶层，在道德法律未规范的时期内，这些行为具有一定的匿名性，增大了道德风险。第四，技术加持带来了技术道德伦理风险。

人存活于世界上，不是孤单的个体，需要维系社会网络，需要对自己和"他人"负责。

"他人"的存在决定了人不能过于"自我"地生活,需要有"道德"的生活。由"数字分身"构成的虚拟世界,也是由人主宰,亦需要人们遵守道德规范以维系虚拟社会网络。元宇宙不能脱离道德伦理而存在,没有道德伦理的约束势必发生混乱,甚至走向灭亡。

二、元宇宙发展中面临的道德伦理问题

近年来,随着各种技术的不断出现和进步,人们开始大力发展元宇宙,它可能会给人类社会带来很多好处,比如减少歧视、消除个体差异,甚至为人类创造全新的生存空间。一方面,元宇宙构建了虚拟世界和现实世界高度交融的新结构,是互联网下一阶段发展的重要方向。另一方面,它给当下现实世界中原有的道德伦理规范带来了新的挑战,导致传统安全风险与非安全风险的叠加与演变。我们将从以下几个方面进行说明。

(一)元宇宙道德伦理问题的演变

技术的发展正在深度介入人类社会的演化进程。"元宇宙"指出了互联网演化的方向,同时人们将进一步利用元宇宙拟像化存在的"身体"构成全新的虚拟社会。人们的"身体"不止存活于现实社会,其身性将在这一过程中演变为赛博格耦合形式——身体和技术延伸耦合。下一代互联网技术将逐步沟通起"虚拟"与"现实"这两个"身体存在"的场域,即在现实世界有一个身体"技术化"的"我",而在元宇宙构成的虚拟世界,还可以有另一个我的"数字分身",两者合作完成各项工作[5]。这就意味着,元宇宙世界在逐步建立过程中,随着现实人类"身体"在虚拟世界的延伸,在另一个场域构成了另一个全新的世界,属于现在世界的相关知识体系和道德伦理势必会随着身体"数字分身"迁移和延伸,在虚拟世界发生全新的构建和演变。由此看来,新虚拟世界的创造和成长,会夹杂着信息特征的全新的道德伦理问题。

(二)元宇宙道德伦理问题主要表现形式

元宇宙技术将人们引入了新的伦理和隐私困境,引发了许多道德伦理问题,具体产生原因和主要表现在以下几个方面。

1. 隐私伦理方面

元宇宙通过从现实世界全方面获取的用户数据来构建"数字分身",需要用设备进行持续感知,以提供更真实和更具沉浸感的体验,可能会对用户的网络隐私和信息安全构成威胁。在元宇宙中,个人隐私全部暴露在技术监控中,生活中到处渗透着数字化技术,平台每时每刻都在干预个人偏好、情绪、想法、行为等隐私在元宇宙之中一览无余。若是在收集、存储、利用数据等方面缺少严格的监督,个人隐私就有可能受到侵犯或者外泄,或造成通过终端的更重要和敏感的信息被恶意用户和其他平台用户窃取利用、个人信息买卖或暗箱交易、不法分子利用个人信息侵入现实用户生活、用户信息安全重大隐患等隐私伦理道德问题的发生。

2. 技术伦理方面

元宇宙拥有巨大的技术支撑体系,如虚拟数字人、社交机器人、XR技术、VR技术、XR

技术、区块链、人工智能等都同它息息相关。目前业界较为认可的是《元宇宙通证——通向未来的护照》[6]一书提出的元宇宙 BIGANT 六大技术全景图,主要包括区块链技术、交互技术、电子游戏技术、人工智能技术、网络及运算技术和物联网技术。这些技术促进了元宇宙的快速发展。然而,新技术在为社会生产带来效率提升的同时,也伴随着相应的伦理风险,技术的发展与相应道德伦理的缺失,正逐渐成为高悬于现代社会之上的一柄利剑:第一,虚拟世界里依靠技术的权力运作势必会使得现实里的管制权力受到分割,若平衡不当会诱发人际矛盾;第二,技术带来的"反噬"也更为明显。例如,算法黑箱触发道德安全风险,区块链、特别是公链中的数据难以删除,对于受害者或遇难者的"被遗忘权"难以实现,造成人文情怀的缺失,诸如此类由技术产生的问题都引起社会伦理的思考。

3. 社会伦理方面

元宇宙可以被看作我们社会的一个微宇宙,其中虚拟世界的构建尚处于初步阶段,虚拟世界的秩序确立和法规制定仍处于起步阶段,用户的行为规范面临巨大的挑战,在逐步完善过程中元宇宙构建的虚拟世界更容易被恶意利用,产生虚拟世界里的违法犯罪行为。譬如,大量用户的涌入将不可避免地混入的一些恶意和不道德的人员,他们可能会侮辱、跟踪甚至骚扰元宇宙中的其他化身用户,或形成虚拟资产犯罪、虚拟商品欺诈等违法犯罪行为。众所周知,人们在现实世界中的真正身份受社会环境所限制,但是在虚拟世界中人们可能创造出一种或者几种新型符号化身份。倘若设置虚拟身份不受法律条文的限制,就会存在不法分子作恶的可能性,从而造成无法估量的伦理和道德危机。同时受地域空间制约弱的影响,可能会出现跨国、跨境、跨平台作案,致使社会风险增大。

三、元宇宙与道德伦理的协调发展

(一)元宇宙道德伦理发展的必然趋势

中国是从农耕时代,经历几千年才发展成至今较为成熟的社会体系,期间伴随着各种制度的改革和创新,并非一蹴而就。如今的元宇宙和其相匹配的伦理道德尚处于不断完善阶段,适用于"虚拟世界"的法规制度也正处于等待商议和决策阶段。未来,元宇宙必然越来越完善,在实践中确立伦理规则并完善道德法规,逐渐形成一个较为成熟的体系,构建一个文明、稳定、和谐、友爱的"虚拟世界"。

(二)元宇宙与道德伦理协调发展的原则

马克思认为:"因为人的本质是人的真正的社会联系。"[7]不管是推动一个民族,还是一个社会构建人类命运共同体,或者强化国家间人类命运共同体,均需要重视人们所共同遵循的道德价值理念与行为规范。同理,元宇宙所构成的虚拟世界,也是以人为成员的社会世界,离不开道德伦理的约束。因此,在元宇宙世界里,需要坚持"以人为本",考虑人的可持续发展,在尊重、理解、保护人性的基础上,遵守道德伦理,综合运用多种新兴信息技术构建"虚拟世界",是元宇宙在发展过程中应坚守的重要原则。

(三)元宇宙中道德伦理问题的对策

1. 隐私的保护

元宇宙对用户和旁观者个人数据全方位的收集带来了一些隐私和安全威胁。[8]如此庞大和重要的用户数据,一旦发生泄露将造成恐慌,解决"虚拟世界"可能出现的隐私道德违法问题,应从源头,即基础数据保护入手。在社会调节方面,我们需要尽快制定元宇宙相关法律法规。2021年,开放型研究机构罗汉堂发布了报告《理解大数据:数字时代的数据和隐私》,对数据价值、数据分享风险和解决方案、数据治理原则等问题进行了系统探讨,揭示了数据保护立法的紧迫性。我国已经出台了《数据安全法》《网络安全法》《个人信息保护法》等相关法律,但这些法律对于元宇宙来说并不具有针对性。因此,应当尽快出台元宇宙相关数据保护法,规制元宇宙平台及其用户对于数据的使用,使数据使用合理且安全有序;在技术保障方面,有国外学者提出,通过精细定位和全面感知收集的数据可以采用隐私增强技术(privacy enhancing technologies,PETs)进行管控。该技术在产品设计中把个人隐私保护方面的规定与原则纳入软件应用中进行开发与利用。此外,基于屏蔽、机器学习、加密、水印、区块链等技术手段,坚持以平台用户为中心,允许用户自主定制个性的、适合的解决方案来处理这些隐私保护问题。

2. 技术使用与法律规制

元宇宙及其引发的技术伦理问题可以基于现有法律法规对其进行规制,或者说可以通过对现实世界原有的法律法规进行扩充延伸来对其加以规制。不管未来元宇宙会沿着怎样的技术路线发展,呈现出何种产品或状态,第一步都需要遵守这些原有的法律法规。因此,在元宇宙作为可独立于现实物理空间得以最终成型之前,基于现有规范的演绎、解释与扩充,乃是最为现实的法治路径。对于元宇宙中的技术运用,应合理出台相关法律法规,明确平台与技术之间的关系,制定平台甚至其他用户使用技术的相关准则。除了出台相关法律来合理规制技术的使用,使技术不被滥用或恶意利用之外,运用技术处置违法犯罪问题,也是解决元宇宙中道德伦理问题的关键。对于元宇宙中的违法犯罪问题,可以基于元宇宙特色进行识别和处理,比如使用大数据、云计算等技术,建立预测、预警、预防元宇宙犯罪的平台,对元宇宙犯罪风险实施精准监测与防范。

3. 道德行为规范

元宇宙离不开道德伦理的支撑,不能脱离道德伦理的规章制度。[9]道德需要规制到每一个平台用户,甚至是旁观者,警惕由个人由于私利私欲而引发违法犯罪或其他相关道德伦理问题。除了现实中的法律制度同样约束元宇宙用户之外,需要在原有现实世界的道德伦理制度基础之上进行精准定制和延伸。由于元宇宙的去中心化在某种程度上是其赖以存在与发展的基本条件之一,元宇宙的道德行为准则需要对这一基本条件加以切实保障。当前某些关于元宇宙制度的讨论具有一定的局限性:只是作为分散垄断权力的组织平台,有些认为元宇宙分散了个人权利并加以维护。元宇宙道德伦理在某种意义上就是"人人为我,我为人人"。本质上而言,元宇宙的去中心化不只是集体去中心化,更是个体去中心化,凸显连接自身去中心化特征。元宇宙的存在使平台上的个体间能够相互敞开心扉、具体而直接地沟通交流,因此,彼此有效联系成为核心交互方式。综上所述,元宇宙的道德原是互惠的、相互尊重的连接主义。

本章小节

随着新兴信息技术的持续发展,虚拟现实技术及其系统推动经济社会变革的实践,得到了越来越多人的欢迎与接受,当下经济社会领域对于元宇宙的应用还在不断拓展,发展前景较为广阔。但是,元宇宙的发展引发了一些人对道德伦理的担忧,在这方面,相关法律条款较少且暂未形成体系,伦理法规建设仍处于探索阶段。

为元宇宙世界夯实道德基础,需要先确立制度监管体系,才能促进行业自律成为常态。元宇宙是由大数据、云计算、人工智能、虚拟现实、区块链、物联网等新兴信息技术所构成的虚实映射、虚实交互、虚实融合的数字世界。各种新技术、各类用户行为错综复杂地交织在一起,极有可能引发道德伦理风险,这种情况值得我们高度重视。

习　题

一、名词解释

元宇宙　数字分身　道德伦理　信息伦理　个人隐私

二、简答题

1. 你认为技术发展为人类带来便利,还是危险?
2. 请谈谈你个人对元宇宙道德伦理的理解。
3. 请你结合教材思考,现代社会法律体系是否适合元宇宙?为什么?
4. 请你为元宇宙中的道德伦理构建提供建议。
5. 你认为元宇宙世界可以替代真实世界吗?

主要参考文献

[1] 屠毅力,张蕾,翟振明,等.认识元宇宙:文化、社会与人类的未来[J].探索与争鸣,2022(4):65-94,178.
[2] 杨晶晶,谷立红,田红.信息伦理研究综述[J].电子政务,2011(7):61-67.
[3] 吕耀怀.数字化生存的道德空间——信息伦理学的理论与实践[M].北京:中国人民大学出版社,2018.
[4] 梁修德.信息伦理生成与演进的历史逻辑[J].图书馆,2011(4):39-41.

[5] 简圣宇."赛博格"与"元宇宙":虚拟现实语境下的"身体存在"问题[J].广州大学学报(社会科学版),2002,21(3):91-104.

[6] 邢杰,赵国栋,徐远重,等.元宇宙通证——通向未来的护照[M].北京:中译出版社,2021.

[7] 中共中央马克思恩格斯列宁斯大林著作编译局.马克思恩格斯全集[M].北京:人民出版社,2004.

[8] 田野.元宇宙视域下的社会风险与治理[J].智慧中国,2022(4):44-47.

[9] 曹刚.元宇宙、元伦理与元道德[J].探索与争鸣,2022(4):83-85.

第十五章 隐私保护

随着数字化时代的来临,人们越来越多地依赖互联网和技术来进行各种活动,这导致个人数据的产生和收集变得更加广泛和频繁,随之而来的是对隐私保护的担忧和需求的增加。元宇宙是一个与现实世界紧密联系的复杂动态多维虚拟空间,它的正常运转依赖来自现实世界的各种数据,其沉浸式的体验感更是依赖于用户生物数据的获取。这些数据是否会被非法获取,存在哪些隐私风险?在元宇宙的建设当中,如何提高数据隐私的安全性?本章将针对这些问题展开研讨。

第一节 数据安全与隐私保护政策背景及相关法律

一、隐私保护研究背景

隐私保护是指保护个人信息和个人隐私权的一系列措施和原则。随着科技的发展和数字化社会的兴起,个人信息的收集、存储及处理变得更加普遍和广泛,数据成为重要资产,也极大地增加了隐私泄露和滥用的风险,隐私保护成为重要的议题和法律领域。

过去几年中,发生了许多引发公众关注的大规模数据泄露和个人信息滥用事件,如剑桥分析公司被曝光滥用Facebook用户数据、Yahoo数亿用户账户信息泄露等。这些事件揭示了个人隐私在数字时代面临的风险和威胁,引发了人们对隐私保护的重视和讨论。

一方面,随着隐私问题的公众关注度增加,用户对个人信息的保护意识也在提高,越来越多的人开始关注个人信息的收集和使用方式,要求更多的控制权和透明度。另一方面,在个性化推荐、定制化服务和精准广告等领域出现了个人隐私权和数据使用的平衡问题,促使人们关注如何在个性化服务的同时保护个人隐私。

元宇宙中的沉浸式体验和广泛数据收集带来了更多的隐私泄露风险,特别是通过虚拟现实头显及其摄像头、麦克风等设备收集到的用户个人信息使得个人隐私风险极大增加。美国加州大学伯克利分校的最新论文研究表明,在元宇宙的虚拟环境中用户数据的匿名性无法得到保证。如何加强隐私保护以确保个人数据的安全和合法处理,如何制定合适的隐私政策和采取相应的技术措施,以平衡数据收集使用的需求与个人隐私权的保护,是元宇宙发展中必须考虑的重要问题。

二、隐私法律法规概述

元宇宙的业务应用源自现实数据的支撑,牵扯到许多现实中的数据和隐私保护问题,想要有效地处理这些问题,就必须有相关法律法规的约束。法律法规具有强制力保障,为个人隐私提供法律保障,规范个人信息的收集、使用、存储和共享等方面的行为,促进隐私保护意识的提高,推动隐私保护技术的发展。

(一)国内隐私保护法律法规

中国在数据安全领域制定了一系列法律法规来保护数据的安全和隐私。

《中华人民共和国网络安全法》于2017年6月1日实施,旨在加强网络安全管理,保护网络空间安全和个人信息。它要求网络运营者采取必要措施保护用户的个人信息,禁止非法获取、出售和泄露个人信息,规定了网络安全监管和违法行为的处罚。

《中华人民共和国数据安全法》于2021年9月1日正式实施,建立了数据分级保护制度,将违反核心数据保护行为纳入了刑事处罚范畴,加大了对新型数据犯罪的惩治力度。

《中华人民共和国个人信息保护法》于2021年11月1日正式实施,该法旨在保护个人信息的合法收集、使用和保护,明确了个人信息处理主体的权益和责任,规定了个人信息的安全保护措施和对违法行为的处罚。

《中华人民共和国电信法》规定了电信运营商对用户通信信息的保密义务,禁止未经用户同意收集、使用或泄露用户通信信息。它还规定了电信服务的安全保障措施,以确保电信数据的安全和稳定。

《中华人民共和国电子商务法》对电子商务活动中的个人信息保护进行了规范,要求电子商务经营者对用户的个人信息进行保密和安全处理。

此外,主管部门还制定了一系列其他与数据安全相关的政策文件和行业标准,如《信息安全技术个人信息安全规范》《区块链信息服务管理规定》《云计算数据安全管理规范》《移动互联网应用程序信息权限自愿规范》等,这些政策与法规共同构建了中国的数据安全框架,从多角度对我国的互联网监管制度进行了全面的规范。

(二)国外相关法律法规

除了中国之外,其他国家和地区也制定了各自的数据安全和隐私保护的法律法规。

欧洲联盟(EU):欧洲联盟实施了通用数据保护条例(GDPR),该法规于2018年5月25日生效。GDPR旨在统一和加强欧盟成员国个人数据保护的规则,并规定了个人数据的收集、处理和传输的要求,强调了个人信息的透明性、合法性和安全性。

美国:美国没有统一的数据保护法,而是依赖于各州的法律和部门监管机构。其中,加利福尼亚州通过了加利福尼亚消费者隐私法(CCPA),该法于2020年1月1日生效,为加利福尼亚州居民提供了更多关于个人数据收集和使用的控制权[1]。

加拿大:加拿大通过《个人信息保护与电子文件法》(PIPEDA)来保护个人信息的隐私。该法规定了个人数据的收集、使用和披露的规则,并为个人提供了访问和更正其个人信息的权利。

日本：日本制定了《个人信息保护法》（APPI）来保护个人信息的隐私和安全。该法规定了个人数据的处理原则、个人权利和企业的责任，并建立了个人信息保护委员会进行监管和执法。

澳大利亚：澳大利亚通过《个人信息保护和隐私法》（Privacy Act）来保护个人信息的隐私。该法规定了个人信息的收集、使用和披露的规则，以及个人权利和企业责任的要求。

以上只是世界范围内一些国家和地区的数据安全和隐私保护法律法规的概述。不同国家和地区的法律框架和具体规定可能有所不同，但它们都旨在保护个人信息的隐私和安全，并确保数据处理符合透明、合法和安全的标准。

（三）元宇宙隐私保护法律法规

元宇宙的世界应该同样被现实世界的管理制度和法律所约束。但在元宇宙中，现有的法律法规还得进行修改和扩充，以更好地符合元宇宙的现实。

元宇宙是全球性的网络环境，数据在不同国家和地区之间流动。立法应考虑到跨境数据流转的特殊性，确保在数据传输过程中符合适用的国际隐私法律和协议，同时保护用户的个人数据规避跨境传输带来的风险。

在元宇宙中，法律规范的客体可能发生变化。传统的数据监管法律政策通常是针对中心化平台进行制定的，而元宇宙作为一个具备 Web 3.0 特征的虚拟世界，可能采用分布式的架构，其中数据存储在用户自己或受委托的节点上，形成一个分布式自组织（DAO）。对于这种分布式自组织的特征，法律规范需要相应地进行调整[2]。

三、国内外研究现状

关于元宇宙隐私保护的研究正在逐渐兴起，尽管相关的研究文献还相对较少，但已经有一些学者和机构开始关注和研究该领域的问题。以下是一些国内的元宇宙隐私保护研究方向和相关工作。

（1）区块链和元宇宙隐私保护。一些研究者探索如何利用区块链技术保护元宇宙中的隐私。他们尝试利用区块链的去中心化特点，提出了一种基于区块链的去中心化身份验证方案，通过将身份验证信息存储在区块链上，实现用户身份的匿名性和不可篡改性[3]。

（2）元宇宙隐私风险与政策研究。一些研究者关注元宇宙中的隐私风险和政策问题。他们从用户数据的生产与控制机制变革引发的隐私风险分析，提出相应的政策和监管建议，以加强元宇宙企业的隐私合规动力。

（3）元宇宙数据隐私保护技术研究。一些研究者聚焦于元宇宙中特定应用场景的数据隐私与风险问题，探索基于增强现实社交网络的隐私保护数据共享。他们研究如何保护用户在元宇宙中的个人身份信息、行为数据和交互数据等敏感信息。利用加密和匿名化技术，确保用户在共享数据时隐私不被泄露[4]。

（4）元宇宙用户隐私权利保护研究。一些研究者关注元宇宙用户的隐私权利保护。他们研究用户在元宇宙中的隐私权益保护机制，探索用户隐私协议、用户授权和数据使用限制等方面的研究,以保护用户在元宇宙中的个人数据隐私[5]。

需要注意的是,由于元宇宙的发展仍处于初级阶段,相关研究相对较少。随着元宇宙的兴起和发展,预计将会有更多的研究和关注在元宇宙隐私保护领域展开。

第二节 隐私保护设计研究

一、元宇宙中存在的隐私风险

元宇宙是一个虚拟的、数字化的世界,用户可以在其中进行各种交互和活动。虽然元宇宙带来了许多创新和乐趣,但也存在一些隐私风险。

数据收集和个人信息泄露:在元宇宙中,用户需要提供个人信息以创建和管理账户,参与虚拟交互或进行交易。这些个人信息可能包括身份证明信息、电子邮件地址、地理位置、支付信息等。如果不妥善处理和保护这些信息,可能会导致个人信息泄露和隐私侵犯。

虚假身份和匿名性:在元宇宙中,用户可以选择使用虚假身份或匿名身份进行互动。虽然这可以提供一定的隐私保护,但同时也会增加虚假信息和不当行为的风险,例如欺诈、虚假交易等。

虚拟空间监控和追踪:在元宇宙中,平台和开发者可能会监控用户的行为和活动,以提供个性化服务、改善用户体验或进行市场分析。然而,这种监控和追踪也可能侵犯用户的隐私权,尤其是在监控范围过于广泛或数据被滥用的情况下。

社交工程和钓鱼攻击:元宇宙中的社交互动和交易可能成为社交工程和钓鱼攻击的目标。攻击者利用虚拟环境中的信任关系和信息共享来欺骗用户,获取他们的个人信息、登录凭证或财务信息。

数字资产和财务安全:在元宇宙中,用户可能持有和交易各种虚拟资产,如加密货币、数字商品等。这些数字资产的安全性和隐私保护是一个重要的问题,如果用户的数字资产被盗窃或未经授权使用,可能会导致财务损失和隐私泄露。

为了应对这些隐私风险,元宇宙平台和利益相关者可以采取一系列措施,如加强用户隐私保护的技术措施、提供透明的隐私政策和用户控制选项、加密和安全存储用户数据、进行安全审计和风险评估等。同时,用户也应加强自身的隐私意识,审慎处理个人信息和参与虚拟交互,使用强密码和多因素身份验证等安全措施来保护自己的隐私和数字资产。

二、隐私保护设计原则

隐私保护设计旨在确保满足用户体验的同时尊重个人的隐私权利,有效平衡数据收集使用与用户隐私保护之间的矛盾。在设计元宇宙系统时,将隐私保护纳入整体架构,采取预防性的隐私保护措施,以最大限度减少潜在的隐私风险。通常,我们在进行隐私保护设计时遵循以下原则。

（1）最小化数据收集：将数据收集、使用和存储限制在最小的范围内，仅收集和使用必要的数据，降低用户数据泄露和滥用的风险，确保个人隐私得到保护。

（2）匿名化和脱敏：采取匿名化和脱敏技术，对个人数据进行匿名化或脱敏处理，以降低数据的识别性和关联性，减少个人身份暴露的风险。

（3）数据安全和加密：采取适当的安全措施来保护个人数据的机密性和完整性。这包括使用加密技术对数据进行保护，在数据传输和存储过程中实施安全控制。加密技术可以确保即使数据被意外访问，也无法解读其中的内容。

（4）访问控制和权限管理：建立适当的访问控制机制和权限管理机制，仅授权人员能够访问和处理个人数据。权限管理应该基于最小权限原则，确保只有授权人员才能访问和处理敏感数据。

（5）透明度和知情权：向用户提供透明的隐私政策和数据使用说明，让用户了解数据的收集、使用和共享方式，同时提供数据追溯机制，使用户能够追踪和监控数据的使用情况。

（6）数据主权和用户控制：个人应该有权控制其个人数据的收集和使用，能够自由选择是否提供个人数据，并有权访问、更正或删除其个人数据。

（7）隐私影响评估：在设计新系统或应用程序时，进行隐私影响评估，评估个人数据处理的潜在风险和影响，并采取相应的措施来降低隐私风险。

（8）审查和监督：隐私保护应该得到持续的审查和监督，以确保符合相关的法律法规和最佳实践。组织应该建立内部机制来监督数据处理过程，并对隐私违规行为进行纠正和处罚。

三、隐私保护设计步骤

（1）隐私风险评估：对系统进行全面的隐私风险评估，识别和分析潜在的隐私风险点和威胁，包括数据收集、存储、传输、处理和共享等环节。

（2）隐私设计原则确定：根据评估结果，确定隐私设计原则，如数据最小化、目的限定、数据安全性、透明度和用户控制等，作为设计的指导方针。

（3）隐私保护技术应用：采用合适的隐私保护技术和方法，如加密、数据脱敏、差分隐私、安全多方计算等，确保数据在元宇宙中的传输和处理过程中得到适当的保护。

（4）访问控制和身份认证：设计可靠的访问控制机制和身份认证方式，确保只有授权用户能够访问和操作元宇宙中的资源和服务。

四、隐私保护设计的发展趋势

（1）强化数据主权和个体控制：随着用户对个人数据控制权的关注增加，隐私保护设计将更加注重数据主权和个体控制。用户将拥有更大的选择权，能够更精确地控制自己的数据使用和共享。

（2）引入更加严格的隐私法律和法规：为了适应数据驱动的社会，各国和地区将加强隐私保护的法律和法规制定。隐私保护设计将需要遵守更加严格的隐私法律和法规要求，保证数据的合规性和合法性。

（3）差分隐私和同态加密等隐私保护技术的广泛应用：差分隐私和同态加密等隐私保护技术将得到广泛应用，以在数据处理过程中保护个体隐私。这些技术可以在数据共享和分析的同时保持数据的隐私性[6]。

（4）隐私保护设计与人工智能的结合：人工智能的发展给隐私保护设计带来了新的挑战和机遇。隐私保护设计将更加注重在人工智能系统中集成隐私保护机制，确保个体隐私在机器学习和数据分析过程中得到有效保护。

（5）强化跨境数据流动的隐私保护：随着数据跨境流动的增加，隐私保护设计将更加注重跨境数据流动的隐私保护。国际合作和标准制定将在跨境数据保护方面起到重要作用，确保个人数据在跨境传输中得到适当保护。

第三节　隐私保护计算关键技术及应用

一、隐私保护计算概念及架构

（一）隐私保护计算概念

隐私保护计算（privacy-preserving computation）是一种针对敏感数据进行计算和分析的技术，同时保护数据主体的隐私。它旨在在数据分析和计算过程中最大限度地减少对个人隐私的暴露和泄露风险。

隐私保护计算的目标是在不暴露原始数据的情况下，仍然能够对数据进行有效的计算和分析。这种计算模式提供了一种安全的计算环境，使得计算结果能够被可信方获取，而不会泄露原始数据[7]。隐私保护计算技术可以在数据库加密或透明状态（opaque）下实行计算并实现保护每一个参加者个人隐私的目的。

隐私保护计算是由人工智能安全技术、密码明文加密解密算法、数据科学防护等多个行业交叉式汇合在一起的一门交叉学科技术体系。隐私保护技术在保护数据私密性的基础上，允许数据被有效地应用于各种分析、挖掘和决策过程中，以实现数据的最大化利用，在数据的处理过程中数据的隐私内容对于参与方是不可见的，只有经过授权的用户才能获取相关的信息，保证了数据的安全性和隐私性。

隐私保护计算从技术上实现了原始数据不出库、数据"价值"和"知识"流通的目标，在实现原始数据的保护的同时实现了数据的价值和知识的共享，促进了不同领域和维度之间数据的融合。目前，隐私保护计算技术主要应用于解决模型训练、预测、匹配和联合统计分析等商业场景中的隐私安全问题。

（二）隐私保护计算架构

在隐私保护计算参照架构中，有三个角色：数据端、计算端和结果端。数据端是为实行隐私保护计算全过程提供数据的组织或者个人；计算端是提供算力去执行隐私保护计算流程的组织或者个人；结果端接收计算结果应用于实际场景中，以实现数据的价值和知识的流通。

为了能丰富数据网络资源、层面和智能化应用实体模型，具体部署中最少有两个实体参加，每一个参加实体都能够担负数据端、计算端、结论端中的一个或几个人物角色[8]。如P2P相等网络结构中，数据端同时担负了计算端和结果端。隐私保护计算架构可抽象表示，如图15-1所示。

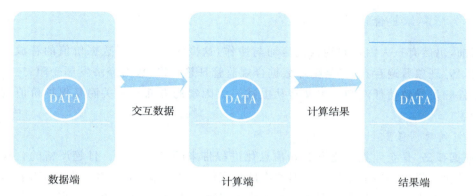

图 15-1　隐私保护计算参考架构

二、隐私保护计算目标与价值

（一）隐私保护计算目标

数据隐私计算技术广义上来说是面向隐私信息全生命周期的隐私保护计算理论和方法。其隐私保护计算过程中主要存在 10 个隐私风险点。

（1）数据在数据方的静态存储风险。

（2）数据方数据使用泄密风险。

（3）数据从数据方传输至计算方的传输风险。

（4）数据在计算方计算时的隐私风险。

（5）数据在计算方计算后的隐私风险。

（6）计算结果在计算方的静态存储风险。

（7）计算方数据使用泄密风险。

（8）计算结果从计算方传输至结果方的传输风险。

（9）计算结果在结果方的静态存储风险。

（10）接收方数据使用泄密风险。

目前，数据传输和数据存储环节的隐私保护技术已相对成熟，比如访问控制、存储加密、传输加密、内容审计等，具体有 SM2、SM3、SM4、RSA、SHA2、AES 以及 SSL/TLS 等。隐私数据保护技术的短板主要集中在数据计算过程与计算结果。数据计算过程的隐私保护指参与方在整个计算的过程中难以得到除计算结果之外的额外信息，即参与方只能获得他们所需的计算结果，而对于其他参与方的原始输入数据或隐私信息，他们无法获取。数据计算结果的隐私保护则是指参与方难以基于计算结果逆推原始输入数据和隐私信息，即参与方获得了计算结果，也无法推断出其他参与方的具体输入数据或隐私信息，这样可以防止参与方通过分析计算结果来揭示其他参与方的隐私。

为了解决数据计算过程中的隐私保护问题，行业内主要出现了密码学路径（以安全多方计算为代表）、硬件路径（以可信任执行环境为代表）、人工智能路径（以联邦学习为代表）三大技术路径。

（二）隐私保护价值

当前，仍然有三大因素制约数据流通与协作，这极大地限制了数据价值的释放。一是"数据孤岛"现象普遍存在；二是全球数据合规监管日趋严格，数据经济发展受阻；三是隐私泄露事件频发导致信任鸿沟。本文将从上述三大因素的方面对有关隐私保护价值的内容进行阐述。

1. 打通数据孤岛

"数据孤岛"是企业集团化发展和信息化进程带来的必然现象。日趋严格的合规性监管和隐私保护意识的增强也使得数据的物理和逻辑隔离变得更加严格。然而，随着越来越多的企业和组织需要与产业上下游的业务伙伴深度合作，通过数据流通实现决策能力的提升和竞争优势的获取是必然途径，"数据孤岛"却给数据价值的释放带来了困难。

隐私保护计算技术的出现为解决这一问题带来了希望。联邦学习、安全多方计算、机密计算、差分隐私、同态加密等隐私保护计算技术在技术层面上实现了将数据的价值和知识进行共享而不共享原始数据，可以克服数据共享中的隐私风险和安全难题，在数据隐私保护和数据共享之间寻求平衡，实现了不同领域和维度数据的融合，打破了数据传输的壁垒，实现了数据保护和价值挖掘之间的平衡，为企业和组织带来了更大的合作潜力和商业机会。

2. 推动数字经济发展

根据欧盟数据市场报告，2019年欧盟27国及英国的数字经济价值突破了4 000亿欧元，对欧盟的GDP贡献比达到了2.6%。这表明数字经济已成为欧洲经济中一个重要的增长引擎。欧洲的数字经济发展与隐私保护计算技术的关系非常密切。在严格的数据隐私保护合规监管背景下，欧洲的数字经济得以规模化和商业化发展，在一定程度实现了保护个人隐私与促进个人数据流动的二元目标。

欧洲在数据隐私保护方面进行了大量努力，特别是在隐私保护计算技术的合规性研究方面。

爱沙尼亚的私人统计项目是一个重要的范例。该项目使用安全多方计算技术将1 000万条可识别的纳税记录与60万条可识别的学历信息进行匿名关联，并对数据进行统计分析，以获得关于纳税人教育水平和税务贡献的聚合信息，同时保护个体数据的隐私。欧洲的PRACTICE项目（欧盟第七框架计划）付出大量努力分析安全计算技术的合规性，论证了爱沙尼亚项目的合规性。

这个范例在欧洲的隐私保护计算技术研究和实践中具有重要的意义，为推动隐私保护和数据流通之间的平衡提供了有力支持。这些努力和实践表明，欧洲在数字经济和隐私保护计算技术方面取得了显著进展。通过合规性研究和技术创新，欧洲能够平衡数字经济的发展和个人隐私权利的保护,为实现高效的数据流通和数字经济的可持续发展提供了有益的范例和经验。

3. 消除信任鸿沟

在数字经济时代,数据的价值被广泛认可,但隐私泄露事件也引发了公众对隐私保护的担忧和信任危机。为了有效规避隐私侵害和建立公众对数字经济中的隐私保护的信任,在数据价值挖掘过程中,我们应该始终保持包容审慎的态度,充分考虑个人隐私权利和数据使用的合法性,确保数据的合法收集和使用,避免滥用和泄露。隐私保护和数据价值挖掘的关系并不是对立的,二者需要在平衡中进行,我们应该寻求隐私保护和数据价值挖掘的平衡点,确保在追求数据价值的同时,尊重和保护个人隐私权利。可以通过隐私保护计算技术,如多方安全计算、差分隐私、同态加密等,提供有效的隐私保护解决方案。在保护个人隐私的同时,实现数据的有效利用和挖掘,增强公众对数字经济中隐私保护的信任。这将有助于弥合数字经济时代的信任鸿沟,推动数字经济的可持续发展。

三、隐私保护计算关键技术技术

(一)安全多方计算

安全多方计算(secure multi-party computation,SMPC)是一种保护多个参与方隐私数据的计算技术。该技术允许多个参与方协同计算一个函数,并确保各方的隐私数据在经过特殊处理后不会泄露给其他方[9]。

在安全多方计算中,常用的方法是将要计算的函数转化为由加法和乘法组成的算术电路。参与方将各自的输入数据进行秘密共享,即将数据分割成多份,并将每份分发给参与方。每个参与方通过执行本地计算,按照算术电路的规则进行加法和乘法运算,但在任何时候都不会直接得到其他参与方的私密输入数据。最终,参与方通过协同计算得到函数的计算结果。

安全多方计算的关键在于确保数据的隐私性和保密性。通过秘密共享技术和加法、乘法的组合,参与方可以在不直接共享私密数据的情况下进行计算,并获得最终结果。每个参与方都对自己的数据具有完整的控制权,不会将其数据暴露给其他方,从而确保了数据的隐私性。

安全多方计算应用场景广泛,特别适用于需要多个参与方协同计算但又要保护数据隐私的场景。例如,在医疗研究中,多个医院可以联合计算某些统计指标,而不需要共享敏感的病人数据。在金融领域,多个银行可以合作计算风险评估指标,而不会暴露各自的客户交易数据。安全多方计算还可以应用于隐私保护数据挖掘、合作机器学习等领域,为数据协作和隐私保护提供了有效的解决方案。

(二)联邦学习

联邦学习(federated learning)是一种分布式机器学习框架,与传统的集中式学习方式有所不同。在联邦学习中,存在一个中央服务器(主服务器)和多个终端设备(如移动设备、传感器等)。与传统的集中式学习中将数据集中到一个地方进行训练不同,联邦学习将训练过程推送到终端设备上进行[10]。

在联邦学习中,主服务器与终端设备之间通过通信进行连接。主服务器会初始化一个预测模型,并将其发送给终端设备。终端设备使用本地的数据对预测模型进行训练和更新,然后将更新后的模型参数发送回主服务器。主服务器会收集所有终端设备的模型参数,并进行模型聚合或者融合操作,生成一个全局的模型。这个过程可能会迭代多次,直到模型收敛或达到预设的停止条件。

联邦学习的优势之一是保护了数据隐私。由于数据不离开终端设备,只有模型参数在网络中传输,因此可以避免敏感数据在网络中泄露的风险。这对于某些数据不宜集中传输的场景非常有用,如医疗数据、个人隐私数据等。

此外,联邦学习还具有其他优点,如降低数据传输需求、减少数据集中存储的需求、提高数据利用效率等。它可以应用于各种领域,如移动设备、物联网、边缘计算等,以实现分布式的协作机器学习和隐私保护的目标。

(三)机密计算

机密计算(confidential computing)是一种基于硬件的可信执行环境实现保护数据应用中隐私安全目标的技术。可信执行环境(trusted execution environment,TEE)是机密计算中的关键概念之一,TEE通过硬件和软件技术提供了一个安全的执行环境,确保数据和代码在受信任的环境中进行处理,防止未经授权的访问、篡改和窃取[11]。ARM的TrustZone和Intel的SGX(software guard extensions)是两种常见的可信执行环境技术。它们通过硬件扩展和特殊指令集来创建安全的执行环境,实现数据和代码的加密、隔离和保护。这些技术允许敏感数据和关键代码在可信执行环境中进行处理,确保其机密性和完整性。通过可信执行环境,机密计算可以在云计算、边缘计算和其他环境中实现隐私安全目标。

(四)差分隐私

差分隐私(differential privacy)的核心思想是通过在数据处理过程中引入一定的随机性或噪声,保护个体的隐私[12]。差分隐私的主要应用场景之一是在用户向数据库提出查询申请并得到记录返回的过程中。在传统的数据库查询中,如果数据库直接返回准确的记录结果,可能会导致通过查询结果反推出数据库中的隐私信息。而通过差分隐私系统,用户查询时会返回一个带噪的查询结果,这个带噪的结果在保留查询准确性的同时消除了单条记录的个体特征,从而很大程度上减少了反推隐私信息的可能性。差分隐私的目标是在提供有用的统计结果的同时,最小化对个体隐私的侵犯。

为了实现差分隐私,可以采用各种技术和算法,如添加噪声、数据扰动、随机化查询等。这些方法可以在保护个体隐私的前提下,提供有关数据集的有用信息。差分隐私被广泛应用于数据分析、机器学习、数据发布等领域,特别适用于处理敏感个人数据、合作计算和隐私保护要求较高的场景。

差分隐私的一个重要优点是提供了一个背景知识无关的隐私保护模型。即使攻击者具有最大化的背景知识,也无法推断出个体的隐私信息。这使得差分隐私在广泛的实际应用中更具适用性和灵活性。

差分隐私的另一个重要优点是为隐私保护水平提供了严格的定义和量化评估方法。通过定义差分隐私参数,可以度量数据隐私泄露的程度,并提供了一种标准化的方法来衡量和比较不同的隐私保护机制。这使得差分隐私成为一种可验证和可评估的隐私保护技术,有助于确保数据处理过程中的隐私安全。

(五) 同态加密

同态加密(homomorphic encryption)是一种比较特殊的加密算法,它具有特定的性质,可以在密文域中进行特殊的计算操作,而不需要解密密文。同态加密允许对密文进行特殊运算,使得在解密之前对密文的操作等效于在明文上执行相应的操作。同态加密可以分为部分同态加密和全同态加密两类[13]。

(1) 部分同态加密(partially homomorphic encryption):部分同态加密方案支持密文间的一些运算,通常是加法和少量乘法运算。这意味着可以对加密的数据进行有限的计算,而不需要解密。常见的部分同态加密方案包括 RSA 同态加密和 ElGamal 同态加密。

(2) 全同态加密(fully homomorphic encryption):全同态加密是指可以进行任意深度的计算,即使是多次的加法和乘法运算,而不需要解密。全同态加密方案的实现相对较为复杂,并且计算代价较高。目前已有的全同态加密方案包括 Gentry 的基于理想格的方案和 Brakerski-Gentry-Vaikuntanathan 的方案。

同态加密的应用领域包括安全云计算、隐私保护数据分析和安全多方计算等。通过使用同态加密,数据可以在加密的状态下进行计算和处理,而不泄露明文信息,从而实现隐私保护的目的。然而,由于全同态加密的计算代价较高,目前在实际应用中还存在一些限制和挑战。

本章小结

元宇宙中的隐私风险远高于互联网时代的以往任何时期,我们必须要从一开始就前瞻性地规划设计。第一,要从道德伦理层面树立科学的原则导向,提高人们的隐私保护意识,尊重隐私保护,强化隐私保护责任。第二,要从法律层面做好隐私保护,前瞻性地进行法律完善,形成完整的隐私保护法律体系。第三,要从技术层面设置前置性的规则,降低隐私数据泄露及被非法利用等风险。元宇宙的健康发展,需要形成一套兼顾社会规则、技术规则、法律制度等由多元主体共同制定、群体意识共同认可的新规则。

习 题

一、名词解释

隐私保护计算 数据孤岛 信任鸿沟 机密计算 安全多方计算

二、复习思考题

1. 数据安全与隐私保护的关键技术有哪些？
2. 个人隐私数据包括哪些？元宇宙隐私数据又包括哪些？
3. 你觉得应该如何保障元宇宙时代的数据安全？
4. 对于数据孤岛问题有什么合理的解决方法？
5. 未来元宇宙还有哪些方面涉及隐私保护？

主要参考文献

[1] 辛嘉.各国元宇宙法律探索[J].检察风云,2022,655(11):20-21.

[2] 王腾,霍峥,黄亚鑫,等.联邦学习中的隐私保护技术研究综述[J].计算机应用,2023(2):437-449.

[3] 王路阳,郭宇,朱依水,等.基于区块链和IPFS的监控信息隐私保护机制[J].电子设计工程,2022,30(11):178-182,188.

[4] 姚爽,张大伟,李勇,等.区块链交易内容隐私保护技术研究综述[J].密码学报,2022(4):9.

[5] 陈辉,闫佳琦,陈瑞清,等.元宇宙中的用户数据隐私问题[J].新疆师范大学学报,2022(5):1-9.

[6] 赵镇东,常晓林,王逸翔.机器学习中的隐私保护综述[J].信息安全学报,2019,4(5):1-13.

[7] 李凤华,李晖,贾焰,等.隐私计算研究范畴及发展趋势[J].通信学报,2016,37(4):1-11.

[8] 胡逸菲.隐私保护计算技术行业研究报告[R].(2022-11-10)[2020-12-08].https://www.36kr.com/p/1000632432514055.

[9] 凡航,徐葳,王倩雯,等.多方安全计算框架下的智能合约方法研究[J].信息安全研究,2022,8(10):956-963.

[10] 刘金硕,詹岱依,邓娟,等.基于深度神经网络和联邦学习的网络入侵检测[J].计算机工程,2023(1):15-21.

[11] 舒俊宜.一种基于可信执行环境的机密计算框架设计与实现[D].北京:北京大学,2021.

[12] 汤凌韬,王迪,张鲁飞,等.基于安全多方计算和差分隐私的联邦学习方案[J].计算机科学,2022,49(9):297-305.

[13] 吕由,吴文渊.基于同态加密的线性系统求解方案[J].计算机科学,2022,49(3):338-345.

第十六章　数字资产内涵及其法律法规

数据资源作为一种新型生产要素已经为学术界和社会所公认，它与土地、劳动力、资本、技术等一同被列为重要的生产要素。当今世界面临百年未有之大变局，各产业正在发展转型，行业竞争越来越激烈，科学技术的进步使得数字经济快速发展。而信息技术的革命使得数字资产产生，其蓬勃发展的前景是可预见的。我国坚持以推动高质量发展为主题，数字经济对推动我国经济增长起到重要作用。我们要对数字资产的禀性加以研究，充分了解数字资产的各种作用，以激活数字资产的多种功能，尤其是以法律法规方式保护数字资产与版权，对于运用数字资产为数字经济的发展服务，以及数字化转型至关重要。

第一节　数字资产及其法律属性

一、数字资产的概念与特征

（一）数字资产的概念

数字资产（digital assets）是企业或个人在参与社会生产活动中所创造、获得的，权属关系明确的，能为所有者带来经济利益的，并以数字形态存在的非货币性资产。例如，NFT、比特币、以太坊等。

（二）数字资产的特征

从现有的文献和实践出发，数字资产的特征可归纳为六个方面，这六个方面既相互区别，又相互联系。

1. 无形资产管理

由于数字资产没有具体的物质形态，又与无形资产存在很多不同。如数字资产通过销售给企业带来收益，而无形资产通过形成良好信誉、掌握某项技术、专利而增加企业竞争力带来收益，这种收益是间接的。

2. 重复使用的价值

数字资产具有长期重复使用的价值。数字资产作为一种无形资产，不因物质形态灭失而失去其价值，可以永远存续在数字资产体系中。

3. 所有权和使用权

数字资产与其他资产一样,其所有权与使用权也可以分离,因此数字资产具有临时让渡的功能,但临时让渡一般是以一定的经济补偿或其他形式为代价。数字资产的生产者合法拥有所有权和使用权,是受到法律保护的,神圣不可侵犯。

4. 市场商品基本属性

数字资产具有使用价值。在企业或个人交易数据时实现了数字资产的价值,使用数据时具有使用价值。数字资产具有与一般等价物或其他资产等价交换的属性,交易过程中同时形成产品的市场价格。数字资产的价格也随着其资产的个性、稀缺性、供给量变化而变化。

5. 依附性强和互动性强

数字资产的依附性强和互动性强。应用软件需要依附计算机硬件和系统软件,使得数字资产脱离硬件或软件后不能独立存在并发挥作用。应用软件可以实现交互功能,使得软件出现错误时能够及时发现并处理。

6. 新型的生产要素

数字资产作为一种新型生产要素。当科学技术和市场经济发展到了一定的程度,数字资产具有资产属性,则成为一种新型的生产要素。

二、数字资产的构建

数字资产是经过处理的、可以在社会生产活动中提供帮助的数据,可以生产出有价值的数字产品。构建数字资产前,需要筛选有价值的、值得开发的数据。但在企业中的信息资产价值量巨大,但数字资产的形成却相对滞后。主要原因主要有:其一,历史数据的收集、整理、处理成本巨大;其二,信息标准化、规范化程度不够,影响了信息平台及其管理的推广与应用;其三,企业对数据的开发后,短期内达不到期望收益,深入挖掘则会产生更高成本,企业往往会等待后续再行开发。应该说,基于战略考量,政府应引导市场、激励企业将这类具备高潜在价值的数据信息转化为数字资产。

数字资产的构建可分为资产数字化、数字资产化两个步骤。资产数字化是企业对信息资产进行记录和汇总并转化为数字化的资源。数字资产化是企业将数据转化为具有价值的资产,同时与具体应用场景相结合。这时数据具有可控、可量化和可变现的属性,从而体现数据的价值。数字资产构建过程中的资产数字化和数字资产化表现为互不可缺而又各自处于对方之外,二者循环迭代。

三、数字资产与社会生产

数字资产作用于生产环节、分配环节、交换环节和消费环节四个经济活动的环节,充分体现了经济循环的动态性与协同性,更好地推动了社会资源的优化配置。图16-1表示了数字资产与社会生产的关系。

（一）数字资产作用于生产环节

数字资产在生产环节的作用主要是对企业高质量创新发展的贡献，主要分为两点。第一，数字资产能使生产更高效。主要表现为减少决策的盲目性和风险性。在企业制定决策时，对产品设计可以精准定位需求的产品，对战略规划可以避免自身短板，发挥自身优势，有针对性地制定战略。第二，数字资产能使生产方式更环保。由于数字资产使用不依赖于物质形态的载体，更多的是以数据库等作为支撑，使得生产方式绿色环保。

图 16-1　数字资产与社会生产的关系

（二）数字资产作用于分配环节

数字资产在分配环节的作用主要是对数据生产要素参与分配提供考量。第一，数字资产供给者享有相应的分配权。第二，数字资产能使生产力效率提高。由于生产力的发展水平决定了分配的数量与方式，需要根据生产要素供给者所提供的要素数量、质量与市场需要进行分配，供给者的分配程度受要素对经济活动的贡献程度的影响。数据要素投入使得更高的劳动生产率出现，促进了社会生产率的提升，提高了企业的经济效益，也调动了企业构建数字资产的积极性。第三，数据要素高报酬分配促进数据节约。促进经济增长的各生产要素具有稀缺性，只有节约稀缺的生产要素才能提高资源配置的效率。

（三）数字资产作用于交换环节

数字资产在交换环节主要作用是在广度、深度和方式上使交换发生变化。第一，数字资产使得交换广度拓宽。在数据要素加入后，交换不再局限于空间的限制，为找寻交换机会、匹配交换需求提供了条件。同时推动多种多样产品的生产，促进外部主体的互动合作。第二，数字资产使得交换深度增加。数据要素投入后有助于加深外部主体的互动程度何稳定合作关系。第三，数字资产能使交换的方式不断发展。数据的迭代使数据库的存量不断增大，交换的次数不断增多，频率不断增快，产业交换效率会更为高效。

（四）数字资产作用于消费环节

数字资产在消费环节中主要作用在丰富消费内容和创新消费形式。

（1）数字资产使得消费内容更丰富。随着经济快速发展和人们消费升级的需求，人们不再满足于当前企业的供给品，而更追求质量和品质高的产品。需要进行供给侧结构性改革，促进形成需求牵引供给、供给创造需求的更高水平动态平衡。鼓励企业构建数字资产是一条适应消费结构升级的新路径。数字化转型可以使企业更好地进行供给配置，同时精准匹配和挖掘人们的生产生活需要，更好地驱动消费升级。

（2）数字资产使得消费形式更具创新性。数字资产构建为培育开发更多消费应用场景奠定了基础，有利于推进新型消费扩容提质。在线新经济的迅速发展，"更新应用场景""创新消费模式""探索新零售业态"的需求不断增加，企业作为市场的主体，探索数字化转型对于把握新型消费发展具有重要指引作用。由于数字资产构建不仅实现了企业内部的要素节约,而且能更有效引导要素在社会生产过程中的有序流动。数字有机构成的提高,驱使资源从低效率的领域流向高效率的领域,为供给体系更好适配需求提供条件。

四、数字资产的法律属性

当前我国法律没有明确规定数字资产的属性,在学术理论界和实践界,数字资产的法律属性存在货币说、网络虚拟财产说、证券说和信息数据说四种观点。

(一)货币说

货币说是指数字资产作为一种货币,在交易时使用。在我国也有观点将数字资产认定为货币,如比特币等。在国外认为数字资产可以用于多边清算的"私人资金"和"货币单位"。

(二)网络虚拟财产说

虚拟财产即能够为人所拥有和支配并且具有一定价值的网络虚拟物和其他财产性权利。在我国司法实践中,数字资产在法律性质上属于网络虚拟财产。例如互联网账号、电子邮件等网络虚拟物。其中,一个典型实例就是比特币。比特币具有物权主体的三个特征。第一,比特币是一种经济的货币,它是由矿工无差别人类劳动行为产生。第二,比特币的"稀缺性"。截至2021年,全球共有38家上市公司持有237 606.01枚比特币,占比特币全球发行量1%以上,比特币很难获取,这与财产的稀缺特征相吻合。第三,比特币是专有的、可支配的,持有者拥有专有权,可以占有、使用、收益。

(三)证券说

我国学术理论界认为数字资产在法律性质上属于证券,应当对数字资产进行证券监管。该观点源于国外的相关实践,例如美国国内收入局出台的第2014-21号通告(Notice 2014-21,简称"21号通告"),其中宣布了正式启动对比特币交易征税。这说明在税务系统中数字资产被认定为资产而非货币,依据股票及期货交易行为的法律规定进行管理。值得注意的是,有少数国家承认比特币的合法性,并支持其支付与交易活动,包括兑换法定货币、购买商品和服务等其他应用场景。

目前在我国监管体系中,比特币的法律性质被认定为一种特定虚拟商品,尽管确立了比特币具有虚拟性和商品性的基本属性,但并未认可比特币等数字资产具有金融内涵。在实际生活中,比特币交易只能认定为买卖当事人自担风险、能够自由参与的网络商品买卖行为。

(四)信息数据说

在刑法学上,根据对数字资产法律性质的不同,对网络虚拟财产等数字资产的认定也不相同。若将数字资产认定为财产,则可能构成盗窃罪。若将数字资产认定为信息数据,则可能构成非法获取计算机信息系统数据罪。

例如在非法获取计算机系统数据一审刑事案件中,被告人远程操控计算机,将被害人的比特币兑换为人民币转至自己的账户。该法院认为,被告人实施的犯罪行为在客体、客观方面、主体、主观方面均符合非法获取计算机信息系统数据罪的构成要件,构成了刑事犯罪。从案例中可以看出,在刑事案件中是将数字资产认定为信息数据加以保护。

五、数字资产的会计确认和计量

(一) 数字资产的会计确认

数字资产被视为一种特殊的资产,新型经济下产生的数字资产不适用传统会计模式,否则会导致核算失真。数字资产由于获取途径不同,其确认方式与传统资产也有较大差别。例如,数字资产有数量上取之不尽的特点,而存货计价的先进先出、后进先出等传统方法则不适用于数字资产。

1. 自创数字资产的会计确认

自创的数字资产可以是专门从事数字资产开发的企业的产品。虽然它没有实物形态,与无形资产大体相同,且为企业制造一定预期收益,因此有人认为按照或归入无形资产的会计处理方法核算即可。其实这两者之间差别显著。第一,收益方式不同。如将专利、特权、商誉等视为无形资产,企业持有后,则获得更强的市场竞争能力,它具备更好的技术和特殊的权力,可以取得更多顾客的信任,并给企业带来间接收益。而数字资产则是给企业带来直接收益,企业开发和生产产品主要是为了销售。第二,所有权不同。由于无形资产的占有具有排他性,产品销售后,原开发方将失去其所有权。但对于数字资产来说,产品在销售后其开发者不会失去所有权,只要产品不断更新就不会被市场淘汰,作为企业的一种永久存货进行销售,所有权属于企业,出售的是其使用权。

自创数字资产确认是一个不断连续的过程,不是一次性的。电子信息技术的发展潮流之下,为了保持自身数字资产处于行业前列,企业必须根据消费者的需求变化对产品功能进行更新和扩张。而企业每一次对其进行升级,都会为数字资产加入一定的附加值,也就是一次新的确认,由此可知,数字资产的确认是一个不断连续的过程。

传统会计具有研究开发周期长、技术含量高等特点,存在不确定性,通常于发生当期将研究开发费用一次性计入管理费用,用来冲减当期收益,根据其注册过程中的相关费用对无形资产进行计价。与之不同的是,数字资产开发出来后,只要拥有一定强度的加密技术,并非必要注册。由此可知,研究开发费用是其计价的唯一根据,此时依据无形资产计价方法对数字资产进行计价将不再适合。专注数字资产开发的企业,应当单独设立数字资产开发科目,依据不同产品设置明细账。如果产品研究成功开发,则将其开发费用的金额转入数字资产科目,反之开发失败,则将该明细项目下的金额一次性转入费用,冲减当期收益。

2. 外购数字资产的会计确认

外购数字资产,即企业由于生产和经营管理需要从而购入的数字资产。当企业进行会计核算、员工培训、各种预测和决策时,通常购入财务软件、多媒体软件等,这些企业所购入产品的价值往往并非一次性的,也不能准确划分其受益期,因此外购的数字资产同无形资产相似，可依据无形资产的会计确认。

(二)数字资产的会计计量

按历史成本计量，将商品化软件的研究开发费用和维护费用作为资产计列，同时预计销售数量，将成本分摊入产品。这是传统财务会计的原则，其会计信息存在客观性和可验证性，可以消除财富分配中的主观现象。而数字资产价值存在不确定性，其会计信息的决策相关性大幅度降低。普遍情况下，该资产的市场价值将脱离其开发成本，尤其当一件产品成为整个行业的标准时，或者成为人们的消费习惯，其本身价值比开发成本更高。

1. 自创数字资产的会计计量

放眼国内大多数软件开发企业，如今仍采用原始价值对数字资产进行计量，将该产品的商品化费用、开发成本及其他费用计入产品价值。其中，数字资产原始价值的主体由开发成本构成，其组成部分还包括如评审鉴定费、注册费、版权费、处理费等产品开发成功后、商品化前所产生的费用。此外，产品自身升级成本和其附赠辅助软件的成本，同样会使数字资产的账面价值增加。这种方法的优点是存在客观性和可验证性，可以进行会计确认和资产保管责任的履行；其缺点同样明显：无法反映资产置存所得收益，无法反映企业真实财务状况，不适合经营和投资决策，缺乏计量方法和时间上的一致性。

考虑数字资产的特性，以未来现金净流量进行会计计量，该计量模式重点在于如何合理确定数字资产的预期收益。因为数字资产和信息产品两者相似，能够采用与信息商品类似的定价模型，对数字资产的未来收益进行预测。

数字资产未来收益的主要影响因素如下：①宏观经济环境。政府政策、社会环境稳定性、信息产业化程度、企业发展前景、经济发展等都对数字资产存在较大影响，良好的环境能够保证数字资产的顺利开发与销售。②企业的市场占有率。当企业在其行业中占有一定市场份额，且拥有较好的市场信誉和稳定的消费群体时，再推出数字资产，消费者更容易接受，进而增长企业收益。③人的因素。从企业角度看，数字资产是人的智力成果，增强企业数字资产市场竞争力，其关键在于拥有技术、创新意识和开拓能力的人才；从消费者角度看，消费者对商品收益的预期、应用范围的估计以及风险偏好，影响着数字资产的销售量及其收益。④企业自身的管理水平。企业引进高技术人才，为保证企业收益，还需要先进的管理水平，建立严格的管理制度、良好的企业文化、组织机制和激励机制。⑤市场竞争和垄断的程度。行业之中企业间应当保持良性竞争，这样不仅能够推动行业发展，还可以提高企业收益。

在确定数字资产预期收益时，从以上各方面考虑相关影响因素，通过专业评估机构所给的市场调查分析，进行收入预测，再将扣除运营成本的各年收入折算为现值，即该产品的未来现金流量净现值。按照未来现金流量净现值进行会计计量的方法，避免了按原始价值计量的缺陷，更为合理地将该数字资产的经济价值反映出来，为决策提供了相关信息，然而在进行会计处理时仍具有一定主观性，对会计计量的可验证性存在影响，并且其他因素对实现将产品收益影响进行量化也存在着不确定性。

2. 外购数字资产的会计计量

数字资产被企业购入主要是为了提高企业的经营和管理效率。使用原始价值计量，把购买价和使用时的相关费用计入该项数字资产,按照预计使用期限摊销,依据无形资产的会计处理。

第二节　国内外数字资产相关法律现状与借鉴

一、美国的立法规定与借鉴

(一) 美国的立法规定

1. 联邦立法

数字资产立法方面,2014 年,《统一受托人访问数字资产法》第二条第九款中规定"数字资产是指电子化的记录"。从立法中数字资产的定义看来,该法将数字资产看作一种新型信息载体,发挥信息媒介的作用。美国证监会 2018 年所发布的《关于可能违法的数字资产交易平台的声明》,将数字资产划分为证券范畴,其交易所必须在 SEC 注册或获取牌照。2020 年,联邦政府推出了《加密货币法案 2020》以明晰对数字资产监管权力。直至今日,数字资产高涨的市场热情推动了法律的加速完善。

2. 州立法

当前美国州政府在监管方面已经进行转变,州政府为应对新兴发展的金融科技行业制定法案。2017 年 2 月 6 日,亚利桑那州州议员杰夫·维尼格尔在会议上呈送了"HB2417 法案",该议案不仅是想通过州立法确立"区块链签名行为"的相关法律,还认为应当将储存在区块链中的数据记录认定为法定电子记录信息。2020 年 11 月 5 日,参议院提出了一项新法案,由新泽西州第 35 立法区民主党参议员 NelliePou 提出,名为"数字资产和区块链技术法案"(第 3132 号法案)。这个法案提出,所有数字资产业务必须已经获得许可,或者至少已经提交了许可申请,才能与本州居民或代表本州居民合法开展业务活动。

(二) 对美国立法规定的借鉴

放眼美国针对数字资产的众多相关立法,还没有形成完整的法律体系,而只是在州议会出台过相关法案。但上述法案大致界定了数字资产的范围以及性质,以及数字资产上存在的部分权利,为我国数字资产立法提供了借鉴。根据数字资产的表现形式,美国联邦立法将"数字资产"定义为电子化的记录。由此可知美国联邦政府根据数字资产性质、类别的不同,将其划分为"证券""期货"及"货币",而美国怀俄明州立法则认定数字资产为法定货币,这说明数字资产不同的性质会影响立法的认定。亚利桑那州在区块链、智能合约、数字货币等方面的相关立法和政策较为先进,主要是通过立法确认虚拟货币支付功能的合法性。从某种意义上来看,亚利桑那州颁布的诸多法案能规范区块链行业的发展,全面推动数字化产业的进步,而怀俄明州则不同,其对数字资产立法采取相对开放态度,将数字资产置于与法定货币同等的法律地位,从而推动数字资产的发展。

二、俄罗斯的立法规定与借鉴

（一）俄罗斯的立法规定

2018年，俄罗斯财政部出台的《数字资产管制和ICO的联邦法律草案》明确了其对数字资产的态度。在此之前，俄罗斯对数字资产的价值取向变动较大，经过全面禁止使用阶段、撤销禁止令阶段、允许支付阶段、提出发行数字代币数字卢布阶段等若干转变历程后，俄罗斯颁布了《数字资产法（草案）》。在该法律草案中不仅详尽阐明了数字资产的合法性范围，而且对数字资产发行、购买和流通规则等若干层面的问题也做出了全面规定，形成了较为全面完整的法律体系。

在该草案中数字金融资产被定义为"以电子形式存在的资产，利用密码学技术创建"。在该草案中对加密货币及代币的数字金融资产的含义进行了详细阐述，并且直接规定，数字金融资产不是俄罗斯联邦境内的法定支付手段，这就否认了数字资产的支付功能，也否认了将数字资产与法定货币的同等法律地位。

（二）对俄罗斯立法规定的借鉴

俄罗斯立法草案规定了数字金融资产的相关概念、发行、购买以及流通规则，这些对我国数字资产的民法调整具有重要的借鉴意义。但是该草案仍然存在不足之处，例如，未直接规定违规主体应承担的相应法律责任，未明确说明外国公司在数字资产交易中的主体资格、市场准入等问题。俄罗斯模糊立法有利有弊，其优势在于未对数字资产严格限制，这样能够有效地保障数字资产的自由发展，但也可能在数字资产活动中产生争议时，司法没有详细的法律依据，法官自由裁量权过大，难以有效司法。我国在数字资产立法时应当吸取经验、总结俄罗斯立法的不足之处，实现我国对数字资产的有效调整与保护。

三、德国的立法规定与借鉴

（一）德国的立法规定

德国对于区块链技术和数字资产尚无立法层面的规定，但是德国颁布文件积极探索区块链技术，致力于相关产品研发，并对比特币进行了规定。2013年8月德国发布的比特币征税文件中，将其定性为一种可以用于多边清算的"私人资金"和"货币单位"。由此，德国成为世界上首个承认比特币合法货币地位的国家。2018年2月27日，德国联邦政府发布了一项决定，其声称在德国将不再对购买比特币和数字货币的交易行为征税。德国央行曾公开表示，非常可能发行加密数字货币来取代市面上私人发行的货币。

（二）对德国法律规定的借鉴

德国的政策支持推动了区块链技术应用以及智能合约的发展。但支持政策的规范力度不够，规范内容也存在诸多不合理之处，这些支持政策比较单一，也尚未上升到立法的高度，国家的立法没有同步，只有德国政府的政策，这样就难以形成区块链技术以及智能合约发展的常态化机制。德国的区块链战略规划及发展对我国加大区块链投入，加快推进区块链技术和产业创新发展具有积极意义。德国对于比特币的价值取向调整,也启示我们要根据我国实际情况立法,探索有利于中国区块链技术下数字资产发展的民法调整道路。

四、我国数字资产相关法律现状与问题

(一)立法现状

目前世界各国针对数字资产的立法还不完善。在我国,《民法总则》第一百二十七条规定"法律对数据、网络虚拟财产的保护有规定的,依照其规定。"与数字资产保护相关。在版权保护法律方面,《中华人民共和国著作权法》中有明确规定。

全国人大法工委编写的《〈民法总则〉释义》表明在立法过程中,对于《民法总则》是否规定及如何规定数据和网络虚拟财产存在争议。有观点认为数据和网络虚拟财产是民事权利的客体之一。但是数据和网络虚拟财产的概念范畴、权利属性、保护范围、权利和义务的内容等都较为复杂,法律没有具体的规定,所以理论和实践中对这些问题存在较大争议。《民法总则》未专门规定民事权利的客体。有观点认为,目前信息社会和互联网快速发展,为体现《民法总则》的时代性,《民法总则》有必要对数据和网络虚拟财产等新型民事权利客体作出规定。这为社会互联网未来发展提供法律保障支持,有助于解决现实中的民事纠纷。由于数据和网络虚拟财产具有复杂性,限于民法总则的篇章结构,如何界定数据和网络虚拟财产、规定其权利属性和权利内容,应制定专门法律加以规定。

现有法律对数据和网络虚拟财产并非不承认其财产属性,可依据现有的各种民事权利予以保护,由于其本身技术快速发展、立法规范等原因,存在许多具体问题,目前法律无法明确规定,只是相对原则性地作了如上规定。

(二)司法现状

目前刑事案件中对数字资产的性质及侵权认定共有三种观点:第一,数字资产从其实质来看尚未不能认定为公私财物,并且数字资产的价值没有统一标准,难以估算,故犯罪金额难以认定,因而实施侵害数字资产的犯罪行为应当构成侵害计算机信息犯罪的实行行为。第二,数字资产从其外在表现形式来看,其具有客观的经济价值和财务属性,故实施侵害数字资产的犯罪行为应当构成财产犯罪的实行行为,涉及刑事罪名有盗窃罪、诈骗罪、职务侵占罪。第三,数字资产不仅从本质上有计算机信息系统数据的特性,从其外观上还兼具财物的性质,所以实施侵害数字资产的犯罪行为人同时侵害计算机信息系统和财产利益,构成想象竞合犯,择一重罪处罚。

从上述形式的分析中,可梳理出我国民法对数字资产的性质认定的三种方向,这可以给予我国数字资产民法调整一定的启示。

(三)存在的问题

1. 数字资产的权利属性及归属问题

(1)数字资产的属性定义不一。一种观点认定其是"具有价值和使用价值的物",而在司法实践中其属性认定也不一。现有的民事和刑事裁判文书对区块链数字资产的定性主要有以下几类:特定的虚拟商品(包括不合法物、非种类物)、一般法律意义上的财产(包括

物、商品、财产性利益等)、虚拟财产、虚拟货币、无法流通的货币、他人财物、计算机信息系统数据。根据这些定性,难以确定数字资产的财产属性。

(2) 关于数字资产的确权问题,要分情况讨论。一类是由实物资产转化的数字资产,如音乐、影像、电子书等权属问题在实物阶段已经明确。另一类是由产生于网络的数据形成的数字资产,这类资产由用户使用而收集,被企业分析、处理形成数字资产。这类资产尽管由企业构建,但实际涉及用户、消费者等多方。虽然企业为构建数字资产的投资额度占比最大,但在法理上,不应该拥有完整所有权,只能享有使用权、收益权、处分权等,而且其分配比例也要合理确定。由此可见,要确定数字资产权力归属问题,根本出路在于国家出台相关法律法规,制定行业规范,完善监督机制。

2. 数字资产的侵权保护问题

目前,对于数字资产的侵权行为,相关法律在内容上存在不足,立法滞后,《侵权责任法》尚未对数字资产侵权行为进行细分。司法实践中,存在包括数字资产侵权应当适用的归责原则、侵害数字资产的构成要件、侵害数字资产的抗辩事由以及侵害数字资产的民事责任等问题。

第三节 数字资产智能合约

一、数字资产的物权法保护

(一) 数字资产的物权属性

从法理角度来看,数字资产是被人类所控制、有价值的特定空间,且具备物的本质特征。第一,数字资产是客观存在的。数字资产没有形体,但其为物,也是客观存在的。从法律角度来看,物的客观性包括三个方面:物的独立、客观和单独的存在。第二,数字资产具有排他性。权利人行使独占性支配的权利去排除他人的侵权行为。第三,权利人能够通过比特币等数字资产获得经济利益,体现了物权法中的完全支配权。

(二) 数字资产的权利内容

数字资产持有人对数字资产应当享有所有权。第一,所有权是权利人可独立行使所有物的支配权、处分权,无须他人配合,其可以自由获得数字资产或转移数字资产的行为。第二,认定数字资产持有人对数字资产享有所有权,这有利于实现数字资产的交易流转、合同的订立、买受人更易取得数字资产的权利、维护持有人的合法权利,有利于实现数字资产交易。

二、数字资产智能合约的构成

(一) 数字资产智能合约的要约

智能合约(smart contract)是以数字形式定义的能够自动执行条款的合约,本质上是一段不可篡改、永久运行的程序。要求交易当事人通过提前设定将要约代码存储于计算机,在交易双方要约达成一致时协议成效,代码关键要能够依据区块链技术内在逻辑运行。

(二)数字资产智能合约的成立

目前智能合约的生效问题主要有两种观点:"到达主义""了解主义"。智能合约采用"到达主义"原则更符合实践要求。第一,智能合约虽然在表现形式上有其特殊性,但是未能脱离现有法律条文规定,其要约的生效可以适用合同法的相关规定。第二,数字资产当事人订立智能合约主要是为了实现自动履行条约功能,以此提高交易的效率,以"到达主义"为判定标准更符合当事人的交易目的和要求。所以,智能合约的生效以"到达主义"为标准更合适。

(三)数字资产的智能合约履行

数字资产的智能合约基于区块链技术,依据区块链技术内在逻辑运行,在执行过程中,智能合约具有不可干预、不可变更的特征。合约一经订立即生效,智能合约履行不需第三方监督和介入,智能合约自动且稳定,有利于提高效率,保护当事方隐私,减少法律纠纷。

(四)数字资产的智能合约违约

数字资产智能合约设定之初是基于不违约的假设,但实际履行过程中存在着违约可能。若合同一方出现违约,另一方当事人应该引入"第三方介入程序"和"司法介入程序"干预智能合约。其运作原理是在数字资产交易代码设计时,引入交易双方之外的第三方充当"监察员"的角色。数字资产买受人、出售方以及第三方"监察员"都属于数字资产交易程序的组成部分,三方共同创建了一个"联合账户"。在数字资产交易的当事人发生争议时,监察员首先对交易进行预判来解决纠纷,打破僵局。若数字资产交易在实践中发生法律纠纷,则数字资产交易的被违约方也可以向法院提起诉讼或者申请仲裁,避免因违约造成损失。

第四节 数字资产与侵权行为

一、侵害数字资产归责的"二分法"原则

"二分法"原则适用于判定数字资产侵权归责。若侵权人是一般行为人,适用过错责任原则。若侵权人是"侵权组织",是大规模、有计划的,则适用过错推定责任。

(一)过错责任原则

过错责任原则是行为人因过错导致受害人遭受损失而承担法律责任。以区块链技术为支撑的数字资产也存在侵权行为,在无特殊情况下应当适用过错责任原则。经常有行为人在网络活动中侵犯数字资产,在这种情况下,若行为人与数字资产持有人的地位是平等的,但与一般的侵权行为相比,除了侵权行为发生在网络空间外,侵犯数字资产的侵权行为并无明显差别,这时的侵权行为应当适用一般侵权行为的归责原则,即过错责任原则。行

为人的过错是归责的基础,行为人应当对其过错而导致数字资产权利遭受损失而承担相应的侵权责任。

(二)过错推定责任

当侵害数字资产的行为人是大规模、有计划的网络侵权组织时,基于"权利平衡"的原则应当采用过错推定责任。若侵权人与权利人双方在地位、资源优势明显不对等的情况下,仍采用过错责任原则,则会对数字资产权利人维权产生极大的负担。由于过于强调侵权行为人存在的过错,难以使侵权行为人承担赔偿责任,而受害者会因为技术、资源等劣势遭受巨大损失。当前数字资产繁荣发展,若因为采用不恰当的判定标准,而造成侵权人的行为缺少规范而不被约束,被侵权人的民事权益无法得到保障,会出现权利义务失衡的困境。若不衡量数字资产侵权人与被侵权人的地位、资源等差异,则会忽视被侵权人的权益保护,有悖立法目的。所以,在上述情况下应当适用过错推定责任。

二、侵害数字资产的构成要件

(一)损坏事实的客观存在

损害事实的客观存在是侵权损害赔偿的民事责任的前提条件。损害事实根据侵害的客体不同可分为财产损害和精神损害。财产损害事实主要是数字资产的侵权行为人因为其实施侵权行为导致被侵权人财产损失的事实。其判定标准被侵权客体属于合法财产权益和损害事实已经客观存在两个方面。关于数字资产精神损害的案件应该具体案例具体分析。

(二)侵权行为人具有过错

过错是指数字资产的侵权行为人实施侵害数字资产行为时故意或过失的主观心理状态。过错包括故意和过失,对故意和过失的判断应依据合理谨慎人注意义务的违反程度。对理论的研究和实践中,确立数字资产侵权的过错认定标准以及表现形式对数字资产纠纷的解决具有重要意义。

(三)损害行为的违法性

违法行为是指行为人违反法律的规定以作为或者不作为的方式实施的侵害他人合法权益的行为,根据行为的实施方式不同分为作为和不作为两种表现形式。作为是指行为人以积极的方式实施法律所禁止的行为侵害数字资产,行为人侵害数字资产权利人合法权利主要通过盗窃、抢劫、诈骗等不合法的手段。不作为侵权是指行为人有保护他人合法权益不受侵犯的义务,有能力履行却不履行。在数字资产侵权纠纷中,消极的不作为侵权主要是行为人未履行应尽的安全保障义务。

三、数字资产侵权举证

区块链技术具有记录功能,在数据库内会按照时间顺序验证、执行和记录所有活动的过程,并盖上"时间戳",生成数据库。该数据库能够进行查询和验证,且具有不可逆、不可篡改的特性。区块链存证目前可以分为司法区块链和第三方存证两种形式,根据二者的特点有针对性地采取不同的审查方式较为恰当。对于司法区块链平台存证的电子数据,流程简单且标准确定。

四、确立数字资产损害赔偿额的认定标准、评估机制

目前我国法院由法官以判决书对数字资产的价值予以肯定,这一定程度上表明了我国司法实践中的价值取向,然而我国非判例法国家,个案法官所做出的判例不具有普遍适用性,当前尚无衡量认定数字资产价值的准则。对数字资产赔偿额的确定主要分为三种:第一,创造数字资产的劳动价值;第二,当事人进行数字资产交易活动时的直接价格;第三,根据遭受损失的数字资产的交易价格来确定赔偿额,遵循线下自愿原则。当司法裁判中涉及此类数字资产赔偿额认定时,法官可以本着公平、合理的原则依据上述判定标准,运用自由裁量权对数字资产做出价值评估。

由于数字资产价格的认定具有专业性,所以无法完全依靠法官去认定数字资产的赔偿额。在不同的时间段、交易所,不同的虚拟数字资产兑换成法定货币的价格也存在巨大差异。正是因为数字资产赔偿额的认定具有强烈的不稳定性,因此构建数字资产损害赔偿额评估机制具有重要意义。对于数字资产赔偿额认定困难的问题,可以成立由专业人员组成的评估小组,包含计算机、金融等专业的人才。这样将数字资产不同层面的价值进行综合考量,认定的数额会更加客观、恰当。

本 章 小 结

随着电子信息技术不断发展,人们对数字资产的认识逐渐加深,然而数字资产发展也带来了不少法律问题,法律对此并未形成具体规定。本章对数字资产的概念及特征给出了具体的定义,数字资产如何构建,在社会生产活动中起到的作用都对经济活动产生了重大意义。数字资产具有法律属性,但我国并未明确给出具体规定。数字资产对企业来说分为自创数字资产和外购数字资产,二者有不同的会计确认和计量。本章针对国内外数字资产的相关立法现状进行梳理,提出了可以借鉴的地方,说明了当前立法存在的缺陷。

对于数字资产的物权法保护,明确了其物权属性和权利内容,针对数字资产智能合约的要约、成立、履行和违约进行了具体说明。数字资产存在侵权行为,界定了侵害行为如何归责,说明了侵害行为的主要构成、侵权举证、赔偿额认定。展望未来,数字化竞争将是国家竞争的主战场,我国应该学习其他国家法律法规的优势,结合我国实际情况,优化改进为己所用。

 习 题

一、名词解释

数字资产 货币说 网络虚拟财产说 智能合约 过错责任原则

二、简答题

1. 数字资产具有哪些特征？
2. 数字资产主要作用于经济活动的哪些环节？发挥了什么作用？
3. 数字资产如何进行会计确认和会计计量？
4. 我国数字资产相关立法主要存在哪些问题？有什么解决建议？
5. "二分法"原则是什么？如何判断是否造成数字资产侵权？

 主要参考文献

[1] 王方方.论数字资产的法律界定与保护[J].法制与经济,2018(10):34-37.
[2] 郭王玥蕊.企业数字资产的形成与构建逻辑研究——基于马克思主义政治经济学的视角[J].经济学家,2021(8):5-12.
[3] 刘东民,张梓润.美国如何监管数字资产[J].银行家,2021(11):88-90.
[4] 李小武."数字资产"的法律监管[J].中国信息安全,2018(1):108-111.
[5] 吴沈括,王奕媛.数字资产监管与俄罗斯 2018 年《数字资产联邦监管法（草案）》[J].互联网天地,2018(2):47-50.
[6] 孙岩.区块链技术下数字资产的民法调整[D].石家庄:河北经贸大学,2020.
[7] 陆岷峰,王婷婷.数字化管理与要素市场化:数字资产基本理论与创新研究[J].南方金融,2020(8):3-12.
[8] 刘鹏林.数字资产:资产数字化还是数字资产化[J].中国信用卡,2021(8):33-35.
[9] 吕玉芹,袁昊,舒平.论数字资产的会计确认和计量[J].中央财经大学学报,2003(11):62-65.
[10] 陆岷峰,王婷婷.数字化管理与要素市场化:数字资产基本理论与创新研究[J].南方金融,2020(8):3-12.
[11] 张启望.数字资产核算[J].财会通讯(学术版),2006(2):112-114.

第五篇
元宇宙发展与展望

第五章

足球运动的由来

第十七章 理论与技术的发展

在"元宇宙"概念提出之前,理论与技术的同步发展为元宇宙的诞生奠定了坚实的基础。同时,为了适应时代的变迁,元宇宙的进一步发展必将随着时代需求而不断完善并趋于成熟。本章第一节主要介绍元宇宙理论的发展,首先讲述元宇宙理论的发展现状,进而列举元宇宙的历史发展阶段,最后提出元宇宙理论的发展与展望;第二节对元宇宙相关技术领域进行分析,分别从通信技术、边缘计算、区块链技术和人工智能技术领域介绍元宇宙的技术发展。

第一节 元宇宙理论的发展

一、元宇宙理论的发展现状

元宇宙是集虚拟现实技术、增强现实技术、区块链技术、人工智能技术等多个技术为一体的,可与现实社会交互的虚拟世界,同时具备是新型社会体系的数字生活空间[1]。

元宇宙相关理论的诞生和发展离不开跨学科交叉合作,涉及计算机科学、虚拟现实技术、社会学、经济学等领域。当前,商业领域已初步应用元宇宙的概念和技术,各领域的科技公司和创业者积极探索元宇宙带来的新商机。同时,元宇宙的相关理论引发了广泛的社会关注,人类对虚拟与现实的融合以及数字化世界的未来充满好奇。尽管元宇宙理论和技术的发展面临一些挑战,如技术成熟度、用户接受程度、隐私安全等问题,但随着技术的不断进步和社会的发展,这些领域均有望继续拓展和深化。

二、元宇宙的发展阶段

元宇宙相关理论的诞生及发展历经以下几个阶段。

概念的提出(1990—2000年):元宇宙的概念最早由作家尼尔·斯蒂芬森(Neal Stephenson)在他的科幻小说《雪崩》(*Snow Crash*)中提出。他描述了一个虚拟的、多用户的数字世界,成为元宇宙的雏形。

技术的崛起(2010年至今):随着虚拟现实和增强现实等技术的快速发展,人们开始看到实现元宇宙理论的可能性。VR头显、手柄和体感设备的进步为用户提供了更真实、沉浸式的体验。

技术融合与平台建设（2010—2020年）：在这一阶段，虚拟现实、增强现实、人工智能和区块链等技术开始相互融合，为元宇宙的实现提供了更多可能性。大型科技公司和创业公司开始投资和建设元宇宙平台，如Facebook的Horizon、Epic Games的Unreal Engine等。

社区发展和探索（2020年至今）：元宇宙理论吸引了广泛的研究和探索，学术界和科技社区开始对元宇宙的概念、技术实现、社会影响等进行深入研究。同时，用户社区也在不断探索元宇宙的潜力，尝试创造和分享自己的虚拟世界和体验。

商业应用和产业发展（2020年至今）：元宇宙的商业化和产业化进程正在逐渐加速[2]。大型科技公司、传媒公司和零售商纷纷进军元宇宙领域，投资和开发元宇宙相关的产品、平台和内容。元宇宙开始应用于教育、娱乐、旅游、艺术、医疗等多个领域。

标准化与合作（2020年至今）：随着元宇宙的发展，标准化和合作成为关键的议题。各方开始探讨元宇宙的技术标准、数据互操作性、安全和隐私保护等问题，并积极寻求跨行业、跨平台的合作与共建。

三、元宇宙理论的发展与展望

元宇宙相关理论的发展受限于技术成熟度，具体涉及虚拟现实技术、增强现实技术、区块链技术、人工智能等关键技术，伴随着这些技术的持续发展和完善，元宇宙的构建和运行将变得更加高效、稳定和智能化，元宇宙相关理论将更成熟，可为用户提供更加真实、丰富的体验。

元宇宙的发展将不断促进不同领域的融合[3]。虚拟世界和现实世界将进一步交织，各行各业都有机会与元宇宙进行跨界合作，创造出更多创新的应用场景。从娱乐、教育、商业到医疗、科研等领域，元宇宙都有可能带来颠覆性的改变。

元宇宙的出现将对社会产生深远影响[4]。新的数字生态系统将催生新的经济模式，促进创新和创业，推动社会向数字化转型。同时，元宇宙可能改变人们的生活方式和社交方式，为社会带来新的文化和价值观。

元宇宙在教育和培训领域有着广阔的应用前景[5]。通过虚拟现实技术，学生可以身临其境地学习历史事件、科学现象等，提高学习效果。同时，元宇宙可以为企业提供全新的培训方式，使培训内容更加生动有趣，提高培训效率。

元宇宙将催生虚拟经济的兴起[6]。虚拟货币和虚拟商品的交易将在元宇宙中得到推动，为数字资产的流通和交换创造更多机会。虚拟世界中的经济体系可能与现实世界相互影响，为数字经济带来新的发展模式。

元宇宙将对传统媒体产生深远影响[7]。虚拟新闻体验、交互式媒体报道等新的形式将涌现出来，提升媒体的吸引力和影响力。媒体机构需要适应元宇宙时代的发展，不断创新和拓展自己的业务。

尽管元宇宙相关理论的发展前景广阔，但同时也面临技术成熟度、隐私安全问题等挑战。学者、科技公司和社会各界需要共同努力，推动元宇宙的可持续发展。在实际应用中，需要注意平衡虚拟世界与现实世界之间的关系，防止出现虚拟现实对现实生活的负面影响。此外,跨学科合作和社会各界的参与也是元宇宙发展的关键,需要形成多方共建共享的合作机制。通过不断的研究和实践,元宇宙有望成为数字化时代的新兴领域,为人类社会带来全新的机遇和挑战。

第二节 元宇宙相关技术的发展

一、元宇宙技术发展概述

元宇宙相关技术的发展体现了多个领域的持续创新和进步,其中通信技术、边缘计算、区块链技术和人工智能等关键技术作为构建元宇宙的支柱,都为元宇宙的发展提供支持。通信技术为元宇宙的技术发展奠定基础;边缘计算很好地解决了中心流量拥堵和智能终端快速增长所带来的计算资源匮乏的问题,为元宇宙的技术发展提供保障;区块链技术为元宇宙提供安全可信的数据管理和交易方式,而人工智能技术赋予元宇宙更智能化的能力。同时,跨领域融合也推动元宇宙相关技术的创新,例如,将虚拟现实技术与区块链结合实现虚拟物品的拥有权和交易。未来需要进一步提升相关技术成熟度、性能并建立健全标准,用以满足元宇宙技术发展的挑战和需求。

二、元宇宙技术的发展与展望

(一)通信技术与元宇宙展望

通信技术的发展在推动元宇宙技术的发展方面起着关键作用。网络带宽的提升和低延迟通信使得大量数据能够以更快的速度传输和处理,支持元宇宙的建模和互动体验。移动通信和无线技术使用户可以随时随地访问元宇宙,增加了其可访问性和灵活性。此外,5G 和下一代网络的推广将进一步提高网络速度和稳定性,为元宇宙提供更强大的技术支持。

此外,通信技术的发展也涉及协议和标准化[8],这在元宇宙中非常重要。通信协议和标准化的统一能够实现不同元宇宙环境之间的互操作性和互通性,使得不同的元宇宙环境能够互相连接和交互。这促进了元宇宙技术的发展,使其更具整体性和互通性,为用户提供更好的体验和交互方式。

可以预见,随着 5G 移动通信技术的逐步推进和元宇宙场景的应用,技术与产业的融合将加速,新业态、新模式将不断涌现。需要做好元宇宙对 5G 移动通信技术需求的跟踪调研,加强与企业和个人用户的对接,随着时间的推移发现新的增长点。重点开展 5G 关键技术研发和元宇宙应用示范,充分发挥 5G 对元宇宙发展的支撑作用,助力提升中国通信产业的国际市场竞争力[9]。

(二)边缘计算与元宇宙展望

边缘计算已经成为元宇宙产业升级的重要臂膀,相较于云计算的集中部署模式,边缘计算很好地解决了中心流量拥堵和智能终端快速增长所带来的计算资源匮乏的问题。

预计2026年有25%的人每天将在元宇宙中工作、娱乐、学习、社交至少一小时,同时全球30%的企业机构也将会拥有元宇宙的产品和服务,在技术升级和需求升级的合力作用下,元宇宙的场景实现只是一个时间问题,同时也代表了未来的大方向,然而元宇宙所需要的巨大算力、存储以及网络基础设施将会成为艰难的挑战。因此元宇宙对网络传输提出了更大带宽、更低时延、更广覆盖以及更高数据容纳量等要求,对此边缘计算可以有效助力元宇宙产业升级。区块链可以与业务应用共用边缘计算节点资源,那么它可以节省云端资源开销,同时具有部署效率高等优势。在传播层面相对于数据传输到云端,边缘计算的传播效率更高,延迟更低,那么从用户的角度来看,这个传播路径更加可控,还可以采用优化策略将经常使用的数据账本信息存储在边缘端,这样可以提高通信效率,降低数据传输的延迟。

(三)区块链与元宇宙展望

区块链的发展对元宇宙技术的推动起到了重要作用[10]。通过区块链的去中心化和可信交互特性,元宇宙中的用户可以实现安全、可靠的虚拟资产所有权和交易。数字资产管理、智能合约和自动化执行等功能提供了高效和可信的交易环境,保护用户数据安全和隐私。此外,区块链还促进了去中心化的内容创作和分发,为创作者提供公正的激励和版权保护。

综合来看,区块链技术在元宇宙中推动了数字资产管理、安全交互、智能合约执行、数据保护和内容创作等方面的发展。通过区块链,元宇宙的经济和用户参与得到了提升,创造了更安全、透明、可信的虚拟环境。随着区块链技术的不断发展和创新,元宇宙将进一步完善,并为用户提供更好的体验和机会。

(四)人工智能与元宇宙展望

人工智能的发展对元宇宙技术的发展具有重要推动作用。通过智能虚拟角色和代理、个性化体验、智能辅助和导航、情感交互以及智能内容生成等应用,人工智能使得元宇宙更具智能化、个性化和交互性,提供了更丰富、逼真的虚拟体验和互动方式。

此外,人工智能的发展为元宇宙开辟了广阔的前景。智能虚拟角色和代理可以与用户进行智能交互,个性化体验可以根据用户的偏好和反馈进行优化,智能辅助和导航帮助用户探索元宇宙的功能,情感交互增强用户与虚拟环境的情感互动,智能内容生成提供了更多样化和创新性的体验。这些应用使得元宇宙更加智能化、逼真化,为用户带来更好地参与感和体验。

在人工智能领域中计算机视觉技术以及自然语言处理技术未来对元宇宙的影响深远,主要如下。

(1)计算机视觉领域:在元宇宙中,虚拟世界与现实世界的人和物的构建和识别将大量使用到AR/VR中的计算机视觉技术,从而构建虚拟世界与现实世界的数字孪生系统,实现元宇宙的视觉物质基础。目前针对VR/AR的计算机视觉技术普遍计算量大,算法涉及大量的并行计算,而专用的 GPU 等硬件设备还存在发热量大等问题,因此还无法构建低延迟、高沉浸的虚拟视觉世界。为解决上述问题,国内外研究机构纷纷将计算机视觉相关的核心算法植入人工智能芯片,通过大量的计算核心实现大规模的并行计算,从而提升计算速度降低计算延迟,并进一步提高沉浸式的视觉体验。

(2) 自然语言处理领域:在元宇宙中,无论是虚拟世界还是现实世界,人与人、人与虚拟人、虚拟人与虚拟人之间的沟通大都是通过语言文字形式进行表达,通过利用自然语言处理技术的语言学习能力,可以有效分析虚拟世界和现实世界中的语言信息,从而构建虚拟世界与现实世界的智能语言信息处理能力,实现元宇宙中的跨宇宙沟通与语言信息服务。自然语言处理技术对构建元宇宙中的语言信息服务具有重要的作用,但目前该技术还未能实现真正的语言理解。

元宇宙的发展是理论与技术的协同发展。元宇宙的发展需要有超大容量、超高带宽、超低时延、超大连接特性的移动通信技术,也需要有计算机视觉和自然语言处理相关的人工智能方法,同时需要超强算力处理能力的边缘计算,最后也要依靠区块链技术的发展,这四方面支撑元宇宙的技术基础。除技术外,元宇宙的发展也依靠相关理论,元宇宙诞生于人类社会,也服务于人类社会,其理论发展与人类社会的进步息息相关,目前元宇宙已经与诸多领域产生融合,真正开始为人类社会产生服务。未来元宇宙也将打破壁垒,解决现有科学难题,改变人类生活方式,促进人类社会发展。

一、名词解释

领域融合　技术成熟度　智能内容生成　数字生态系统　沉浸式视觉

二、简答题

1. 支撑元宇宙发展的关键技术有哪些?
2. 元宇宙理论方面的发展主要涉及哪几个领域?
3. 元宇宙未来将有望突破哪些瓶颈?
4. 元宇宙的发展受限于什么?
5. 未来的元宇宙发展可能需要哪些技术助力?

主要参考文献

[1] 董浩宇."元宇宙"特性、概念与商业影响研究:兼论元宇宙中的营销传播应用[J].现代广告,2022,444(8):4-12.

[2] 宋薇,刘丰,邢小强.元宇宙商业模式创新研究[J].外国经济与管理,2023,45(7):18-35.

[3] 翟万江.加强元宇宙领域产学研深度融合 开辟经济发展新领域新赛道:元宇宙技术与应用创新平台成立[J].中国科技产业,2023(6):12-13.

[4] 孟凡坤,李文钊.与复杂社会"连接"起来:元宇宙对城市治理的变革性效应[J].电子政务,2023(11):116-128.

[5] 杨宇,周琪峰,周海昕,等.元宇宙教育领域的研究现状与趋势:基于CiteSpace软件的知识图谱分析[J].中阿科技论坛(中英文),2023(7):122-126.

[6] 阮晓莹.元宇宙加速赋能传统领域 数字经济悄然改变生活[N].南宁日报,2023-06-09(007).

[7] 陈凯.元宇宙视域下广电传统媒体的发展探究[J].数字通信世界,2023(2):170-172.

[8] 尤肖虎,潘志文,高西奇,等.5G移动通信发展趋势与若干关键技术[J].中国科学:信息科学,2014(44):551-563.

[9] IMT-2020(5G).推进组.5G概念白皮书[R].(2015-02-11)[2022-04-08]. https://wenku.baidu.com/view/5bde7aa901d276a20029bd64783e0912a3167c44.html?_wkts_=1701221114337.

[10] 宣澍,夏伟影,于耀翔.基于区块链视角下元宇宙产业的发展现状、风险危机与优化策略[J].工信财经科技,2022(6):28-37.

第十八章　未来的应用与市场

日光之下并无新事，有的只是旧事以不同表象重新呈现。从过去推测未来，这也是本章对元宇宙的畅想和规划。元宇宙的诞生和发展均是聚焦人类目前社会的痛点和难点，本章将以未来的角度分别对元宇宙未来的应用与市场做出相关描述。元宇宙凭借其特有的在线沉浸式交互内容体验将改变人类传统的社交、学习、娱乐和生产生活方式，也将进一步融入社会领域，促进商业、城市治理和人工智能领域的进步，进而促进社会发展。

第一节　未来的应用

一、农业元宇宙

我国是农业大国，元宇宙结合农业生产具有广阔的应用前景[1]，元宇宙的理论发展可以提供数字化、智能化的解决方案，促进农业生产的现代化和可持续发展。通过提供精准的农业管理指导、优化资源配置、保障产品质量和拓展市场渠道等手段，可以提高农业生产效率、质量和可持续性，进一步推动农业现代化进程。

农业元宇宙是将元宇宙虚拟世界和农业相融合的智慧农业发展方向。它将利用物联网、人工智能和大数据等技术，打造智能农业管理系统，使农民能够通过虚拟界面实时监测和管理农田、作物、水资源等，从而提高农业生产效率。同时，农业元宇宙还能为消费者创造虚拟农场体验，让他们了解农作物种植过程和农民的日常工作，促进消费者与农业之间的联系。此外，它还能模拟不同气候、土壤和环境条件，帮助农民制定智能化种植方案，减少浪费和风险。通过数字化农产品交易平台，农业元宇宙能够提供信息透明度，优化供应链管理，降低中间环节成本，让农产品价格更加合理。

农业元宇宙也将在农业培训和知识分享方面发挥作用。通过虚拟现实技术，农业从业者可以进行模拟农场操作和培训，提高技能水平。同时，农业专家可以在虚拟空间中分享农业最佳实践，推广先进的农业技术。除此之外，农业元宇宙的发展还关注生态环境保护和可持续发展。通过模拟和预测功能，能更好地理解农业活动对生态环境的影响，从而制定更科学的农业发展规划，保护土壤、水资源和生物多样性。综合来看，农业元宇宙的未来将以数字化和智能化手段提升农业效率、改进管理方式，促进农产品流通和消费者参与，同时注重生态环境的保护和农业的可持续发展。

二、能源元宇宙

元宇宙理论的诞生和发展可以极大促进能源领域智能化和可持续发展，提高能源效率、减少能源浪费，推动能源转型和碳减排。通过虚拟化、模拟和互动的手段，能够更好地理解和管理能源系统，实现能源产业的数字化和智能化转型。

当前，能源数字经济正进入高速发展阶段[2]，能源元宇宙成为未来能源领域的新兴方向，将虚拟世界与能源生产、管理和消费相融合。其主要发展方向包括建立智能能源管理系统，整合物联网、人工智能和大数据技术，实现能源的实时监测和优化，提高能源利用效率。另外，能源元宇宙还将创造虚拟能源市场，连接能源生产者与消费者，促进能源交易的透明性和高效性，推动可再生能源的发展。智能电网和储能技术[3]也是能源元宇宙的关键发展领域，通过模拟技术和优化算法，实现能源供应的精准预测和稳定分布。这些发展将为能源体系带来更智能化、高效化和可持续化的未来。

能源元宇宙还具备重要的社会作用，它可以为公众提供虚拟能源体验和能源教育平台。通过虚拟现实技术，公众可以身临其境地了解能源生产和使用的过程，增强对能源问题的认识和意识，促进能源节约和环保行动。此外，能源元宇宙还将改进能源设施的维护和监测。维护人员可以利用虚拟技术远程监控设施运行状态，及时发现和解决问题，提高能源设施的稳定性和安全性。通过这些发展方向，能源元宇宙将推动能源系统的智能化、优化化和互动化，为能源产业和社会发展带来全新的可能性。随着技术的不断进步，能源元宇宙的未来前景将不断拓展和变化。

三、艺术元宇宙

艺术元宇宙是虚拟数字世界中融合艺术与技术的平台，为艺术家和观众提供创作、交流和体验艺术的全新虚拟空间[4]。创作者可以利用虚拟现实、增强现实等技术创作数字艺术作品，观众能以互动的方式参与其中。艺术元宇宙提供了数字艺术创作、虚拟艺术展览、互动艺术体验、艺术交流与合作等功能。同时，区块链技术可用于确保艺术品所有权和数字版权保护，为艺术品交易提供可信赖的平台。虽然艺术元宇宙带来了新机遇，但也需面对技术、版权、数字安全等方面的挑战。

艺术元宇宙是虚拟数字世界的艺术生态系统，以创新的方式连接艺术家和观众，推动艺术的数字化、虚拟化和互动体验，为艺术界带来新的可能性与发展前景。

四、文旅元宇宙

文旅元宇宙是指利用虚拟现实和增强现实等技术将文化旅游体验带入虚拟的数字世界。这种结合为游客提供了全新的方式，使其在虚拟环境中探索和体验各种文化遗产和旅游目的地。游客可以通过虚拟景点参观历史遗迹、博物馆、艺术展览等，参与虚拟的历史演绎活动,还能与虚拟角色或其他游客进行文化交流。虚拟导游服务也使游客能够在虚拟世界中获取历史和文化解说,增强了旅游的互动性。文旅元宇宙将为行业带来创新和发展的机遇,为游客提供个性化和丰富的文化旅游体验[5]。

五、工业元宇宙

工业元宇宙将推动产业进步和创新。随着元宇宙技术的日益成熟,工业领域将获得前所未有的发展机遇。元宇宙可以提供虚拟的工业生产环境,让企业能够在数字化的模拟世界中进行快速的产品原型制作和测试。这将大大缩短产品开发周期,降低开发成本,增加产品的成功率。此外,元宇宙还将促进工业制造的智能化和自动化。通过在元宇宙中建立虚拟的工厂和生产线,企业可以实时监控和优化生产过程,提高生产效率和质量。元宇宙的引入还将促进全球供应链的协作和优化,加强企业之间的合作,实现更高效的资源共享和物流管理。综合而言,元宇宙在工业领域的应用有望带来生产方式的颠覆性改变,为产业升级和创新打开全新的可能性。

此外,工业元宇宙还将推动新型数字化产业的崛起。随着元宇宙的发展,数字资产和虚拟商品将成为重要的经济组成部分。工业企业可以将自己的产品和服务数字化并置于元宇宙中进行交易,实现全球范围内的市场拓展。同时,元宇宙将激发创新,孕育出许多新兴产业,如元宇宙内容创作、虚拟工程师、数字产品定制等,带动大量就业机会和经济增长。然而,也需要注意元宇宙发展中的安全和隐私问题,工业企业需要加强数据保护和安全措施,确保元宇宙的健康可持续发展。综合而言,元宇宙的工业应用前景充满希望,它将成为推动工业发展和经济繁荣的重要引擎。

然而,元宇宙在工业方面的应用也面临一些挑战和风险。例如:元宇宙技术的成本较高,尤其对于中小型企业来说可能难以负担;虽然元宇宙提供了虚拟环境,但现实世界与虚拟世界之间仍存在着差异,这可能会影响到虚拟测试的准确性和可靠性;元宇宙的安全问题也需要高度重视,防止虚拟工业系统遭到黑客攻击或数据泄露。另外,由于元宇宙技术的不断发展和创新,相关的法律法规和标准尚未完善,需要政府和产业界共同努力制定相应的规范和准则。克服元宇宙安全挑战需要全球范围内的合作与探索,但随着技术的不断进步和完善,工业元宇宙的应用前景仍然非常乐观。

六、元宇宙社群

元宇宙社群是基于游戏、社交出现的社群[6],并出现局限性的开放式网络系统,更能使用户在使用时感到安全感。因此,有不少用户选择搭建自己的"局域网络"。在未来,可能会有一个类似于超媒体的结构,它将各类不同的门户网站和互联网联合在一起,构建一个超链接的虚拟世界,成为元宇宙的一部分。

第二节　未来的市场

一、虚拟商品和服务

在元宇宙中,用户可以购买或使用虚拟商品和服务[7]。在元宇宙平台上,虚拟商品可以是现实世界商品的数字化版本,也可以是现实世界中无法实现的创意产品。虚拟的服装和配饰也将是一种热门虚拟商品,用户可以为自己的虚拟角色购买不同风格的服装。此外,虚拟世界中的虚拟导游、虚拟教育、虚拟娱乐等服务也将有市场需求。

二、广告与品牌营销

随着元宇宙用户数量的增加,企业将倾向于在虚拟空间中投放广告[8],赞助虚拟活动,或者与虚拟世界的创作者和社区合作,以提高品牌知名度和推广产品。在元宇宙中的广告可能与现实世界有所不同,需要更加创新和吸引人,因为用户对于广告可能更加敏感。

三、跨平台交互

元宇宙有望成为多个平台的整合者,使得用户可以在一个虚拟空间中访问多个应用程序、游戏和服务。企业和开发者可能将现有的应用程序和服务融入元宇宙,以吸引更多用户并提供更丰富的交互体验。

四、虚拟地产开发

类似于现实世界的房地产市场,元宇宙中的虚拟地产市场将成为一个独立的领域[9]。开发商可以购买虚拟土地,并在其上建造虚拟房屋、商店等,然后出售或出租给其他用户。这将产生虚拟地产经济,为参与其中的企业和个人带来商机。

五、虚拟金融和经济体系

元宇宙可能形成独立的虚拟经济体系,其中包括虚拟货币和虚拟交易平台。用户可以在虚拟世界中进行交易、投资和理财,而虚拟货币的应用可能涉及虚拟商品和服务的购买、虚拟地产的交易等。这为金融机构和虚拟经济平台提供了商机[10]。

六、虚拟体验与娱乐平台

随着虚拟现实技术的进步,元宇宙将成为一个多样化的虚拟体验和娱乐平台。用户可以参与虚拟游乐园、虚拟演唱会、虚拟运动比赛等各种活动,以及与其他用户进行社交互动。这些娱乐活动将为企业和创意团队提供各种商业机会。

七、数据和用户行为分析

在元宇宙中,用户的行为数据将成为宝贵的资产。企业可以通过对用户行为的分析和洞察,了解用户的喜好和需求,从而提供个性化的服务和广告,吸引更多用户和客户。

元宇宙由人类创造,也必将为人类服务,元宇宙也必将向对人类社会最有利的方向发展。目前人们普遍认为元宇宙将率先在文化旅游和艺术等领域崭露头角,随后将融入人们的生产生活、经济和社会领域,同时也可以创造商业价值,凭借其优势解决目前普遍存在的生产生活领域难题。然而元宇宙的未来发展却不局限于此,本章节仅作重点简要概述,笔者相信科技始终聚焦于人类社会的痛点,科技的发展必将为人类服务,元宇宙未来必将融入更多的领域,为更多的领域带来新的发展思维。

一、名词解释
农业元宇宙　文旅元宇宙　能源元宇宙　元宇宙社群　艺术元宇宙

二、简答题
1. 元宇宙可以通过哪几个方面影响人们生活?
2. 元宇宙未来的发展可以为人类带来什么?
3. 元宇宙未来可能有哪些商业价值?
4. 元宇宙相关技术支撑可能往哪些方向发展?
5. 你从元宇宙的未来应用领域中得到什么启示?

[1] 刘梦婷,陈乐乐,李赋育,等.元宇宙农业模式分析与构建[J].智慧农业导刊,2023,3(10):13-17.
[2] 贺兴,陈旻昱,唐跃中,等.基于数字孪生与元宇宙技术的能源互联网态势感知系统论方法研究(一):概

念、挑战与研究框架[J].中国电机工程学报,2022(1):1-13.
[3] 刘冠言,顾媛媛,高翔.元宇宙发展背景下的新型电力系统配电网建设启示[J].电气时代,2023(7):38-42.
[4] 杨晁采.元宇宙时代的艺术生产、传播与消费[J].艺术管理(中英文),2023(2):33-39.
[5] 宜晶.申城探索文旅元宇宙"虚实融合"发展新路[N].文汇报,2023-06-22(002).
[6] 刘亚男.基于虚拟社群的群智共创平台设计研究[D].济南:山东大学,2022.
[7] 张宇东,张会龙.消费领域的元宇宙:研究述评与展望[J].外国经济与管理,2023,45(8):118-136.
[8] 孙嘉靖.浅议元宇宙概念下广告创作的空间[J].明日风尚,2023(8):182-184.
[9] 李勇坚.元宇宙虚拟土地的价值决定及未来展望[J].中国经济评论,2022(9):68-73.
[10] 吴桐,王龙.元宇宙:一个广义通证经济的实践[J].东北财经大学学报,2022,140(2):42-51.